普通高等教育新闻传播学类国家级一流专业建设精品教材　卓越人才培养卷

丛书主编　张明新　金凌志　　　分卷主编　李华君　郭小平　李卫东

游戏学导论

熊　硕 ◎ 编著

华中科技大学出版社
http://press.hust.edu.cn
中国·武汉

图书在版编目(CIP)数据

游戏学导论/熊硕编著. —武汉:华中科技大学出版社,2023.2
ISBN 978-7-5680-8967-8

Ⅰ.①游… Ⅱ.①熊… Ⅲ.①游戏-研究 Ⅳ.①G898

中国版本图书馆 CIP 数据核字(2022)第 255274 号

游戏学导论　　　　　　　　　　　　　　　　　　　　　　　　　　　　　　　熊　硕　编著
Youxixue Daolun

策划编辑:	周晓方　杨　玲
责任编辑:	林珍珍
封面设计:	原色设计
责任校对:	张汇娟
责任监印:	周治超

出版发行:华中科技大学出版社(中国·武汉)　　　电话:(027)81321913
　　　　　武汉市东湖新技术开发区华工科技园　　　邮编:430223

录　　排:华中科技大学惠友文印中心
印　　刷:武汉开心印刷有限公司
开　　本:787mm×1092mm　1/16
印　　张:17.25
字　　数:412 千字
版　　次:2023 年 2 月第 1 版第 1 次印刷
定　　价:59.90 元

本书若有印装质量问题,请向出版社营销中心调换
全国免费服务热线:400-6679-118　竭诚为您服务
版权所有　侵权必究

普通高等教育新闻传播学类国家级一流专业建设精品教材编委会

总主编

张明新　金凌志

专业改革创新卷主编

张明新　李华君　李卫东

卓越人才培养卷主编

李华君　郭小平　李卫东

学生实践创新卷主编

金凌志　李彬彬　鲍立泉

委　员（以姓氏笔画为序）

于婷婷　闫　隽　李卫东　李华君　李彬彬

余　红　郭小平　唐海江　彭　松　鲍立泉

熊硕

华中科技大学新闻与信息传播学院硕士生导师,大数据与国家传播战略实验室副研究员,武汉市黄鹤英才。北陆先端科学技术大学院大学(JAIST)信息科学游戏学博士,主持日本学术振兴会(JSPS)特别研究员项目,以及多个游戏研究横向项目。致力于游戏科学研究、游戏人才培养和游戏策划设计工作,主要从事游戏信息学、严肃游戏与游戏化、游戏智能博弈与策略等问题的研究。重点关注游戏内置的科学问题,游戏系统、机制和数值的分析设计,以及游戏作为解决方案在当代教育、医疗等相关领域的应用。在包括SCI、EI在内的期刊上发表游戏相关研究论文30余篇,著有译著《电子游戏世界》。

总序

新闻传播学是对我国哲学社会科学具有支撑作用的重要学科。2016年5月17日，习近平总书记在哲学社会科学工作座谈会上讲话中指出："要加快完善对哲学社会科学具有支撑作用的学科，如哲学、历史学、经济学、政治学、法学、社会学、民族学、新闻学、人口学、宗教学、心理学等，打造具有中国特色和普遍意义的学科体系。"可以说，我国新闻传播学的学科建设和发展步入了历史上最好的机遇期。

从实践的维度看，当今时代的新闻传播学科处于关键的转型发展阶段。首先，信息科技革命推动新闻传播实践和行业快速转型。大数据、云计算、区块链、物联网、人工智能等新兴技术，带来了翻天覆地的变革，不断颠覆、刷新和重构人们的生活与想象，促进新闻传播活动进入更高更新的境界。新闻传播实践的形态、业态和生态，正在被快速重构。在当前"万物皆媒"的时代，媒体的概念被放大，越来越体现出数据化、移动化、智能化的趋势。

其次，全球文化交往与中外文明互鉴对当前的新闻传播实践提出了更高的要求。中国正在越来越走近世界舞台中央，"讲好中国故事""传播好中国声音"成为国家层面的重大战略。在此背景下，新闻传播学的学科建设、学术研究和专业实践，要以"关怀人类、联通中外、沟通世界"的担当和气魄，以传承、创新和传播中华文化为己任，推进全球文化交往，推动中外文明互鉴，为人类文明进步贡献中国智慧和中国方案。

再次，媒体的深度融合发展，促进了媒体功能的多样化拓展。在当今"泛传播、泛媒体、泛内容"的时代，媒体正在进一步与政务、文旅、娱乐、财经、电商等诸多行业和领域产生更加紧密的联系。在媒体深度融合发展的进程中，媒体不仅承担着意识形态领域的新闻传播、舆论引导和文化传承功能，而且是治国理政的利器，是服务群众的平台和载体。在推进国家治理体系和治理能力现代化的过程中，媒体融合是关键一环。通过将新闻与政务、服务、商务等深度结合，媒体全面介入了社会治理和公共服务的各领域各环节。

不论是学科地位的提升，还是实践的快速变革，都对新闻传播学科的转型发展提出了新的时代要求。2022年4月25日，习近平总书记在中国人民大学考察时系统阐述了建构中国自主知识体系的重大战略目标。总书记强调："加快构建中国特色哲学社会科学，归根结底是建构中国自主的知识体系。要以中国为观照、以时代为观照，立足中国实际,解决中国问题,不断推动中华优秀传统文化创造性转化、创新性发展,不断推进知识创新、理论创新、方法创新,使中国特色哲学社会科学真正屹立于世界学术之林。"具体到新闻传播学科,就是要加快中国新闻传播学自主知识体系建设。我们要以习近平总书记强调的"立足中国、借鉴国外,挖掘历史、把握当代,关怀人类、面向未来"为根本遵循,构建中国特色新闻传播学知识体系,充分体现中国特色、中国风格、中国气派。

加强教材建设是建构中国特色新闻传播学知识体系的重中之重。新闻传播学的学科、学术和话语体系,正处于持续的变革、更新与迭代过程中,加强教材建设显得更为重要。只有建构高水平的教材体系,才能满足立德树人的时代需要,才能为培养新时代的卓越新闻传播人才提供知识基础。教材也是中外文化交流和文明互鉴的重要载体。要向世界提供中国方案、贡献中国智慧,向世界民众传播中国理论、中国话语,教材是重要的依托和媒介。新闻传播学教材是中国特色新闻传播学知识体系的重要构成部分,肩负着向全人类贡献中国新闻传播话语、理论、思想的历史使命。

本系列教材是国家级一流专业建设精品教材。在某种意义上,本系列教材是顺应国家层面一流本科专业和一流本科课程"双万计划"建设的时代产物。2019年4月,教育部办公厅正式发布《关于实施一流本科专业建设"双万计划"的通知》,提出在2019—2021年,建设一万个左右国家级一流本科专业点和一万个左右省级一流本科专业点。在一万个左右国家级一流专业中,包含236个新闻传播学类专业。目前,全国约有1400个新闻传播学类本科专业,国家级一流专业显然具有极其重要的示范价值。2019年10月,教育部发布《关于一流本科课程建设的实施意见》,正式启动一流课程"双万计划"。在一流本科专业和一流本科课程"双万计划"建设中,教材建设无疑是极为重要的。

华中科技大学新闻与信息传播学院创建于1983年,是全国理工科院校中创立的第一个新闻院系,开国内网络新闻传播教育之先河。1983年3月,华中工学院派姚启和教授赴京参加全国新闻教育工作座谈会,到会代表听说华中工学院也准备办新闻系,认为这本身就是新闻。第一任系主任汪新源教授明确指出,我们的目标是培养文理知识渗透的新闻专业人才,我们和中国人民大学、复旦大学、武汉大学办的新闻学专业不一样。1998年,华中理工大学在新闻系基础上,成立了新闻与信息传播学院。学院坚持以"应用为主,交叉见长"为学科发展和专业建设理念,走新闻传播科技与新闻传播文化相结合的道路,推进人文学科、社会科学与自然科学、技术科学交叉融合。经过程世寿教授、吴廷俊教授、张昆教授等历任院长(系主任)的推动、传承和改革创新,学院逐渐形成并不断深化自身的特色。可以说,学院秉持学科交叉的人才培养理念,在传统的人文教育和"人文+社会科学"新闻教育模式之外,于众多高校新闻传播人才培养模式中走出了一条独特的发展道路。

近年来,学院坚持"面向未来、学科融合、主流意识、国际视野"的人才培养理念,致力于培养具有家国情怀、国际视野和新技术思维,适应媒体深度融合和行业创新发展,能胜任中外文化传播与文明互鉴的卓越新闻传播人才。在人才培养过程中,注重学生综合素质与专业水平、理论功底与业务技能、实践精神与创新思维的均衡发展。在这样的思维理念指导下,学院以跨学科、跨领域、跨文化为专业建设路径。所谓"跨学科",即强化专业特色,建设多元化的师资队伍,凝聚跨学科的新兴方向,组建创新团队,培育跨学科的重要学术成果;所谓"跨领域",是在人才队伍、平台建设等方面拓展社会资源,借助业界的力量提升学科实力和办学水平,通过与知名业界机构的密切合作提高本学科的行业与社会知名度;所谓"跨文化",是扩大海外办学空间,建设国际化科研网络,推出高水平合作研究成果,推进学术成果的国际发表和出版,提升学科的国际知名度和美誉度。

目前,学院拥有五个本科专业:新闻学(另设有新闻评论特色方向)、广播电视学、传播学、广告学、播音与主持艺术。其中,新闻学、广播电视学、传播学入选国家级一流本科专业建设点,广告学、播音与主持艺术入选省级一流本科专业建设点。与此同时,学院还建设了包括"外国新闻传播史""新媒体用户分析""网络与新媒体应用模式""传播学原理"等在内的一批一流课程。为持续推进一流专业建设和一流课程建设,我们经过近三年的策划和组织,编撰推出"普通高等教育新闻传播学类国家级一流专业建设精品教材",为促进新时代卓越新闻传播人才培养、推进中国新闻传播教育转型、建设中国特色新闻传播学知识体系贡献华中科技大学新闻传播学科的思想智慧与解决方案。

本系列教材包括三个子系列:专业改革创新卷、卓越人才培养卷、学生实践创新卷。其中,专业改革创新卷以促进专业建设为宗旨,致力于探讨在新的时代条件下,开展新闻传播学类专业建设的理念、思维、机制和措施,具体包括专业改革创新的指导思想、课程思政、教师与学生、课程与教材、授课形式、教学团队、实践创新、育人机制、交流机制等方面的内容。特别的是,我们在课程思政建设方面做了一些探索,取得了一些成果。2022年,学院作为牵头单位,编撰出版了《新文科背景下专业课程思政教学指南》,系全国首部文科类课程思政教学指南;同时,编写的《新闻传播学专业课程思政教学指南》即将于2023年春由华中科技大学出版社出版,系全国首部新闻传播学类课程思政教学指南。

卓越人才培养卷以推进课程教材建设为宗旨,致力于促进新闻传播学类各专业核心课程、前沿课程、选修课程教材的编撰和出版。在我们的设计中,其既包括传统意义上的正式课堂教材,也包括各种配套教材,譬如案例选集、案例库、资料汇编等。课堂教学的教材建设是专业建设的重要构成部分,对于促进快速转型中的新闻传播领域的知识更新和理论重构,具有极其重要的意义。我们以培养全能型、高素质、复合型、创新型的新时代卓越新闻传播人才为目标,着眼于培养学生的跨领域知识融通能力和实践能力。教材是实现上述目标的重要依托和载体。我们在推进卓越人才培养卷教材编撰的过程中,特别注重将新时代中国特色社会主义伟大实践和中国媒体深度融合发展的最新成果及时进行转化并融入其中,以增强新闻传播教育教学的时代性和针对性。

学生实践创新卷以提升学生实践水平为宗旨,致力于培养学生面向媒体融合前沿、面向文化传承、面向国际传播的实践意识和能力。新闻传播学类各专业具有很强的应用性,必须面向实践和行业。"以学为中心",在某种意义上就是要注重实践。新时代的卓越新闻传播人才培养,必须建构基于实践导向的育人机制,其中包括课程、实验室与实践平台、实践指导团队、学生团队实践、实践作品、实践保障机制等诸要素,构成一个完整的闭环。我们编撰学生实践创新卷教材,是要通过对华中科技大学新闻传播学子原创实践作品的聚沙成塔、结集成册,充分展现他们在评论、报道、策划等领域的优秀成果,展现他们的创作水平、责任意识和家国情怀。这些成果中的一部分,可能稍显稚嫩,却是学生在专业领域创造的杰作,凝聚着青年学子的思想智慧和劳动结晶。当然,这些成果也是学院教师们精心指导的结果,是教学相长的产物,对于推动专业建设具有重要的参考、借鉴和示范意义。

在我们的理解中，教材的概念相对宽泛，不仅包括传统意义上的课堂教材和辅助性教学材料，还包括专业改革创新著作和学生实践创新作品。教材是构成专业建设的基石，一流的专业必然拥有一流的课堂教材、教改成果和实践成果。本系列教材名为"国家级一流专业建设精品教材"，但并不仅仅服务于本科专业的建设，还囊括针对研究生各专业建设的教材作品。打通本科生专业建设和研究生专业建设，是本系列教材的一个重要创新。我们认为，只有在一流本科专业建设的基础上，才能建设好一流的研究生专业。

2023年将迎来华中科技大学新闻与信息传播学院四十周年华诞。四十年筚路蓝缕，以启山林；四十年创业维艰，改革前行。经过四十年的历程，学院建成了全国名列前茅的新闻传播学科，培养了数以万计具有国际视野、家国情怀的高素质复合型新闻传播人才，成为华中科技大学人文社会科学学科蓬勃发展的一张名片。值此佳期到来之际，我们隆重推出"普通高等教育新闻传播学类国家级一流专业建设精品教材"，为学院四十周年华诞献礼。本系列教材是教育部首批新文科研究与改革实践项目"基于多学科融合的卓越新闻传播人才培养体系创新改革研究"的重要阶段性成果，体现了华中科技大学新闻传播学科专业建设发展的主要特色。根据规划，本系列教材将在2025年前全部出版完毕，将包括约50部作品，可谓蔚为大观。在此，我们要感谢中共湖北省委宣传部、中共湖北省委教育工作委员会、湖北省教育厅与华中科技大学共建新闻学院的项目经费支持，同时，我们也要感谢华中科技大学本科生院在经费上的大力支持，正是有了这些经费的资助，本系列作品才能出版面世，与读者相见，接受诸位的评判和检验。

本系列教材是华中科技大学新闻与信息传播学院致力于推进中国新闻传播教育转型发展的努力与尝试。我们希望这样的努力与尝试，将在中国特色新闻传播学知识体系建构过程中留下历史印记，为新时代培养造就更多具有使命担当、家国情怀和国际视野的卓越新闻传播人才贡献华中大新闻传播学科的思想、智慧和方法。

华中科技大学新闻与信息传播学院院长，教授、博士生导师

张明新

2022 年 12 月 12 日

前 言

从人类文明诞生之日起,游戏就开始陪伴人类。随着文明、科学和社会形态的进化,游戏以不同形式不断地迭代更新,并在人类发展过程中发挥着不可替代的作用。20世纪80年代之后,随着日本任天堂的崛起,电子游戏不断成熟,并且对传统媒介产生了强有力的冲击,不论是在学科还是商业上,游戏都呈现出强大而活跃的生命力。

在我四岁的那一年,祖母送给了我一台任天堂的红白机(Family Computer),从那时起我便与游戏结下了不解之缘。小学的时候,父母奉行"穷养儿富养女"的理念,不给我任何零花钱,因此每次放学途中看到卖棋牌的地摊,我都心痒难耐,看着小伙伴们玩着飞行棋和大富翁,缺钱的我只好自己拿铅笔、橡皮设计棋盘,用工具刀裁纸制作卡片。初一那年,我终于拥有了一台属于自己的电脑,尽管它的性能现在看起来不值一提,然而玩的《武林群侠传》《星际争霸》《暗黑破坏神2》等游戏让我决心成为一名游戏设计师。于是那时我就给自己定下一个目标——六年后考上华中科技大学的计算机科学与技术学院。很幸运,我在六年后顺利实现了这个目标;不幸的是,大学那四年里我发现计算机科学教给我的内容,仅仅有一部分能够利用到游戏上,所以我决定去现代电子游戏强国日本读研深造,之后我在饭田弘之老师的指导下系统学习游戏学的理论,并进行这方面的科学研究。在这段时间里,我发现游戏的意义已经远远超越了娱乐(entertainment)这个概念。

我们这辈人成长于游戏被污名化的时代,所以我当初立志报考华中科技大学,还有个目的——证明玩游戏的孩子也可以是好孩子,玩游戏并不耽误学习。尽管我做到了这一点,但我发现这种行为只能保护自己,却帮助不了其他任何人;所以我在博士毕业前思考良久,还是决定回高校工作,至少在那个时候我认为,做游戏制作人,顶多出一两款优良的作品,对整个环境而言并没有太大的作用;而做高校教师,是一种能够在真正意义上建立广厦庇寒士的路径。我希望自己能把所学的知识,作为火种传递给更多的学生,也希望用这样的身份向社会传达正确的价值观。

入职华科的前两年,很惭愧地说,我在科研上基本都在吃博士时期的老本;当时我几乎将所有的精力全部投入教学,并从零开始打造游戏学导论这门课程。或许这对于一个拿着985高校合同的青年教师来说,无异于是在做对自己职业不利的行为。但我认为自己的归国初心既然是教书育人、传递火种,那么从信仰上来讲,教学就要比科研重要,因此教好学生、引导他们成为优秀的具有职业道德的游戏人、培育更多对游戏具有客观认知的媒体人,比发表几篇SCI、EI论文,要有意义得多。

虽然游戏学导论课程的建设是我的理想,但起初对完整地写一本这方面的教材也感到犹豫。教材是教书育人的"灵魂石",教师对教材的内容是要负责任的。读本科的时候受个别自编教材的荼毒,一度让我对计算机学科知识产生了近乎绝望的无奈,后来看到电子工业出版社和机械工业出版社的一些计算机经典译著时,我才发现知识原来可以如此有趣。因此我觉得自己才疏学浅、德不配位,不足以去写一本教材。况且有特雷西·富勒顿(Tracy Fullerton)的《游戏设计梦工厂》,凯蒂·沙伦(Katie Salen)和埃里克·齐默尔曼(Eric Zimmerman)的《游玩的规则:游戏设计基础》等游戏学领域教科书珠玉在前,让我重新编著一本教材,毫无疑问是"眼前有景道不得,崔颢题诗在上头",但如果仅仅将他们的知识抽取一部分做排列组合,这也不是我想要的。

但几个现实因素和契机最终还是让我完成了这部教材的编撰和写作工作。首先是现实因素,青年教师评职称需要写教材——但自编教材这件事我很谨慎,因为这让我想起了本科期间一些课程教材带来的不愉快的回忆。当然自己既然决心提笔去写,就不能重蹈覆辙,就要对学生负责。其次是契机,在我入职两年,刚刚打造完游戏学导论课程的时刻,新冠肺炎(新型冠状病毒感染)疫情暴发了,这导致2020年春季的教学全部挪到了线上。我希望自己的知识能够得以分享,不论他们是不是华中科技大学的学生,所以疫情期间我决定在bilibili上以直播的形式进行线上授课,并将其保存为视频公开传播(有需要的读者可以在bilibili上搜"游戏学导论"配合本书学习)。而这些录像视频,大大降低了我和学生们整理教材的难度与工作量,同时我花了两年才完善的课程PPT,也极大地方便了本教材的文字和逻辑整理。再次是考虑学生的利益,每次开卷考试看着他们打印我上千页的PPT,一来浪费学生本就不充裕的资金,二来浪费纸张破坏环境,用完后也不能长久保存,所以应该趁早出版教材,降低这些不必要的损耗和成本。最后是理想主义,毕竟嘴上说着希望教书育人却没有合适的教材,似乎看上去不太像话。比如从游戏中衍生出的元宇宙,就是去年在资本的炒作下,让不少复读机般的社会科学学者跟风创造出的"媒介"概念,然而这个概念其实是20年前在《魔兽世界》等游戏中早已出现过,因此我觉得很有必要用游戏学的理论,规范阐述相关的内容。

当然最重要的一点在于,我国其实是有游戏学教育的,例如中国传媒大学等高校在游戏学领域的教育就开展得如火如荼。但游戏作为一个系统,其复杂程度远超普通大众的认知,我国目前对于游戏学的教学通常倾向于制造"红细胞",也就是培养数字媒体领域的生产者,为业界输送新鲜的血液。在一些对游戏宽容的国家,仅仅有"红细胞"是没有任何问题的——但显然目前国内游戏产业包含了太多的"细菌"(对游戏的恶意)、"病毒"(对于游戏的误解和刻入骨髓的成见)、"真菌"(寄生于游戏产业的资本,有些资本根本不爱游戏,而是视游戏为掘金池)、"癌细胞"(游戏产业自身的变异,例如"雅达利大崩溃"事件)。如果没有"白细胞",这个产业就没有办法打破现有的舆论困境,就像一个只有红细胞没有白细胞的人,根本没法健康生存。所以我觉得有必要编写一本偏"白细胞"的游戏学教材。特别是2021年8月,媒体上再次出现了对于游戏的污名化,使中国游戏产业又遭受了一系列的"铁拳"。在此紧迫形势下,除了给学生做教科书之外,面向社会大众写一本科普读物也是十分必要的,而编写一本有质量的教材,一定程度上能起到这样的作用。所以最终我还是厚着脸皮,完成了本书的编著工作。

之所以说是厚着脸皮,是因为本书不仅仅是我个人学术知识的积累,书中很多的内容都参考了国内外、学界和业界前辈们的已有成果,这里我要对参考文献中的书籍作品的作者们表示感谢,它们是我这几年打造课程所用到的珍贵资料。如果读者们有空的话,在阅读完本书之后,请务必看看该参考文献,从中挑选适合自己的作品来拓展视野,毕竟本教材只是配合"导论"课程使用。如果读者希望对某个方面进行更为深入的学习,必定还要花费成倍的时间。最典型的就是游戏人工智能相关内容,深度研习必不可少。

从内容上来讲,本书分为 12 章,总结起来就是三个板块。第一,游戏的概念和组成,简单地说,就是理解"游戏是什么"。第二,游戏的互为表里之学。其中"表学"的主题包含:游戏是怎样影响社会与人的,游戏和传播学有什么关系;如何以局外者的视角去观察游戏;如何建立游戏审美观与社会意识。而"里学"的主题包含:游戏是怎么造出来的;如何利用心理学、数学以及其他学科之间的元素产生化学反应,以产生吸引人的游戏魔力;如何以局内者的身份思考善意地"玩弄人心",如何洞悉人性去制定规则,建立游戏策划的基础。第三,有关游戏的研究和游戏产业的其他事物。第一部分和第二部分的"表学",其实就是本书的前三个章节,该部分适合所有人阅读,尤其适合基础的游戏认知科普教育。第 4 章到第 11 章则是偏基础性业务的知识点。第 12 章适合立志成为游戏工作者的学生使用,从中能更好地理解游戏学的过去与未来。

本书的出版要感谢华中科技大学出版社的编辑老师。感谢学院的支持,以及学院提供的湖北省部校共建经费①。感谢传播班 2019 级的同学们帮忙将我的视频整理为文字,他们分别是唐禹心、李紫嫣、张碧雅、陈灵、谭可怡、贝佳丽、饶一凡、孙璨、凌楚杭、田宇阳、晏栗群、熊力霏、张文馨、朱萍湘。

在编著的过程中,由于本人专业背景限制、能力不足,加上"非升即走"的焦虑情绪,此书难免出现各类纰漏和错误。因此关于本书纰漏和错误,以及其他任何意见、建议、批评和赞美,欢迎读者通过以下方式与我联系。读者也可以配合下列视频链接使用本书,希望本书能够切实地帮助各位读者。

Email:xiongshuo@hust.edu.cn

视频:https://www.bilibili.com/video/BV1ck4y1yB7aX

熊硕

于日本石川 2017 年 9 月落笔
中国武汉 2022 年 7 月完稿

---

① 本成果受中共湖北省委宣传部与华中科技大学部校共建新闻学院项目(2020A10)经费支持。

目录

第1章 游戏综述与概论 1
 一、游戏的定义 1
 二、游戏的分类 4
 三、电子游戏简史 7
 四、电子游戏的组成 17
 五、章节总结 20
 推荐阅读 20
 课后作业 21

第2章 游戏与传播学 22
 一、游戏与传播学的关系 22
 二、游戏的跨文化传播与社会效应 27
 三、游戏的传播模式 30
 四、游戏的信源和传播目的 37
 五、游戏受众 40
 六、游戏的及时反馈 42
 七、游戏的传播环境 43
 八、游戏新闻工作者的操守 45
 九、章节总结 45
 课后作业 46

第3章 严肃游戏与游戏化 47
 一、游戏改变世界 47
 二、严肃游戏 48
 三、严肃游戏的应用案例 50
 四、严肃游戏的游戏流 58
 五、严肃游戏的实用性评估方法 60
 六、游戏化 61
 七、章节总结 67
 推荐阅读 68

课后作业 68

第4章 游戏系统与结构分析 69

一、游戏的框架 69

二、游戏学流派与模型 70

三、分层四元法 73

四、内嵌层 74

五、动态层和文化层 82

六、游戏设计者的责任与目标 89

七、章节总结 90

推荐阅读 91

课后作业 91

第5章 游戏的用户需求与小技巧 92

一、基因和天性 92

二、需求与用户 93

三、人类的天性 96

四、零碎的需求技巧 101

五、章节总结 109

推荐阅读 110

课后作业 110

第6章 游戏的软件工程 111

一、工程模型 111

二、工程准备阶段 112

三、工程启动阶段 114

四、非数字化原型 117

五、螺旋迭代 118

六、打磨 122

七、章节总结 123

推荐阅读 124

课后作业 124

第7章 游戏的文案与故事设定 125

一、游戏的文案策划 125

二、叙事的主题 126

三、角色设定 130

四、角色定位 135

五、世界的设定 142

六、章节总结 143

推荐阅读 143

课后作业 143

第8章 游戏的叙事结构 144
  一、结构 144
  二、开端(起、序、第一幕) 148
  三、通往高潮的过程(承、破、第二幕) 149
  四、高潮和结局(转合、急、第三幕) 150
  五、表达 152
  六、选项 155
  七、角色的纠葛 159
  八、章节总结 161
  推荐阅读 161
  课后作业 161

第9章 游戏规则与博弈论 162
  一、博弈论的概念和历史 162
  二、完全信息静态博弈 167
  三、完全信息动态博弈 177
  四、章节总结 182
  推荐阅读 183
  课后作业 183

第10章 游戏数值之美 184
  一、数值策划的概念 184
  二、数值基础篇 185
  三、在游戏设计中常用的数学方法 186
  四、数值敏感 193
  五、概率论 198
  六、兰彻斯特平方定律 202
  七、有趣的公式 204
  八、游戏洗练度理论 205
  九、章节总结 207
  推荐阅读 208
  课后作业 209

第11章 游戏与人工智能 210
  一、人工智能的基本内容 210
  二、决策树 213
  三、搜索树 216
  四、蒙特卡洛方法 224
  五、章节总结 226
  推荐阅读 227
  课后作业 227

第12章　游戏研究与国内发展史　228
　　一、历史研究者　228
　　二、游戏产业史　236
　　三、国内现状　242
　　四、你就是未来　245
　　五、章节总结　246
　　推荐阅读　247
　　课后作业　247
　　结束语　248
　　参考文献　249
　　后记　252

第1章 游戏综述与概论

> **学习目标与要求**
>
> 1. 掌握游戏的定义。
> 2. 熟悉游戏的分类。
> 3. 了解电子游戏的分类与历史。
> 4. 清楚电子游戏的组成。

一、游戏的定义

在阅读本书之前,我们最重要的就是弄清一个问题——"什么是游戏"。游戏结构上是一种娱乐的形式,作为汉语词汇,它很早就出现在历史之中。"游"乃旌旗之流(旒)也,又引申为"出游、嬉游";"戏"乃军之旌旗也,引申为"戏豫、戏谑"。苏轼《教战守策》有云:"惟其民安于太平之乐,豢于游戏酒食之间。"自古以来,人们为了缓解生存的压力,发明了各种娱乐形式进行休闲玩耍,最古老、最著名的智力类游戏就是围棋。最近的四十年里,随着第三次工业革命的崛起与电子产品的发明,游戏更多的同"电子游戏"这个概念挂钩。实际上,现代汉语里的"游戏"跟英语 game 的含义如出一辙;同样地,在日文里,游戏的单词为片假名ゲーム(读作 game)。game 在英文里的含义除了"游戏"之外,更主要的意义为"博弈",比如经济学上一门重要的课程"博弈论"的英文和日文课程名分别是 Game Theory 和ゲーム理論。但是我们的科研先驱在翻译博弈论的时候,并没有将这个短语翻译为"游戏理论",这是因为在涉及经济学等严肃性的社会学科的情况下,译者更加注重 game 这个单词的实质而非表现形式。奥地利哲学家路德维希·维特根斯坦在其著作《哲学研究》中认为游戏需要满足"玩耍、规则、竞争"这几个要素。法国社会学家罗杰·凯洛斯(Roger Caillois)在其著作《游戏与人》里定义游戏需要满足"有趣、独立、不确定、无生产性、受规则的约束、虚构"的条件。随着时代的变化,游戏的定义也会有相应的改变,比如严肃游戏(Serious Game)就会涉及生产性,同时严肃游戏也并不那么有趣,甚至会让人觉得紧张、疲惫与反感;又比如最近几年出现的扩增实境游戏(Augmented Reality Game)已经不再是纯粹的虚拟世界和虚构环境。但是不论游戏怎样进化、衍生或改变,规则性、博弈性和不确定性是游戏区别于其他人类行为的本质要素,而趣味性、娱乐性、虚拟性和艺术性是不同游戏的衍生产物所附加的属性。这里再列举一些游戏学者和业界专家给出的定义。

进行游戏是只利用规则允许的方法达到一种特定的状态。
——伯纳德·苏茨(Bernard Suits),《大都会》

游戏就是一系列有趣的选择。
——《文明》系列之父席德·梅尔(Sid Meier)

一个闭合有序的系统,与玩家有组织的冲突并以不稳定的结果消解自身的不确定性。
——特雷西·富勒顿(Tracy Fullerton),《游戏设计梦工厂》

游戏是一种以娱乐的态度解决问题的活动。
——杰西·谢尔(Jesse Schell),《游戏设计艺术》

玩家做出模糊和自发的重要决定。
——基斯·布尔根(Keith Burgun),《游戏设计理论》

我们会发现,几乎所有人都会在定义里用到诸如"规则""对抗""不确定""选择"之类的词汇。本书在游戏的定义上,选用《游玩的规则:游戏设计基础》的描述。该书由凯蒂·沙伦(Katie Salen)和埃里克·齐默尔曼(Eric Zimmerman)所著,是欧美游戏设计者和游戏学学生的必读书籍,它对游戏有如下完整的定义。

游戏,是玩家基于某种规则参加拥有对立性质的系统,并且产生定量的某种结果。

在这句话里面,同样提到了三个核心概念——某种规则、对立和定量的某种结果。这三个概念分别对应前文所描述的三要素——规则性、博弈性和不确定性。所以我们可以这么认为,如果一个游戏没有博弈性的话,它就不是游戏了;而有些时候没有规则也是一种规则。

以相亲为例,图1-1展示了相亲与婚姻游戏必备的三要素,只要把这张图的模型放入虚拟环境,就是大家熟悉的恋爱文字游戏,或者说是成人游戏。

1. 规则(Rule)

俗话说"没有规矩,不成方圆",没有规则的行为无法被定义为游戏,不论是传统的体育比赛,还是现代电子游戏中的各项设定与世界观架构,一切行为都要在规则的约束下完成。游戏规则保障玩家的各项权益能够正常实现,保证游戏的机制能够明确顺利地运转,并且最终得到某一种特定的结果。

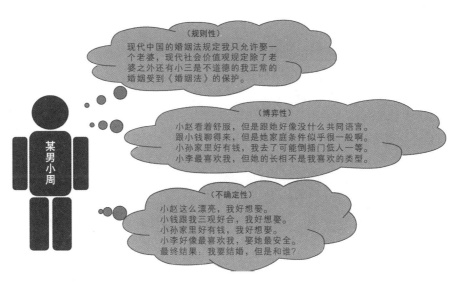

图1-1 相亲与婚姻游戏必备的三要素

2. 博弈(Game)

娱乐休闲不一定等同于游戏,比如享受美食、聊天、观看比赛就不属于任何一种游戏,因为这些行为缺乏游戏的英语单词game所拥有的核心含义——博弈。博弈带给人的不仅仅是紧张,还有刺激与愉悦。体育竞技、传统棋牌、经济活动、政治交涉、网络游戏都存在着玩家与对手的博弈;股票彩票则是玩家与运气的博弈;单机游戏、严肃游戏、逻辑推理则是玩家与人工智能,与游戏机制的博弈。有了这些博弈、策略、具体操作和计算,各种游戏才迸发出美妙而迷人的火花,吸引人参与其中,促进人类的进化。

3. 可量化的不确定性(Quantifiable Uncertainty)

大多数人对自己的死亡并不会感兴趣,因为每个人都会面临死亡。但是每个人至少在生命的某一阶段,会对自己的未来抱有期望,因为每个人所能达到的成就是不确定的。象棋的棋局如果从头到尾,每一步都按照既定的程序完全执行,那么它就会失去其作为游戏所拥有的魅力。事实上,在游戏的人工智能学科领域,就有游戏"解决"(Solved)的概念,以国际象棋为例,人工智能"解决"国际象棋后,现代人类后手对战人工智能的胜率为确定的0%,在这种情况下,人类就不会选择继续同人工智能进行对战,因为对战的结果是必然的失败——同样的道理,身体健全的成年人没有兴趣同婴儿进行赛跑比赛,因为比赛博弈的结果也必然是胜利。因此,不论结果的成败,不确定性是事物作为"游戏"而非流程存在的必要条件,也是吸引玩家参与其中的关键因素。剧情向游戏可以广泛使用不确定性增强其作品的吸引程度。

关于游戏的理解测试,现在有以下两个场景。

场景1：假设你是明初一位贪腐的官员，被抓了送到朱元璋面前，朱元璋让你在凌迟、剥皮揎草、车裂之间进行三选一。

还是假设你是明初一位贪腐的官员，被抓了送到朱元璋面前，然而你握有当年朱元璋的把柄然后考虑威胁朱元璋。威胁的结果可能是朱元璋大怒，将你凌迟、诛杀九族，也可能是他被威胁到，决定仅仅对你判处斩首并且不祸及家人。

场景2：假设你是乌江边的项羽，送走了乌骓马和划船的老者后，决定用最后的力量跟刘邦、韩信的部队斗智斗勇，然后迎来最后的终结……

还是假设你是乌江边的项羽，这次你决定不要脸了。然而不幸的是，这次韩信的追击部队来得比较快，你决定用最后的力量跟刘邦、韩信的部队斗智斗勇，不知道能不能撑到江东父老划着小船来接自己……

很明显在上述两个场景中，第一种情况即使有选择也没有意义，因为不存在博弈，结果是固定的。而第二种情况比第一种情况就多了博弈性。所以，当一个条件加入后，可能会把一个不是游戏的场景变成一款游戏。

除了学术定义，游戏也有相应的社会性定义——游戏是玩家模拟现实世界中某种行为的过程。这种行为主体可以是人类，可以是动物，可以是细胞，甚至可以是信息流或者原子、分子（例如美国艺电公司（Electronic Arts）出品的《孢子》中玩家扮演的就是一个孢子）。人类一直试图通过模拟获得社会性的快乐，随着技术的提升，模拟成本也变得越来越低。

二、游戏的分类

仔细思考一下，我们不难发现游戏的发展史就是人类的进化史。从原始社会的基本社会行为到现代信息技术支撑下的虚拟世界，游戏从古至今无时无刻不在进化与革新，从而衍生出不同类别的游戏形态与游戏玩法。游戏不断随着我们的技术进步，让模拟成本越来越低。我们按照游戏的进化顺序和发展路径，对其进行归类并定义。

1. 日常游戏（Daily Game）

日常游戏是人类文明诞生之初，拥有社会形态后就形成的游戏形式，直至今日其依然存在于我们每天的生活与社会行为之中。从商业交易到政治妥协，从生活规划到人际沟通，从工作学习到恋爱结婚，凡是受一定规则约束，在中途需要思考、选择与博弈，且最终结果有不确定性特征的社会活动都是日常游戏。它来源于人类求生本能的演化，并永远伴随人类左右。毛主席曾说："与天奋斗，其乐无穷！与地奋斗，其乐无穷！与人奋斗，其乐无穷！"这其实正反映了人在和人、和自然博弈的过程中会收获一种特殊的快乐。举个简单的例子，升学就是一种非常典型的日常游戏，如图1-2所示。

大部分省份的初中生在九年义务教育结束之际，将面临一次选择：他们可以选择就此中断学业进入社会，或者进入中专，抑或考取高中。这个选择的过程中就会面临策略思考，以及针对社会环境的博弈——通常而言，为了以后能够在社会这个严肃游戏环境里获得更好

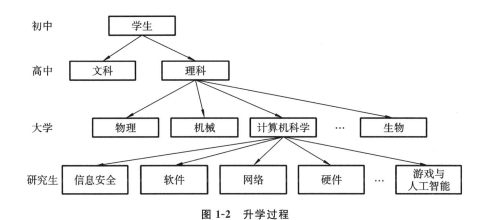

图 1-2 升学过程

的筹码与技能,大多数人会选择考取高中的博弈策略,当然考取的结果是不确定的,是进入重点高中还是就读普通高中,取决于多种因素。现在假定学生 X 在他的"就读游戏"里,顺利通过中考进入了高中,那么在高一下学期或高二上学期,他需要选择高考 3+2+1 科目的搭配,并以此为基础准备之后的高考。之后的学习自然也是严肃游戏的过程,游戏中途要选择、制定相应的策略,比如传统文科高中生会适当降低数学学习时间与难度,将多余精力用于历史、政治等科目的背诵学习。现在继续假定学生 X 选择了物理+化学+生物的科目组合,那么从高二开始,他将会抛弃历史、地理与政治的学习,将大部分精力集中于理科综合的攻略上,准备即将面临的大 boss——高考。

X 很努力也很幸运,作为湖北考生高考的结果是 630 分(满分 750),接下来他就需要填报志愿;630 分在湖北报考清华大学或者北京大学是不可能的,纳入考虑范围的可以是浙江大学、复旦大学、中国科技大学或者湖北本地的武汉大学、华中科技大学——在 8 到 10 个合适的选项里选出一所学校,充分体现了游戏的不确定性与博弈特征,同时填报志愿拥有一套完整严格的规则,所以高考与其附属的志愿填报就是典型的游戏行为(只不过这款游戏的玩家"几家欢喜几家愁"),而且高考相比其他的社会日常游戏而言,还拥有读档的功能(复读)。不仅仅是选择学校,X 还需要从众多允许报考的专业中,做出最后一个选择——这个选择的动机可以是兴趣,可以是理想,可以是好奇,也可以是功利,总之专业的选择又是一次典型的游戏进程。假定 X 选择了华中科技大学的计算机专业,四年后他又面临几个选择——工作或就读研究生(分为国内考研和出国留学)。如果 X 选择了就读研究生并且依旧进行计算机科学相关研究,那么他需要在诸如硬件、软件、网络、人工智能、算法理论、图形学等计算机子类别里选择一个方向进行专攻。硕士毕业后,对于未来,可以选择继续读博士或者工作,X 在研究生阶段选择了就读人工智能方向的博士,深入研究棋类游戏的人工智能、游戏信息学、游戏数学算法等一系列方向,到博士毕业游戏结束。

所以,整个学生时代的学习过程,都可以看作一种日常游戏。游戏《中国式家长》便是对中国学生生存过程的一种模拟。日常游戏有个显著的特点,即会强烈地影响到人自身与社会进程,换言之,日常游戏是游戏类别里最为严肃的一个类型,大部分的日常游戏不支持存档/读档功能,即便可以读档,往往也需要付出极大的代价。

2. 体育游戏(Sports Game)

体育游戏应该是人类接触最广泛、历史最悠久,且人类能够意识到身处游戏之中的游戏形式了。除了日常游戏所拥有的规则、博弈和不确定性三大要素之外,以体育游戏为开端的游戏形式均具有娱乐性的特征(虽然有小部分人选择游戏人生,但对大部分人而言日常游戏不具有娱乐性)。体育来源于日常生活,其最初出现的目的就包括调剂人类作息、替代或者模拟人类日常的严肃社会行为。文物和建筑等历史证据表明,中国早在公元前 2000 年左右便已开始进行体育运动。体操在中国古代时期是十分流行的项目。为法老修筑的纪念碑显示出,包括游泳、垂钓等在内的体育运动在上千年前的古埃及已经发展了起来并建立了相应的体育规则。在古埃及开展的其他体育项目还有投掷标枪、跳高和摔角。古代波斯的体育运动包括传统伊朗武术项目——英雄体育,它同打仗技巧有着密切联系。同样起源于古代波斯的运动项目还有马球和马上长矛比武。同样地,古希腊的军事文化和体育运动相互影响,并且创造了古典时期的奥运会。因此很多体育游戏都来源于军事化活动。体育运动发展至今,其组织性和相关规则不断得到加强,并且去除了军事化的特征。工业化使得大众有了更多的闲暇时间,这让人们可以参加并观看观赏性体育运动,由此体育运动的参与人数增加,传播范围更为广泛。体育迷们通过广播、电视、互联网追逐职业运动员的身影,同时他们自己也参与业余的体育运动,从中得到锻炼和娱乐。虽然体育游戏相对安全,但它对人类的体力和意志力仍是一种考验。

3. 桌面游戏(Tabletop Game)

人与动物最大的区别在于人类拥有强大的思考能力,可以制定相应的高等策略,并通过策略设置模拟环境,减少体力与人力的成本消耗。就体育游戏而言,动物在经过一定的训练之后也可以正常进行,然而动物不可能建立虚拟环境进行复杂的策略活动。桌面游戏是人类进化过程中独有的产物,同时桌面游戏也是游戏发展历程中具有承上启下作用的重要一环。在游戏三大要素的基础上,除了加上体育游戏的娱乐性,桌面游戏还加上了一条虚拟性。桌面游戏通常不会对现实生活产生直接影响,许多桌面游戏在发明之时就带有模拟学习的动机。比如围棋"尧造围棋,教子丹朱",同时模拟原始社会部落人员划地战争的过程;又比如大富翁游戏发明之初是为了向大众普及大财主垄断的过程与弊端,并向当时的财主作出抗议;再比如黑手党游戏(Mafia Game,又称为杀人游戏、狼人游戏)是在 1986 年春天由苏联莫斯科大学心理学系的迪米特里·大卫杜夫发明的,大卫杜夫让玩家在莫斯科大学的教室、寝室等处玩此游戏,以研究众人的行为与心理活动。所以虚拟性是桌面游戏的一项重要特征,也是传统游戏向现代游戏进化的一个关键要素。桌面游戏诞生于工业革命之前,所以现代人又将桌面游戏称为不插电游戏,通常桌面游戏也不需要玩家做出大幅度的动作,从而区别于体育游戏。由于远离电源,桌面游戏一般被人认为属于非常环保健康的游戏形式,这使得桌面游戏更容易被那些对游戏不了解的思想保守人士所接受。桌面游戏这个大类又可以细化为以下几小类:卡片游戏(Card Game)、图版游戏(Board Game)、骰牌游戏(Tilebased Games)、纸笔游戏(Pencil-Paper Game)和聚会游戏(Party Game)。表 1-1 是各类桌面游戏的代表作品。当然,部分游戏属于混合类型,比如大富翁就属于图版游戏和骰牌游戏的结合。桌面游戏相较于体育游戏更加省时省力,相较于电子游戏又更加方便易携带,极大地增强了人类的生活趣味。但桌面游戏也存在一些问题,如在复杂的结算上对玩家不够友好,无法实现战争迷雾等。

表 1-1　桌面游戏不同类型的代表作品

桌面游戏类型	代表作品
卡片游戏	UNO,扑克,麻将,桥牌,游戏王,万智牌,三国杀
图版游戏	围棋,中国象棋,将棋,国际象棋,陆战棋,五子棋
骰牌游戏	飞行棋,进退类棋,大富翁,龙与地下城(事件)
纸笔游戏	纸笔版 RTS,你画我猜,井字棋,飞机大炮
聚会游戏	黑手党,狼人,击鼓传花,德国心脏病,谋杀之谜,LARP

4. 电子游戏(Video Game,Computer Game)

电子游戏因为第二次和第三次工业革命而诞生,它拥有更为方便的操作模式、自动化的进程处理、更为真实的模拟体验、更为高效的系统运算力、更为漂亮的艺术表现力,可以实现桌面游戏无法实现的某些功能(例如战争迷雾)。同时电子游戏也是这个时代孕育人工智能的"子宫"。在我们这个时代,电子游戏被认为是狭义上"游戏"的最终含义,一些人也称其为第九艺术。

三、电子游戏简史

随着时代的发展与技术的进步,加上程序编写成本、美术成本以及游戏制作者和发行方价值观不同,电子游戏可以细分为核心电子游戏和轻量电子游戏两个类别。核心,顾名思义,即在游戏形式与玩家黏着度上更倾向于专业、上层、艺术性这几个方面。核心单机游戏的开发,需要策划者具有良好的想象力与人文素养,在程序方面,要求程序稳定与人工智能表现优越;在美术方面,要求尽善尽美地打造艺术效果。而愿意坐下来长时间玩游戏的玩家,也基本是游戏的深度爱好者。核心游戏的销售方式基本上是买断制,这就对游戏品质提出了很高的要求。

1. 街机游戏(Arcade Game)

街机游戏是最早诞生的电子游戏之一。Pong 是雅达利(Atari)在 1972 年 11 月 29 日推出的一款街机乒乓球游戏。Pong 很多时候也被认为是电子游戏历史上第一个街机游戏,与此同时,米罗华奥德赛(Magnavox Odyssey)作为全球第一款商业家用电子游戏机,它的首次演示是在1972年5月24日,并且于同年8月正式发行。由于科技与经济的限制,主机米罗华奥德赛的知名度与普及率不及街机游戏Pong。早先的家用机性能较弱,难以展现出街机游戏的形式和魅力,而早年的计算机则偏向于科学计算和办公应用。家用机在价格与制造成本上,由于芯片技术的限制,未能做到大规模普及,性能上也难以体现出街机游戏的魅力,从1972年家用机和街机游戏同时诞生以来,直到20世纪90年代,街机游戏在世界范围内都有着无可比拟的优势。街机游戏以横版清关动作游戏和格斗游戏见长,射击游戏亦较为普及,在那个年代诞生了诸如《街头霸王2》、《拳皇》系列、《合金弹头》系列等优秀作品。

街机是改革开放后最早为我国社会熟知的电子游戏机平台,这与当时的经济状况有关。1990年我国居民的平均月工资为200元人民币,当年1元人民币可以换10个街机币,而一台盗版任天堂FC(Family Computer)也要300元左右,正版任天堂FC则是10800日元,卡带5000日元左右,所以任天堂主机的价格对于当时的中国人可以算天文数字,街机游戏厅从而得以大规模发展与普及。由于那个年代教育思想的局限、社会文化水平低下,加上意识形态的冲击与斗争,当时人们对于初次见到的人工智能与电子产品产生了恐惧心理,媒体与舆论开始故意且恶意妖魔化街机等电子游戏平台(2000年左右它们以同样拙劣的手法恶意污名化网络技术),这种情况直到20年后手机普及,当年的保守人士也开始享受网络的好处后才有所改观。

后来随着多媒体的发展、软硬件和操作系统界面的进步,电脑和家用机的优势日益明显,街机游戏产业则日趋凋零。20世纪90年代后期,虽然SNK的《拳皇》和《合金弹头》系列,以及CAPCOM的《名将》《吞食天地》等游戏依然颇受欢迎,但整个产业已经开始衰退。进入21世纪,街机迅速衰弱,日益远离大众的视线,著名的SNK公司在2001年宣布破产,而另外一家街机游戏大厂CAPCOM,则果断地在1998年针对索尼初代PlayStation开发了《生化危机》,从而得以转型并成功生存至今。

兴亡谁人定,盛衰岂无凭?当年凭借胶卷在相机业如日中天的柯达,由于误判了形势,在数码相机的大潮中落得破产的下场;2009到2010年还被称为手机帝国的诺基亚在苹果iPhone4以及安卓智能机的面前,瞬间从天堂跌落地狱。街机厅占据半壁江山的SNK,在街机和家用机大势面前下错了棋,最终被韩国企业收购而苟活。时耶?命耶?所以作为科技工作者,切不可故步自封,正所谓"逆水行舟,不进则退"。

总结来说,街机游戏也存在几个比较明显的问题。第一,由于街机放置在商场,对玩家来说,使用的时间和地点都受到限制;第二,街机营业方为获取利润有意调高游戏难度,游戏体验感不好;第三,街机厅的玩家鱼龙混杂,环境不够安全。在此基础上,家用主机游戏诞生了。

2. 主机 & 掌机游戏(Console & Handheld Game)

主机又被称为家用游戏机,其雏形最早是用示波器制作的小型互动娱乐装置,现代第一台真正意义上的主机是米罗华奥德赛(见图1-3)。1972—1977年也被称为第一代游戏主机时期。

但是由于性价比和技术问题,家用主机一直得不到普及,雅达利公司开发的第二代主机

图 1-3 世界上最早的主机 Magnavox Odyssey(Copyright by Evan-Amos's work)

(1977—1983)由于硬件的限制,以及软件缺少优秀的作品,未能打开家用机市场。在1983年发生了游戏史上的一件具有里程碑意义的大事——日本任天堂开发了Family Computer,也就是大名鼎鼎的红白机,如图1-4所示。至今FC在全球范围内依旧有着重要的影响力,也因为FC,日本奠定了世界游戏霸主的地位,该地位直到21世纪计算机游戏普及才渐渐被动摇。与FC捆绑发售的《超级马里奥》也成为任天堂的象征性游戏,以至于2016年里约奥运闭幕式的东京8分钟里,时任日本首相安倍晋三为宣传日本以超级马里奥的扮相出现在全世界人的眼前。

图 1-4 第二代主机 Family Computer(Copyright by Evan-Amos's work)

FC的成功不仅仅是在日本以及欧美市场,由于时间上刚好赶上中国的改革开放,加上英文翻译"家庭电脑"的掩护,FC顺利地进入许多中国当时的富裕阶层家庭。中山市的小霸王公司,以学习机的名义,制造了大量FC的山寨机,低成本和学习机的概念让FC在20世纪90年代的中国得以普及。FC也是现代中国人接触到的第一代真正意义上游戏主机,更是诸多"70后"与"80后"的幸福回忆。之后任天堂又趁热打铁,在1989年推出了Super Family Computer,同时街机大厂SNK推出了自己的主机NEOGEO,世嘉公司也推出了享誉一时的Mega Drive。第四代主机浪潮(1987—1994)适逢日本经济泡沫破灭前夕,在巅峰国力的状态下,日本在游戏界成为不可动摇的存在。

3. "天下三分"

任天堂从FC开始尝试使用光盘储存技术,但是这种储存媒体有许多问题:本身的物理特性使其极易损坏,且还有被非法复制的危险。虽然如此,在CDROM/XA技术细节公布之后，任天堂仍对其技术产生了兴趣。CDROM/XA 标准是由 SONY 和飞利浦共同提出的，任天堂于是决定与 SONY 合作来开发超级任天堂用的 CDROM 外接光驱，并暂时命名为"SFC-CD"，并且和 SONY 开始合作研发次时代主机，然而在研发期间，任天堂和 SONY 在游戏的储存媒体以及主机主导权上产生了严重冲突，并且时任任天堂总裁山内溥觉得 SONY 不是真心和任天堂合作。最后，任天堂单方面终止了合作。为了不让成型的产品付诸东流，SONY 决定独自将工程进行下去。SONY 可能也没想到，这个决定将会改变整个家用游戏机的发展进程。这台主机就是大名鼎鼎的 PlayStation。

  1994 年，SONY 公司推出了自己的游戏主机——初代 PlayStation。PlayStation 一经问世就以其优秀的性能受到了各大游戏厂商与消费者的青睐。之后在 1996 年，任天堂也推出了自己的第五代主机 N64，虽然依靠自己雄厚的用户黏着度获得了一定的成功，但是在市场方面，它却因为当年与 SONY 的商业纠纷，以及 PlayStation 的攻城略地而失去了霸主的地位。1995 年，年轻的微软公司推出了 Windows95 操作系统，该系统一经推出，就结束了桌面操作系统间的竞争，微软获得了在家用操作系统的垄断地位。凭借着 Windows95 和 Windows98 带来的利润，微软于 2001 年也推出了自己的游戏主机——Xbox，并在北美市场大获成功。从此，游戏主机市场进入了任天堂、SONY 和微软三分天下的局面，与 Xbox 同期的第六代主机 PlayStation2 也是主机史上可媲美 FC 的作品，任天堂的 Nintendo GameCube 虽然不算成功，但是其在第六代主机时代推出的 Game Boy Advance 却成为现代游戏的掌机典范。直至今日，主机界"天下三分"的局面依然没有改变，PlayStation5、Xbox One 和任天堂 WiiU 彻底平分了主机市场。值得一提的是，由于 2000 年的一纸禁令，中国彻底丢失了参与主机开发、管理以及运营的市场浪潮的机会，直至 2014 年禁令才废除，然而此时再想与 SONY、任天堂、微软竞争，已是难上加难。

  主机游戏在现有所有游戏类型中，玩家素养最好、制作需求最为挑剔、投入成本较高。且相较于用来打发时间的手机游戏，需要花时间和金钱去享受的主机游戏可以培养玩家良好的游戏审美，大幅提高游戏沉迷阈值。

4. 掌机

  掌机游戏起源于 1976 年，早期的掌机是 LED 应用，最典型的就是俄罗斯方块，通过程序来控制 LED 的暗灭形成俄罗斯方块的消除效果。当时掌机游戏由于硬件条件的限制，一般具有流程短小、节奏明快的特点。由于目的是供人们在较短时间内娱乐、打发时间，其不会像一般主机游戏那样具有复杂的情节，这一情况在 2001 年任天堂另辟蹊径推出 Game Boy Advance 后才得以改变。任天堂早在 1989 年就制造了初代掌机 Game Boy，但是由于 FC 和 SFC 的大获成功，任天堂在一段时间内并没有对 Game Boy 提出更多新的想法。直到微软和 SONY 抢夺了主机市场后，任天堂才将目光转向还是处女地的掌机上面，跨时代地推出了 Game Boy Advance。由于机器性能的大幅提升，掌机开始和主机一样承担了核心游戏的开发销售功能，比如和 Game Boy Advance 同时期发售的《逆转裁判》，颠覆了玩家对掌机的印象。之后 SONY 不甘将掌机市场拱手让人，也推出了自己的 Play Station Portable，截至 2018 年，任天堂和 SONY 最新的掌机分别是 Switch 和 PlayStation Vita，其中 Switch

的OLED版于2021年10月发售。

5. 电脑单机游戏

电脑游戏,又被称为PC Game,是一个相对于主机游戏和街机游戏的概念,指在个人电脑上运行、能提供娱乐功能的软件。电脑游戏产业与硬件、软件、互联网的发展有十分紧密的联系。20世纪90年代之后,随着电脑软硬件技术的进步,特别是微软开发了可视化操作系统Windows95与Windows98之后,个人电脑的使用越来越广泛,多媒体技术也开始成熟,越来越多的人能够接触并且使用电脑,使得电脑游戏能够在一定程度上替代主机游戏,成为玩家主要的游戏平台。由于20世纪90年代网络的发展还不是很繁荣,手机也处于相对原始的状态,这段时间里,电脑上的游戏还是以单人游戏为主,辅以部分局域网联网的功能。虽然一部分游戏也有自己的服务器,但是因为网络技术的限制和盗版因素,网络游戏并未得到普及。

电脑游戏诞生之初,是为了弥补主机游戏手柄操作带来的不便。20世纪90年代开始,大量的即时战略游戏(Real-Time Strategy Game)和动作角色扮演游戏(Action Role Playing Game)诞生,比如Westwood旗下的《沙丘魔堡》与《红色警戒》,Blizzard旗下的《魔兽争霸2》与Diablo,都需要键盘鼠标进行精确的操作。该类游戏的出现大大普及了电脑作为游戏设备的作用。由于单机游戏缺乏联网机制,并且依赖人工智能,单机游戏在制作与开发的过程中非常重视游戏的品质、计算机技术与人文艺术。电脑游戏成为这些技术与艺术传播的先行者,推进了显卡的图像革命、人工智能技术的导入、历史文化的传承等。因此严格依赖人工智能且不依赖网络交互的单机游戏,除了商品、娱乐物质的属性之外,多了一份商业之外的价值,使得单机游戏更加容易受到核心游戏玩家与深度游戏玩家的青睐。例如,2000年Blizzard推出的Diablo11直接创造了一种新的游戏模式,成为后世许多网络游戏的"先祖"。但不论是街机、主机、掌机,还是电脑平台,为了开发制造一款优秀的单机游戏,往往会消耗开发公司大量的时间、精力、资金与人力,且对开发者有极高的素质要求,发售之后又存在盗版的问题,所以中国游戏企业目前近乎放弃了核心单机游戏的制作。

6. 轻量电子游戏

进入21世纪后,网络的广泛使用为电脑游戏的发展带来了强大的动力。网络游戏成为游戏的一个新的发展方向。世界各地举办了各种各样的电子竞技比赛,创造了相当多的额外利润。之后,游戏开发商开始开发一些网页游戏,既方便一些不想安装游戏软件的玩家,又降低游戏的开发成本。21世纪10年代,手机进入了IOS和Android的智能机时代,一部分电脑游戏的开发者转而开发手机游戏,形成手机游戏、电脑游戏和网络游戏三足鼎立的局面,三者各据市场一方。轻量,顾名思义,即在游戏形式与玩家黏着度上,更倾向于普及、底层、时效性与商业性这几个方面。轻量电子游戏的开发,相较核心单机游戏而言,同等程度上要简单不少,对人文艺术和人工智能有较强的需求,且这类游戏收费方式灵活,几乎没有被盗版的风险。与此同时,游戏公司能够通过网络模块与社交互动,取得可观的利润。而轻量电子游戏的玩家,往往也不是深度玩家,他们平时甚至不玩游戏,只是打开手机游戏软件打发时间而已,所以开发者往往容易忽略游戏的品质。目前中国的游戏市场里,轻量电子游戏占据主流——当然,对于一个健康的游戏市场来说,这是值得忧虑的事情。由于轻量游戏的品质整体不如核心游戏,中国游戏在人工智能的发展以及游戏文化传媒的输出上,远远落后于日本与美国。关于这个问题,我们会在后面的章节里进行详细说明。

7. 网络游戏(Online Game)

网络游戏一般指多名玩家通过计算机以及互联网进行交互娱乐的电子游戏,当然,现在也存在基于网络验证反盗版的单机游戏,比如《古剑奇谭2》以及 Diablo Ⅲ,但通常意义上的网络游戏更加依赖于连接网络服务器进行联机合作或者对战。网络游戏基于早期传统的单机游戏在网络普及的条件下演变出来的局域网游戏大厅而产生。这类局域网游戏大厅通常借由第三方平台(比如著名的浩方对战平台)来提供一个可以和其他玩家一起进行游戏或对战的入口,在大厅中配对数个玩家再一起进入游戏当中娱乐。考虑到游戏的交互性,或者为了延长单机游戏的生命周期,现今越来越多的单机游戏都会加入此功能,特别是当游戏内容有明显可合作或者可对战的性质时,即网游化的单机与单机化的网游。

但是,依赖平台或者局域网对战并不是真正意义上的网络游戏,国内网民对单机游戏及网络游戏的认识较浅,导致大众和媒体对于单机游戏与网络游戏的认知十分模糊,乃至于主流电视媒体都弄出过混淆《魔兽争霸Ⅲ》与《魔兽世界》的乌龙,甚至还有用错日本成人单机游戏《尾行3》的截图这种认知不足的"大新闻"。真正意义上的网络游戏,需要由一个游戏公司提供服务器,所有的游戏数据交换、数据保存以及游戏行为都需要基于服务器的运营而存在。我们用图1-5简单说明单机游戏、带大厅功能的单机游戏以及网络游戏行为模式的区别。网络游戏有个很重要的特点,即不过于依赖人工智能的开发。

图1-5 单机游戏和网络游戏的行为模式的根本区别

中国市场上,网络游戏对单机游戏造成了极大的冲击,主要的原因在于网络游戏几乎不会受到盗版的侵害。因为单机游戏依靠出售软件的形式获利,一旦软件被人破解,游戏开发公司就会遭受巨大的损失。而网络游戏运营商是在线运营游戏产品,依靠诸如"点卡""道具""增值服务"和某些玩家的虚荣心理来获利,而服务器的数据完全在游戏开发商(运营商)这一端,无法被盗版,商业上相对安全。但是中国的网络游戏却带来了另外一个严重的问题——由于大量的网络游戏开发者进入市场,政府方面对此也没有完善而严格的管制,许多游戏变得商业化、同质化，甚至利用资本侵害著作权与知识产权，形成恶性竞争。另外，由于网络游戏制作成本低、收益高，国内的网络游戏在现在及未来很长一段时间内都无法达到单机游戏的制作水平，一些游戏公司和制作组唯资本马首是瞻，开发过程不用心、不负责任，导致劣币驱逐良币，严重阻碍了中国游戏业的健康发展，同时降低了中国文化输出的能力。同时，一些粗制滥造的网络游戏为一部分保守人士混淆游戏概念、攻击整个游戏产业提供了口实。

8. 网页游戏(Webpage Game)

随着工作节奏的加快以及网络技术的进步，在网络游戏之后又诞生了网页游戏这种新的形式。网页游戏，顾名思义，就是一种基于网页的电子游戏，一般不用下载客户端，在任意一台能上网且有对应浏览器支持的电脑上就可以进行游戏。与电脑单机游戏或者网络游戏相比，网页游戏占用计算机资源空间小，对硬件要求比较低。而且网页游戏是用服务器端的脚本来编写，例如JavaScript、HTML5和Java，其运行依赖浏览器，所以网页游戏有着很好的移植性与跨平台性，比如一款在Windows系统上的网络游戏，要移植到苹果系统，需要大量的人力物力重新制作，但网页游戏几乎不存在这样的问题。

当然，网页游戏在中国同样存在跟网络游戏一样的问题，而且由于网页游戏缺乏法律管控，劣币驱逐良币的现象更为严重，大量同质化、带抄袭性质、低俗化的网页游戏广告，比如几乎所有"三国"类的网页游戏，都存在对日本KOEI公司的侵权或者人设抄袭行为，网页游戏在当下甚至已经成为劣质产品的代名词。

9. 手机游戏(Mobile Game)

几乎是在手机进入屏幕时代的同时，手机游戏就出现了，例如诺基亚1100就附带了贪食蛇这样的小游戏。早期的手机游戏和早期的掌机游戏一样，都属于利用LED编写的小程序，纯粹用来打发时间。随着手机业飞速的发展，手机配置和处理信息的能力增强，渐渐出现了更大画面、更加复杂的手机游戏。近几年，随着智能手机的出现和普及，手机游戏快速攻占与蚕食电脑单机游戏和网络游戏的市场，部分性能强大的手机，甚至能够媲美专业的掌上游戏机。手机游戏操作方便、便于携带，继承了掌上游戏机的部分优点，故而使得以前通常不属于核心游戏玩家圈子的新用户也渐渐加入游戏队伍。

但是手机游戏在操作上的过于简化，使得大部分的手机游戏依然难以媲美同级别的掌上游戏机，故而手机游戏的性质更加偏重于休闲娱乐，而非深度游玩，这一点也是掌上游戏机和手机游戏在性质上最大的区别——毕竟手机主要还是用来通信、上网以及使用便捷App的，游戏只是手机的附加功能，掌上游戏机则是单纯专业的游戏设备。因此在分类上，掌机游戏属于核心电子游戏，而手机游戏属于轻量电子游戏。中国国内的手机游戏市场目前十分火爆，然而和网游市场一样，开发者与用户水平均参差不齐，又因为手机游戏属于轻量电子游戏，大部分作品不如核心电子游戏那样注重游戏的艺术性与可玩性。

总的来讲，国内三种轻量电子游戏产业是在2000年的游戏机禁令推出的背景下迅速发展起来的，同时早期法律对盗版行为缺乏打击，不能很好地保护计算机平台核心游戏开发者的知识产权，故而导致现中国游戏市场中轻量电子游戏肆虐，且质量普遍低下，缺乏人文价值，劣币驱逐良币，令游戏沦落为单纯的资本商品而非产品，更没法成为艺术品，让人唏嘘。2010年到2020年中国游戏市场的火爆，就如同这10年间中国房地产市场的火爆，这样的火爆是资本家的狂欢，和真正的游戏开发者以及追求艺术的建筑设计师并没有一丁点关系。但是，没有什么是永远不能改变的，只要游戏界的大多数工作者有心，中国游戏业也应该有光明的未来，能够有和欧美、日本游戏业"三分天下"的一天。

10. 未来科技游戏(Future Technical Game)

随着技术的发展，近几年虚拟现实游戏(Virtual Reality Game)、全息投影游戏(Holography Game)以及增强现实游戏(Augmented Reality Game)开始走进大众的视野。虚拟现实游戏，简称VR游戏，是利用电脑模拟产生一个三维空间的虚拟世界，提供用户关于视觉、听觉，甚至是触觉与嗅觉等感官的模拟，让玩家仿佛身历其境来观察三维空间内的事物。玩家进行移动或者操作时，计算机可以同步进行运算，将更新后精确的虚拟世界反馈给玩家。VR技术集成了人工智能、计算机图形学、计算机仿真、网络等技术的最新发展成果，是一种信息科学下的高技术模拟系统。传统的游戏，即便是电影化的主机核心游戏，玩家也能明显区别现实世界和虚拟世界，而借助VR技术，玩家就能够近乎完全地融入虚拟环境中，彻底置身于游戏空间，从而拥有无与伦比的体验、刺激与享受。VR游戏在动作类游戏、第一人称射击类游戏等方面有着天然的发展优势。

随着5G时代的到来与云游戏的实现，网络的理论读写速度高于硬盘读写速度，这在解放硬件设备的同时，也真正解放了VR的生产力。如果说虚拟现实是让用户从现实进入一个虚拟的环境，那么全息投影则是与此相反，它将环境从虚拟设备中抽出，投影到现实世界里。全息投影可以通过记录胶片完全重建对象的光学模型，仿佛物体就在那里一样，用户通过不同的方位和角度观察投影，可以看到立体效果。艺术家很早就意识到了全息投影作为一种艺术媒介的潜能，比如邓丽君去世22周年时，日本利用全息投影还原出已经去世的邓丽君在舞台上歌唱，人们在网络上观看当时的视频，几乎无法分辨出邓丽君是由全息投影制作完成的。比起虚拟现实，使用全息投影时玩家能够感受到更加真实的操作感，而不需要额外增加感官的模拟。而且多个玩家同时处于同一环境的全息投影时，可以降低虚拟现实设备的成本，便于玩家之间互动合作或者对抗，比起大家一起带着VR设备活动来要安全许多。

增强现实游戏，简称AR游戏。增强现实依赖人工智能、地图定位系统、动态捕捉或者图像分析等技术来完成，让电子设备里的虚拟世界能够与现实世界场景进行互动，使得现实中的一些行为能够更加丰富、有趣。最早的AR技术主要应用在军事模拟中，目前AR技术在智能手机上已经有了不少实际的运用，例如Google公司基于自家Google地图与GPS技术支持所开发的《Ingress》，以及任天堂公司推出的《精灵宝可梦GO》(Pokemon GO)等。在主机上，利用动态捕捉系统，可以辅助儿童或者老人进行运动，这正成为未来严肃游戏开发的重要趋势之一。考虑到未来中国少子化与老龄化的问题，以及中国自主开发的北斗系统，

AR游戏将来在中国社会中必定大有可为。而中国也应该能借着VR、AR和全息投影,在游戏技术上完成对欧美、日本等游戏强国的超车。

其实,在伟大的日本漫画家藤子·F.不二雄先生的画笔下,很早就有过一段关于AR游戏设备的构想。他当年给孩子们画的梦,陆陆续续成为现实,其中对VR技术、AR技术和全息投影的描绘也不例外。《哆啦A梦》第42卷里面有个故事"城内突破大战",就是利用地图定位技术来进行增强现实游戏。主人公大雄被小伙伴们下了"通缉令",为了能顺利回家,大雄在哆啦A梦的帮助下,对所有抓他的孩子进行了位置定位,然后从学校后山一路躲藏逃回了自己的家——当然从游戏目的性质上来讲,这是严肃的日常游戏,毕竟输了会被胖虎、小夫等人逮住痛揍一顿。有兴趣的读者可以自行阅读这段漫画故事。

11. 功能性的游戏分类

除了从游戏设备进化的角度来对游戏进行分类之外,对狭义上的现代游戏还有一种按照功能进行分类的方法。根据游戏的功能和主题,可以将所有游戏分为三类——纯粹的娱乐游戏(Entertainment Game)、严肃游戏(Serious Game),以及娱乐严肃混合型游戏(Entertainment-Serious Mix Game)。

纯粹的娱乐游戏,顾名思义,对于大部分用户而言,其作用仅仅是打发时间、获得快乐。玩家在游戏过程中不需要刻意去学习或者了解与游戏相关的背景,亦不需要在游戏结束之后得到娱乐之外的反馈,如三消游戏《开心消消乐》。市面上大部分电子游戏(包括核心类和轻量类)都属于此类纯粹的娱乐游戏。

严肃游戏,是相对于纯粹的娱乐游戏而存在的概念。严肃游戏不是为了纯粹娱乐而设计的,其主要目的是通过游戏进行知识的获取,或者为降低成本对某些高难度工作进行前期的模拟训练。一般来说,军事训练、学校教学、科技探索、医疗保健、应急管理、交通调度、城市规划、工程模拟和政治博弈为严肃游戏最常见的教育功能。严肃游戏分为两种。一种是模拟类,例如军队里的行动小组可以通过《使命召唤》《战地》系列这样的第一人称射击游戏,训练小队协同作战战术,降低演习对精力的消耗,同时降低实战的伤亡;市政部门可以通过《模拟城市》这类游戏学习城市规划的知识与经验,并将其应用在现实当中,而游戏的模拟能够很好地避免城市无谓的大拆大建,或者重复开挖等二次资源浪费;又如在新冠肺炎疫情期间开发的严肃游戏可以帮助市民辨别谣言,减少不必要的恐慌。另外一类严肃游戏属于直接学习类,比如在主机上利用现实增强技术,辅助老年人的运动,独居老人在利用该主机进行游戏的同时可以直接得到身体上的锻炼;又如学生利用严肃游戏学习软件,直接学习外语、数学、历史、化学等科目知识。严肃游戏目前在众多的国际学术会议上得到探讨,面对未来的社会形态,严肃游戏在社会的方方面面将大有可为。另外,日常游戏通常也属于严肃游戏——因为一旦游戏失败,玩家将付出一定的代价,并且没有存档读档的机会。

娱乐严肃混合型游戏同时包含娱乐放松与严肃应用两项功能,针对混合的方式,又可以分为人为赋予混合型与天然属性混合型两种。体育游戏以及部分的桌面游戏,就属于典型的人为赋予混合型。比如足球或者围棋,创造之初是用来打发时间进行娱乐的,但它们一旦成为比赛项目,则会被赋予新的严肃意义。有时候竞技这样的严肃行为,甚至会上升到国家荣誉和民族感情的境界,例如奥运会的国家金牌榜,足球比赛前的集体国歌,DOTA2 这种电竞比赛衍生的"China DOTA,Best DOTA",这些都属于后天人为赋予而形成的娱乐严肃混合型游戏。另外一种混合型游戏则是在游戏诞生之初,就存在着严肃教学的意义,比如 KOEI 公司的《三国志》《信长之野望》系列,Paradox 的《欧陆风云》《钢铁雄心》系列,还有席德梅尔的《文明》系列都属于此类。玩家在游玩《信长之野望》的时候,会不知不觉中学习到日本战国的事件年表,了解到日本战国各个武将的生平事迹;游玩 Paradox 的历史模拟类游戏,则可以很好地学习欧洲从中世纪到第二次世界大战时期的历史,了解欧洲各国的年表、政治体制的变迁;游玩《文明》则可以对人类发展史、各大文明的基本特色、地缘政治学等人文知识有进一步的了解。这类游戏寓教于乐,一方面作为娱乐游戏让玩家获得休闲的快乐,另外一方面又可以让玩家在不知不觉中学习到严肃知识。天然属性混合型的游戏,应当是值得中国未来游戏业关注的一部分。

12. 其他主流游戏定义

游戏学作为一门新兴的科学与研究领域,呈现出百花齐放的局面,特别是欧美和日本的科研工作者做了很多相关的工作。在立命馆大学教授渡边修司和中村彰宪所著的《人类为何沉浸于游戏》(なぜ人はゲームにハマるのか)一书的第一章里,列举了 8 位世界游戏研究者对游戏的定义,原定义来自凯蒂·沙伦(Katie Salen)和埃里克·齐默尔曼(Eric Zimmerman)所著的《游玩的规则:游戏设计基础》。表 1-2 引用部分内容供读者参考。

表 1-2 各个游戏学者对于游戏的定义描述

游戏定义的素	Parlett	Abt	Huizinga	Caillois	Suits	Crawford	Costikyan	Sutton-Smith
规则的限制	✓	✓	✓	✓	✓	✓		✓
对立与竞争	✓					✓		✓
目标与结果思考	✓	✓			✓		✓	✓
行为/过程/事件		✓			✓			✓
包含决策		✓				✓	✓	
非严肃的娱乐			✓					
不影响实际利益			✓	✓				
人工/安全/非日常			✓	✓		✓		
组建特殊的社交			✓					
自发性				✓	✓			✓
不确定性				✓				
表现性				✓		✓		
无效率					✓			
由要素构成的系统							✓	
艺术的一种						✓		

四、电子游戏的组成

在狭义的语境中,游戏通常指代电子游戏,电子游戏的实质是一段程序或者一款软件。从日常游戏到电子游戏的进化过程中,不断有新的要素加入游戏的定义,例如日常游戏和体育游戏只需要定义玩法(策划),桌面游戏加入了美术要素(美术),到了电子游戏则需要编写游戏代码(程序)。固然,音乐、市场、运营也是现代游戏业重要的组成部分,但本章节只关注电子游戏的必要组成部分。换言之,在组成要素里一旦缺少任何一环,那么该对象则无法被定义为电子游戏。图1-6的铁三角宛如支撑一张桌子的三条腿,拿掉任何一条腿,桌子都会垮掉。

电子游戏的组成三要素——游戏策划、游戏程序、游戏美术,是三个彼此独立却又紧密相连的个体。如果把游戏比作一个人,那么游戏策划的工作就是赋予这个人思想与灵魂,游戏程序的工作是构建这个人的身体骨骼和血肉,游戏美术的工作是给这个人皮肤以及外形。不同的组成部分在学科、知识与专业上有着不同的对应,但为了最终产品的完整性,需要三者完美结合,就好比治国打仗,各方面的人才都要尽其能所用,协调好彼此之间的关系,互相协助,才能获得最终的胜利。

图1-6 电子游戏的铁三角基本组成

除了游戏策划、游戏美术和游戏程序,游戏生产制作环节还包括一些其他的组件,如游戏音乐、游戏测试和其他生产部分。将游戏产品本体打包给运营,就可以进入游戏的运营环节,包括游戏周边、媒体的宣发等。游戏生产制作环节与运营环节如图1-7所示。

通常而言,好的游戏策划顶半个游戏,游戏策划部分对工作人员数学、科学、历史、文学、天文地理方面的知识均有一定的要求,并且要求他们掌握一定的计算机与美术知识,能够与程序组、美术组的工作人员进行良好无障碍的沟通。策划者的个人素养与知识底蕴,直接决定游戏到底是充满人文价值、科学价值的艺术品,还是沾有社会世俗恶臭的劣质品。游戏策划具体分工包括:游戏制作人兼主策划,需要统筹全局,是懂程序、懂美术的全能选手;系统策划,需要完成顶层设计,做到宏观把控;数值策划,是核心进程的操刀人;文案策划,用文字改变一切,在叙事游戏中格外重要;关卡策划,需要天马行空的想象力和大胆的想法;脚本策划,接近程序员,负责概念和细节的设计。

游戏美术则需要按照策划组的需求,设置相应的美术风格,并且完成艺术创作。美术的

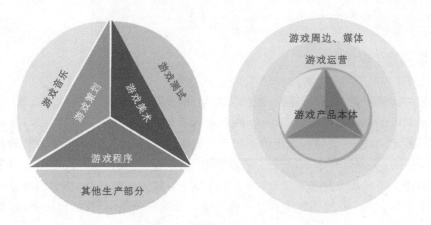

图 1-7 游戏生产制作环节与运营环节

好坏,直接决定用户的第一印象,优秀的美术往往可以弥补策划与程序上的不足,游戏艺术性的展示大多时候也依赖美术这种人类最传统的艺术形式。以《刺客信条》系列为例,优秀的美术完美地实现了游戏策划对历史城市面貌与人文气息的还原。游戏美术具体分工包括:美术总设计师,负责整个项目的美术协调;原画设计师,基本概念的设计者;角色设计师,美术设计的主刀人;场景设计师,主要完成环境构建;UI 设计师,致力于大幅提升用户观感和游戏画面颜值;特效设计师,为游戏锦上添花;动画设计师,要求有独立开展项目的能力;技术美术人员,和游戏程序员对接。

游戏程序部分要求工作人员具有良好的计算机与信息学技术,能够最大程度地利用硬件,写出没有程序故障的项目代码,满足游戏策划的需求,并且辅助美术组进行图形学编程。优秀的程序员与普通的程序员在游戏制作过程中有着明显差异,游戏不同于一般的软件,其复杂度有时接近操作系统,如果能吃透硬件资源写出高效的代码,即便是低配置的电脑也能够流畅运行拥有较高画质的游戏作品,例如《火炬之光》系列。而普通的程序员通常只关注完成项目需求而不充分利用硬件资源,忽略了程序的数据结构与算法效率,从而制造出并不太优秀的游戏画面,拥有显卡杀手般的硬件需求度。游戏程序具体组成包括:主程序,负责整个项目的实现;游戏引擎,负责核心组件工作;游戏主体程序,正面完成各类组件构成,做好分内工作;游戏人工智能,额外提升游戏的趣味性和智能水平;游戏组件程序,实现一些意想之外的精妙操作。

总之,不仅仅是游戏,在许多行业都拥有类似"策划(统筹谋划)、程序(核心执行者)、美术(外观打包)"的铁三角组合,比如电影的拍摄依赖编剧和导演的统筹策划,需要演员直接完成剧本,需要美术布置场景、化妆、后期制作;又如建筑业,首先需要建筑设计师设计建筑外形和做出图纸,然后需要土木工程师勘查实地情况、统筹设计建筑的物理结构,之后需要施工方执行操作。电子游戏本质上和电影、建筑一样,都是艺术与智慧的结晶,本书将在后面的章节分别介绍关于游戏策划、游戏程序和游戏美术三者所需要学习的知识。读者可以根据著名游戏设计师卡内基梅隆大学教授 Jesse Schell 在他所编著的《游戏设计艺术》(The Art of Game Design)一书里描述的游戏工作者所需要的技能列表,来了解自己未来需要掌握哪些知识和能力。

(1) 动画——现代的电子游戏离不开动画技术,动画赋予了电子游戏生命力,了解动画的局限和功能有助于发现新的游戏创意。

（2）人类学——研究人类的行为与思考方式，探究人类的欲望，这样才能让游戏满足受众的欲望。

（3）建筑学——游戏中经常需要设计整个世界或者设计整个城市，熟悉建筑学知识是不可或缺的一部分。

（4）头脑风暴——游戏设计者需要无数的新想法和新点子，从而维持自己和产品的活力。

（5）商业——游戏在市场上也是一种产业与商业，如何与投资人和各种企业打交道是一种学问。

（6）电影——现在许多电子游戏开始朝着游戏电影化的方向进化，或者在游戏中途加入电影一般的视觉效果。为了传达有冲击力的情感体验，电影技术必不可少。

（7）沟通——游戏设计师需要了解团队成员之间的协作关系，也需要跟客户和受众沟通，从而了解他们对游戏的真实感受。

（8）写作——创造虚拟世界中完整的人物、背景和故事，并且撰写文档，清晰地描述复杂的设计。

（9）经济学——现代许多游戏都包含涉及游戏资源的复杂经济体系，了解经济学的原理，会在制作游戏时获得意料之外的帮助。

（10）计算机工程——电子游戏堪称当今世界最复杂的电子工程之一，许多优秀作品的代码量以百万行计。技术创新可以诞生新的玩法，一个懂得编程的游戏策划会明白程序组的能力与限制。

（11）历史——许多游戏设定来源于真实的历史，从历史中我们可以汲取大量灵感，并且能寓教于乐。

（12）管理——游戏开发需要一个工作团队，科学的管理能够提高队伍的效率。

（13）数学——游戏里有应用数学、概率论、博弈论、计分系统等各种模型，更不必说计算机背后的相关数学理论。数学是游戏结构的本质。

（14）音乐——音乐是有灵魂的语言，如果一款游戏要触动人、感动人，绝对离不开游戏音乐的渲染。

（15）心理学——掌握人们心理运作的机制，可以制造出更多的惊喜和感动，从而合理制定游戏设计的目标。

（16）演说——游戏开发者需要经常向一群人展示自己的想法，不论是为了获取反馈还是为了说服他人认同自己的创意。

（17）视觉艺术——不仅仅是动画，游戏中各处都有图形元素和平面设计，拥有美术能力，并熟练运用图形设计，可以使游戏在视觉效果上升级为艺术。

（18）声音设计——除了音乐，还应有各种音效，这样才能让玩家身临其境并随着游戏节奏浸入其中。

（19）倾听——世界上没有完美的游戏工作者和游戏设计师，学会倾听他人的意见是不断成长的必要条件。

刘邦在建立汉朝后，曾经和群臣对话总结自己战胜项羽得天下的原因——夫运筹帷幄之中,决胜于千里之外,吾不如子房。镇国家,抚百姓,给馈饷,不绝粮道,吾不如萧何。连百万之军,战必胜,攻必取,吾不如韩信。在游戏设计中,游戏策划、游戏美术和游戏程序就好比张良、萧何、韩信,不同的人才术业有专攻,结合用之,才能"得天下"。

当然,游戏制作团队远不止策划、美术和程序这三个工种,游戏音乐、游戏测试与游戏运营同样发挥着重要的作用。

游戏音乐:比程序和美术更加专业,且属于游戏构成的外围组织。

游戏测试:需要多涉猎游戏,平时多写游戏评测、心得、体会、攻略以及新闻稿(参见机核、UGC、游研社等游戏媒体)。

游戏运营:优秀的运营可以让游戏锦上添花,毕竟这个时代"酒香还怕巷子深"。

五、章节总结

(1)游戏指玩家基于某种规则参加拥有对立性质的系统,并且产生某种定量的结果。

(2)在社会学上,游戏是玩家模拟现实世界中某种行为的过程。

(3)同时具备规则性、博弈性以及不确定性三个要素是游戏存在的必要条件。

(4)游戏进化历史为:日常游戏—体育游戏—桌面游戏—电子游戏。

(5)电子游戏的发展历程:从街机游戏开始,到主机游戏,到电脑单机游戏,再到网络游戏、网页游戏和手机游戏。

(6)电子游戏的基本组成是游戏策划、游戏程序和游戏美术。

(7)策划需要通才,美术和程序需要专才。

推荐阅读

[1] Salen K, Zimmerman E. Rules of play:Game design fundamentals[M]. Cambridge:MIT Press,2004.

[2] Schell J. The art of game design:A book of lenses[M]. Los Angeles:CRC Press,2014.

[3] Melissa A. Schilling. Technological leapfrogging:Lessons from the US video game console industry. California management review,2003,45(3):6-32.

[4] 渡边修司,中村彰宪.游戏性是什么:如何更好地创作与体验游戏[M].付奇鑫,译.北京:人民邮电出版社,2015.

[5] 克劳斯·皮亚斯.电子游戏世界[M].熊硕,译.上海:复旦大学出版社,2021.

课后作业

1. 下载 FC 模拟器和 FC 游戏进行体验,自行了解 FC 时代的游戏历史。
2. 在电脑上下载 GBA、SFC、SS 的模拟器和游戏进行体验。
3. 在电脑上下载街机模拟器和游戏进行体验。
4. 思考:为什么淮海战役全过程没有办法用桌面游戏模拟,但是可以用电子游戏模拟?

第 2 章　游戏与传播学

◆ **学习目标与要求**

1. 认识游戏作为融合媒介的各类意义。
2. 了解 TCP 协议及其在游戏中的特性。
3. 认知游戏的信源与受众特征。
4. 理解游戏发展所需的传播环境。

游戏是一种媒介吗？或者说，我们应该最先从什么角度切入去理解游戏？或者我们提出一个简单的问题：看到 communication 这个英文单词，你第一反应是哪个中文词汇——通信、传播还是交流？以上问题，就是本章节的核心内容。

一、游戏与传播学的关系

所谓传播，即社会信息的传递或社会信息系统的运行。传播学是一门探索和揭示人类传播本质和规律的科学，也是传播研究者在最近几十年对人类传播现象和传播研究成果进行系统分析和有机整合而发展成的知识体系，它具有交叉性、边缘性、综合性等特点。传播学的形成以大众传播媒介以及新闻事业的发展为直接基础，包含行为科学和信息科学两大门类。行为科学研究人与人之间的关系，比如哲学、社会学、心理学、政治学、新闻学、人类学、语言学、神经病学等；信息科学借鉴了自然科学中的信息论、控制论、系统论、数学、统计学等知识。

说到传播学，就要提及传播行为的源头，语言的产生是真正意义上的人类传播的开端。从语言的产生到今天的信息社会，人类传播本身经历了一个漫长的发展过程。传播是通过一定的媒介、手段或工具来进行的。根据媒介产生和发展的历史脉络，我们可以把迄今为止出现的人类传播活动区分为以下几个发展阶段：①口语传播时代；②文字传播时代；③印刷传播时代；④电子传播时代。

早期的体育游戏诞生于口语传播时代和文字传播时代，进入印刷传播时代后，人类掌握了复制文字信息的技术原理，有了对信息进行批量生产的能力，故而桌面游戏的发展与推广得到了大规模的发展。而电子游戏，顾名思义是电子传播时代诞生的独特产物，电子媒介在三个方面具有里程碑的意义：第一，它形成了人类体外化的声音信息系统和体外化的影像信息系统；第二，电子技术的发展推动了计算机、人工智能和网络技术的诞生和发展；第三，电子技术的发展特别是数字技术的发展，开创了人类传播媒介大融合的时代。

在计算机学或者信息学领域，电子游戏的本质是由代码构建的一款功能性软件；而在传播学领域，游戏实质上是一种高度技术化、高度融合化的传播媒体。相较于传统的报纸、书籍、广播以及旧时代的电视的单一功能，电子游戏把分散的文字、画面、影像、声音都整合到一个有机互联的传播系统中，并通过网络时代的高传播效率，迎来了媒体传播的一个新时代。现在我们所处的时代，是一个高度信息化的时代。信息社会是在农业社会和工业社会的基础上发展而来的，但不同于农业社会和工业社会，信息社会具有以下几个特点：第一，社会经济的主体由制造业转向以高科技为核心的第三产业，即信息和知识产权占据产业结构中的主导地位；第二，劳动力主体不再是机械的操作者，而是信息的生产者和传播者；第三，交易结算不再主要依靠现金，而是主要依靠信用；第四，贸易不再局限于国内，跨国贸易和全球贸易成为主流。法国国家信息与自由委员会的报告指出，信息就是力量，经济信息就是经济力量；信息具有经济价值；拥有储存和处理某种数据的能力，意味着在政治、技术上具有相对别国的优越地位。这个观点已经成为当今世界的共识。所以，游戏作为影响力、穿透力、传播力较强的媒体之一，对其进行研究就十分必要。

1. 游戏与社会话语权

在孙红雷主演的谍战剧《潜伏》中，党通局的情报贩子谢若林有一句名言："两根金条摆在这，你告诉我哪一根是高尚的，哪一根是龌龊的？"事实上，在游戏领域就面临这样的问题。

在第一章我们已经明确，围棋也是游戏，而且是桌游的一种，但为什么大家提到围棋，想到的就是君子四艺、琴棋书画，就是"聪明"，倘若一个10岁的孩子围棋达到了职业九段，必然会被夸奖"神童""柯洁接班人"，然后媒体一拥而上，大吹特吹。但倘若有一个10岁的孩子《王者荣耀》达到了国服前十呢？恐怕迎接他的不是神童的褒奖，而是媒体和社会舆论大肆的批判。所以同样是游戏，为什么待遇却会完全不一样？

这个问题其实很简单，古时候玩围棋和象棋的人都是地主阶级、知识分子（起码有时间去下棋，不用打工劳作，玩象棋还需要识字），同时地主阶级和知识分子又是那个时代掌控了社会舆论话语权的阶级，而底层人民没精力、时间或金钱说话，因此玩游戏的人群和控制舆论的人群高度重合——人是不会去黑，或者贬低自己喜欢从事的活动的。

到了电子游戏时代，马克思主义和各类社会运动促进了社会的发展，阶级和生产力被解放了，掌握舆论的群体扩大了，同时玩游戏的群体也扩大了，这时玩游戏的人和掌握社会话语权的人之间可能并没有多少交集。一旦没有重合性，自然就会有"卫道士"出现并刷存在感。最典型的例子，在20世纪末，舆论上一度有讽刺互联网技术的声音，但现在没有了，因为人人都要用互联网；当下短视频比手机游戏更容易让人沉迷，但是批判短视频的声音很少，因为很多记者和自媒体本身也是短视频的用户。

2. 认识游戏的价值意义

这里我们看一个轻松愉快的案例。图 2-1 至图 2-10 是 10 种不同的"象棋类"游戏。

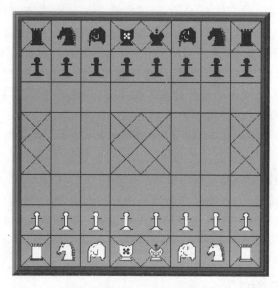

图 2-1　印度原始的恰图兰卡

图 2-2　波斯象棋

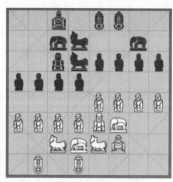

图 2-3　暹罗象棋

图 2-4　马来象棋

好了,我们思考一个路径。从印度开始,恰图兰卡向西传播变成了波斯象棋,然后经过阿拉伯到了欧洲被称为国际象棋。恰图兰卡向东传播到达缅甸、泰国;从泰国往下到达马来西亚,向东进入柬埔寨。这 7 种游戏在棋盘、布局和棋子上具有高度的一致性。

而中国象棋向东传播到朝鲜,朝鲜象棋在结构上与中国象棋仅仅只有将帅的文字标记和初始位置不同。再向东到达日本,日本将棋更像恰图兰卡和中国象棋的混合产物,并且把围棋的"打入"规则也加入了游戏,具有一定的文化独特性——好了,思考东南亚那几个国家和东亚三国,你似乎发现地理逻辑链上似乎不太对……没错,就是越南缺失了。那越南象棋呢?——越南人玩中国象棋。

在越南流行的是中国象棋,朝鲜半岛象棋的布局和规则与中国象棋极度类似,而深受中

图 2-5　国际象棋

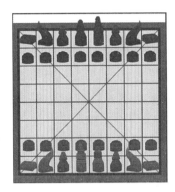
图 2-6　高棉象棋

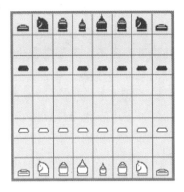
图 2-7　缅甸象棋

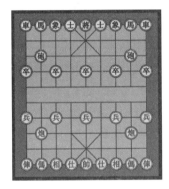
图 2-8　中国象棋

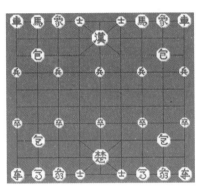
图 2-9　朝鲜象棋

图 2-10　日本将棋

国文化影响的日本反而在象棋上和中国有所不同，由此可以看出游戏的传播效果与传播文化的作用。在这个时代，游戏可以作为文化输出以及增强国家软实力的一种手段。从这类游戏中可以看出古代东亚和东南亚世界的政治和文化联系：朝鲜和越南长期依附于中国，受我国文化和政治影响的程度较深，日本也受到中华文明的深刻影响，但相对独立；而东南亚地区受印度次大陆文明的影响要多于中华文明。

再如，忍者文化是日本传媒工作者通过自己的努力，完全改变其原意形象，赋予其二次文化内涵的典型杰作。忍者是在镰仓幕府（1192—1333）至江户幕府时期（1603—1868）出现的一种特殊职业身份，其工作类似现代的间谍与情报人员。然而忍者在日本的封建制度中，地位卑微下贱，一般由没有武士血统的人担任此项工作，俸禄微薄，而且一旦被武士抓住，往往会被用极其不人道的方式处决。然而日本通过文学、漫画、动画以及游戏，对忍者这一职业进行二次创作并诞生了忍者文化。在传播学的作用下，忍者摆脱了原本卑微的形象，成了"帅气""酷"这样的新文化象征，也成了日本文化对外宣传的一个窗口。而忍者相关题材的游戏，在其中功不可没。

3. 媒介融合

游戏也被人称为"第九艺术"，如游戏《刺客信条》融合了文学、绘画、雕塑、建筑、音乐、戏剧、电影七种艺术形式。游戏和电影的部分媒体属性具有相似性。游戏电影化也是未来 3A

大作(指一些高成本、高体量、高质量的游戏)比较依赖,并且需要努力的方向。游戏电影化分为进程电影化(如《使命召唤》)、CG电影化(如《星际争霸2》)以及表现形式电影化(如《弹丸论破》)三类。游戏电影化不是目的,而是一种增强互动的手段。它使游戏在故事讲述能力上更加具有视觉冲击性,可以增强传播效果,吸引更多人群,提高游戏评价度。但核心还是以游戏为主,要避免游戏过度电影化带来成本上升、品质下降的问题。如游戏《古剑奇谭2》就过于电影化而导致游戏的整体节奏不尽如人意。

那么游戏是否属于传播学中的一个新概念?关于这个问题,我们可以参照郭庆光在《传播学教程》中对社会传播的基本特点做出的归纳与定义。第一,社会传播是一种信息共享活动,也就是说,它是一个将单个人或少数人所独有的信息化为两个人或更多人所共享的过程。这里的共享概念意味着社会信息的传播具有交流、交换和扩散的性质。而游戏作为精神文明产品,可以通过网络或者实体存储物质在用户群里进行广泛传播,并且产生文化上的共鸣。

第二,社会传播是在一定社会关系中进行的,也是一定社会关系的体现。没有传播,就不会有社区;没有社区,也不会有传播。传播产生于一定的社会关系,这种关系可能是纵向的,也可能是横向的;它又是社会关系的体现,传受双方表述的内容和采取的姿态、措辞等,无不反映着各自的社会角色和地位。社会关系是人类传播的一个本质属性,通过传播,人们保持、改变既有的社会关系并建立新的社会关系。游戏,特别是越来越多的轻量电子游戏开始承担社交、建立社区的功能,通过网络游戏认识进而产生商业交易甚至情感交流的例子也不在少数。

第三,从传播的社会关系性而言,它是一种双向的社会互动行为。这就是说,信息的传递总是在传播者和传播对象之间进行的。在传播过程中,传播行为的发起人——传播者,通常处于主动地位,但传播对象也不是单纯的被动角色,他可以通过信息反馈来影响传播者。双向性有强弱之分,但任何一种传播——无论其参与者是个人、群体还是组织——都必然是一种通过信息的传受和反馈而展开的社会互动行为。游戏是游戏的设计者与创造者提供给用户的文创作品,用户在游戏之后,也会向设计者提出自己的需求和反馈(有主动反馈,也有通过电子游戏的后台进行大数据统计的被动反馈)。

第四,传播成立的重要前提之一,是传受双方必须有共通的意义空间。信息的传播要经过符号的中介,这意味着传播也是一个符号化和符号解读的过程。符号化即人们在进行传播之际,将自己要表达的意思(意义)转换成语言、声音、文字或其他形式的符号;而符号解读指的是信息接收者对传来的符号加以阐释,并理解其意义的活动。反馈也包括在符号解读基础上的再次符号化活动。共通的意义空间,意味着传受双方必须对符号意义拥有共通的理解,否则传播过程本身就不能成立,或传而不通,或导致误解。在广义上,共通的意义空间还包括人们大体一致或接近的生活经验和文化背景。而游戏也是同样的道理,比如英文剧情游戏,如果用户群体无法理解英文,并且游戏的图形化信息做得不够友善,这类用户群体便无法享受游戏传播带来的乐趣与文化价值。

第五,传播是一种行为,是一种过程,也是一种系统。行为、过程、系统是人们解释传播时常用的三个概念,它们从不同角度概括了传播的另一些重要属性。当我们将传播理解为"行为"的时候,我们把社会传播看作以人为主体的活动,在此基础上考察人的传播行为与其他社会行为的关系;当我们把传播解释为"过程"的时候,我们着眼于传播的动态和运动机制,考察从信源到信宿的一系列环节和因素的相互作用和相互影响关系;当我们把传播视为"系统"的时候,我们是在更加综合的层面上考虑问题,这就是把社会传播看作一个复杂的"过程的集合体",不但考察某种具体的传播过程,而且考察各种传播过程的相互作用及其引起的总体发展变化。如果将游戏和文字、声音、电影这些传统媒介归为同一传播行为,就可以很容易地发现,游戏的传播依旧是一种过程的集合体。综上所述,游戏毫无疑问属于传播学中的一个新概念——随着时代的变化,媒体和传播学的内容也会随时代的科技变化而进化,这就是新媒体。

二、游戏的跨文化传播与社会效应

从远古时期人类语言诞生开始,一直到现代社会电子传媒的出现,媒体的形式时时刻刻都在发生着变化。近年来,"新媒体"一词开始愈发频繁地出现在大众的视线当中。新媒体,顾名思义是与传统媒体(报纸、杂志、图书、广播、电视、电影)的概念相对的,它具有以下几个发展趋势:具有人工智能的组件,能够更好地领悟人类的需求;在形式上更加多样化且服务性价比会越来越高;与其他数字化媒体进行融合协作,打破原有传统媒体之间的界限,此即为媒介融合。新媒体的出现大大提高了人类的传播效率,降低了传播成本,并增强了信息传播者和接收者之间的互动性。

新媒体主要分为四个类别:人际传播媒介、信息搜索媒介、群体参与式媒介和互动操作媒介。人际传播媒介以建立人际关系为主要目的和特征,比如电话、手机和电子邮件;信息搜索媒介以资料来源和信息获取为主要目的和特征,比如互联网、图文电视和数据服务;群体参与式媒介主要功能在于交换信息、观念以及建立和发展人际关系,比如Facebook、微博、微信;互动操作媒介的特点就在于互动性,强调对于传播过程的控制以及使用者的反馈,这一类新媒体,目前有且仅有电子游戏一种。

游戏作为一种新媒体,拥有良好的融合媒体性能,从而能与传统媒体结合,产生更强的传播性。例如,将传统的图书或者小说以文字冒险游戏的形式展现出来,就成为推理游戏或者恋爱游戏,不仅强化了叙事过程,而且强化了信息传播者和接收者之间的互动,并增强了侦探推理的紧张感或者是恋爱中的代入感等,《逆转裁判》系列就是这类佳作;又比如,近几年把电影和游戏进行融合,形成了游戏电影化,从而在3D效果、临场代入感上给予玩家更真实、震撼的体验,像《使命召唤》系列、《合金装备》系列与《生化危机》系列都是游戏电影化的杰作;游戏不仅可以融合其他传统媒体形式,使其展现新的活力,也可以主动分解为其他的传媒形式,赋予其二次生命力,例如国产的《仙剑奇侠传》系列与《古剑奇谭》《轩辕剑之天之痕》都被改编成了电视剧,暴雪的《星际争霸》《魔兽世界》以及《暗黑破坏神》也都改编有相应的官方小说。游戏的生命力,还在于游戏可以与其他的新媒体形式融合进行二次创作,比如游戏爱好者自发组织Cosplay活动,制作同人漫画,举办ACG(Animation-Comic-Game,即动画-漫画-游戏)文化展。固然,游戏在本质上是计算机程序,在技术层面上和任何一种传统媒体都不相同,和动漫也没有任何共通点,但是在文化与应用层面上,游戏却与所有的传统媒体与新媒体都有着不可分割的密切关系。

1. 商业文化效应

游戏既是新媒体，又是文化产业。文化产业是一种大规模生产制造文化产品的社会机构、组织和实践活动，具有标准化、理性化和商业化的特征，媒介技术促进了文化产业的出现，人们开始利用工业技术复制和传播精神产品或者文化艺术作品。作为一种产业形式和新媒体形式，游戏具有优秀的商业宣传功能、文化保存功能以及思想传播功能。在商业宣传功能方面，以春秋航空日本株式会社的国际首航为例，春秋航空日本株式会社在 2016 年 2 月开辟了首条国际航线，由东京成田国际机场飞往武汉天河机场。武汉在日本的名气不如北京、广州这些城市大，与日本的联系也不如大连、上海这么密切，为了吸引更多的日本游客乘坐航班前往武汉，春秋航空日本株式会社选择了与日本游戏公司 KOEI Tecmo（光荣特库摩）进行商业合作。恰好在 2016 年年初，KOEI Tecmo 公司推出了旗下著名的历史模拟游戏《三国志 13》，所以春秋航空决定用"赤壁"的概念来向日本旅客宣传前往武汉的航班。春秋航空日本株式会社与 KOEI Tecmo 合作的航班广告如图 2-11 所示。从广告里的信息中我们可以看出，游戏拥有优秀的宣传功能与文化传播价值。一方面，武汉虽然在日本并没有那么大的名气，但是春秋航空日本株式会社却利用《三国志 13》发售的契机，选择与 KOEI Tecmo 进行合作，而"三国演义"的故事与三国时期的历史在日本社会又有着良好的普及度与知名度，以武汉南方近 100 千米的赤壁为卖点，宣传东京飞往武汉的航班则能起到良好的效果。另一方面，赤壁作为一个县级市在日本的知名度超过了武汉一个副省级城市，以至于春秋航空在宣传武汉时不得不使用"赤壁的玄关口"作为介绍，可见游戏作为一种新媒体拥有何等强大的文化价值和商业价值。

图 2-11　春秋航空日本株式会社与 KOEI Tecmo 合作的航班广告

2. 社会效应

游戏不仅是一种传播媒介，而且是一种社会性信息共享活动。游戏是在一定的社会关系中进行的，也是一定社会关系的体现，是一种双向的社会互动行为，使传受双方有共通的意义空间。它是一种行为，一种过程，一种系统。如，爷爷奶奶们聚在一起打麻将，更多是为了社交。再如,近些年受到追捧的游戏《动物森友会》也是凭借很强的社交性,作为一种纽带将人连接在一起。游戏可以引发社会行为与社会凝聚力。游戏《守望先锋》"漓江塔"地图中有一个写着"宏宇"的宇航员模型。吴宏宇平日里经常帮助他人,同时他也是一个非常热爱游戏的人,在2016年《守望先锋》即将开服时他还在朋友圈召集一起玩的人,没想到在2016年5月23日(《守望先锋》开服的前一天),吴宏宇却因为见义勇为失去了生命。暴雪为了纪念他,特意在中国背景的地图里加入了他的形象,而中国玩家来到他的模型前,也会放下手中的战枪,以示尊敬。

3. 国家战略传播效应

下面三张图(见图2-12至图2-14),分别对应中国、日本和波兰三个国家用游戏发挥国家战略传播效应的案例。

图2-12是2020年下半年,国内某肯德基门店门口的玩家聚集图。2020年,中国在抗击新冠肺炎疫情的过程中,众志成城,战胜了原始型毒株,而同一时期其他国家抗疫形势一塌糊涂。这张照片显示的是肯德基和游戏《原神》的联动现场,这场活动引发了国内《原神》玩家的聚集(因为那时没有疫情,很多人都没戴口罩)。这张图流传到了海外《原神》的社区中,国外玩家惊讶地发现,中国居然控制住疫情了。在不可思议中,他们瞬间明白自己可能被西方媒体洗脑,意识到之前对中国的认知存在重大偏差。这是游戏帮助中国进行国际形象传播的一个经典案例——尽管我国官方机构全程没有参与,整个传播链由玩家和游戏组成。

图2-12 中国某肯德基门店门口的玩家聚集图

图2-13是2016年里约奥运会闭幕式的一个画面,"东京八分钟"的最后,时任日本首相安倍晋三穿着马里奥的衣服登上舞台向全世界宣传日本。让国家领导人Cosplay游戏角色,可见日本的游戏在全球文化中的影响力是多么强大。

图2-14是2011年,时任美国总统奥巴马访问波兰,时任波兰总理图斯克将电子游戏

图 2-13 里约奥运会闭幕式上,时任日本首相安倍晋三穿着马里奥的衣服

《巫师 2》作为国礼送给奥巴马。在波兰,游戏已经上升为国家形象的象征。

图 2-14 时任波兰总理图斯克将电子游戏《巫师 2》作为国礼送给奥巴马

三、游戏的传播模式

  模式是对真实世界理论化和简约化的表达方式,而传播模式是利用文字和图表构筑的功能性模式来表达传播中的联系。传播基本模式分为线性模式、控制论模式和社会系统模式三大基本类型,其中线性模式里最著名、最基础的模型就是哈罗德·拉斯韦尔的"5W"模型。拉斯韦尔是美国著名的政治学家、社会学家、心理学家和传播学者,他也被誉为"传播学的奠基人"。1948 年,他在《社会传播的结构与功能》一书中,首次提出了构成传播过程的五个要素——Who(由谁),says What(说了什么),in Which channel(通过哪种渠道),to

Whom(对谁说),with What effect(产生了何种效果),合在一起统称"5W"模型。将"5W"模型匹配到游戏学的领域里,如图 2-15 所示,"5W"是典型的从社会科学角度分析传播学的模式。

图 2-15　拉斯韦尔"5W"模型在游戏学里的含义

渠道是信息传输的介质,是信号的运载工具,是信息发送者将信息传递到接收者的传送中介,是信息传播者和接收者之间相互进行信息交流的途径、手段与方式,而传播媒介是传播工具、传播渠道和传播信息的载体,所以从这个层面上来说,游戏毫无疑问是一种媒体或者媒介。而且游戏在电子时代和网络时代,可以做到即时传播,如在北美发售的游戏,不到一小时,处于东亚的玩家就能够进行下载,从而接收游戏传递的人文内容。"5W"模式概括性强,对大众传播的研究起了很大的推动作用,但作为早期的过程模式,它忽略了"反馈"这一传播因素,有局限性。而游戏不同于让受众被动接收信息的报纸、广播、电视和网络,游戏的传播过程由玩家来推动,反馈是游戏传播学中核心的一环。

大约与拉斯韦尔同时,1949 年,信息论创始人和著名数学家克劳德·艾尔伍德·香农和沃伦·韦弗在《传播的数学理论》一文中提出了一个过程模式,该模式被称为传播过程的数学理论或香农-韦弗模式。该模式引入了噪声的概念,这也是其重大优点。香农-韦弗模式是从自然科学角度分析传播学的模式(见图 2-16)。该模式包括九个要素,各要素含义如下。

(1) 信源(information source)是负责从一组可能被传播的讯息中选择或构造需要被传播的讯息实体。作为传播的第一个环节,信源负责发出将要传播的信息。

(2) 讯息(message)是信源希望传递的物质,是指由一组相关联的有意义的符号组成的,能够表达某种完整意义的信息。

(3) 发射器(transmitter)是将讯息从原来的形式转化为能被传递的形式的实体。

(4) 信号(signal)是讯息能够被传送给接收器的形式。

(5) 渠道(channel)是讯息得以传递的中介。

(6) 噪声源(noise source)是无意中加入信号中的任何信息。

(7) 接收的信号(received signal)是被传送来的信号,包括噪声。

(8) 接收器(receiver)将接收到的信号翻译为人类可读的内容。

(9) 信宿(destination)即讯息目标的接收者,可以是人或者机器。

从游戏学的角度来考虑,渠道依旧为游戏软件本身,信源是游戏策划所希望传达的内容,而讯息则是游戏策划与游戏美术具体实现的实体。发射器是计算机或者游戏主机,信号是程序与程序执行,接收器是显示器与音响这样的信号输出设备,信宿是玩家。因此,不论

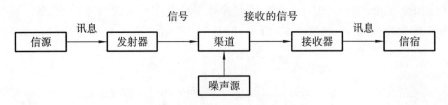

图 2-16　香农-韦弗模式的九大要素

从拉斯韦尔的社会科学模型,还是香农-韦弗模式的自然科学模型出发,我们都可以看到游戏是一种典型的媒体,在传播的过程中,游戏可以作为一种渠道传递信息。很多情况下,游戏的传播效率要比正常的新闻渠道更加迅速,且具有"润物细无声"的功效。

1. TCP 协议

在传播学领域有很多不同的传播方法与理论,以支撑最终的传播效果。著名的如美国学者施拉姆提出的"魔弹论",以及拉斯韦尔提出的宣传技巧,它们都主要站在传统媒体的角度,以服务政治为目的而建立概念与方法。游戏虽然也有文化输出的效果,但游戏本身看重的传播方法还是更偏重于文创应用与日常娱乐教育,所以方法上更加温和,也更直接针对用户群体。

我们在日常生活中时常会看到这样的新闻或者例子,有学生沉迷于游戏无法自拔,耽误了学业。如果我们把关注点放在"沉迷"上,会发现一个很有意思的现象——人类往往会沉迷于游戏,但是却很少能听到某人沉迷于阅读报纸,沉迷于听广播消息,偶尔会有人沉迷于电视或者电影,但是事件发生率也远小于沉迷游戏的概率。因此我们可以换个角度来看,即游戏作为一种媒介渠道,其传播力、影响力和吸引力,是传统媒介所无法比拟的。现在我们需要思考的是为什么会这样?

充分利用游戏作为工具进行传播,或者进行文化输出,可以使其传播效果达到最大化。比对各种媒体形式,可以很容易地发现一个现象——人们可以吃着火锅、唱着歌就把广播、音乐所带来的信息给接收了,也可以一边躺在床上喝牛奶一边阅读报纸或者书籍,还能歪在沙发上拿着爆米花看电视和电影,唯独对于游戏(特别是核心电子游戏),玩家必须规规矩矩地坐在一个地方,使用鼠标键盘,抑或手柄,认认真真地操控游戏推动进程,不认真的结果就是游戏无法进行下去,换言之,游戏能被推动下去的前提条件是用户认真参与(部分纯粹用来娱乐打发时间的轻量电子游戏不在此列),而人在认真状态下,就更容易学习、理解相应的知识和信息,所以游戏是一个很好的学习平台,利用游戏的学习性,可以实现许多传统媒体无法实现的传播效果,并且不会有死读书所带来的枯燥感。事实上,很多国家开始利用游戏开发各种训练性或者学习性的系统,也就是严肃游戏,在后面的章节我们会详细介绍这一点。

所以游戏到底有什么地方不一样?用一堆人文社会科学概念对此进行解释会非常冗余,这里我们可以回到本章开头的问题:你怎么翻译 communication 这个单词?

理工科出身的笔者对于克劳德·艾尔伍德·香农的理解,一直局限于他是信息论之父,并且涉及游戏人工智能领域。直到我工作后接触了传播学,才惊讶地发现,香农的名字也出现在人文社会科学的著作当中。

香农-韦弗模式原本用以描述电子通信过程,但该理论模式的简洁与精准,也对传播学研究提供了重要的启示。这里想用该例子说明的是,学科交叉领域的研究,往往能打破人类狭隘的眼界。事实上,信息科学和传播学就是同一客观对象的一体两面,这个客观对象用英文就称为 communication。以笔者所在的华中科技大学为例,我校的电子信息与通信学院的英文是 School of Electronic Information and Communications,而我所在的新闻与信息传播学院的英文是 School of Journalism and Information Communication,除开电子(Electronic)和新闻(Journalism)这两个单词,两个看似风马牛不相及的学院剩下的结构竟然完全一致。将 communication 翻译成中文里的"通信"还是"传播",只是取决于看待 communication 的方法上的区别。这个案例给予我们的启示就是,当从人文社会科学的传播学角度难以解释某种现象时,不妨跳脱到理工科方向,从通信或者信息科学的角度来寻求答案。

所以这里我们跳到 communication 的另一面,以一个计算机网络中的通信协议——TCP(Transmission Control Protocol,传输控制协议)来阐述游戏在传播领域不同于任何传统媒体的独特性,而这个独特性也是导致游戏让人成瘾,同时帮助人类强化学习记忆的核心因素之一。在开始介绍 TCP 之前,为了便于理解该协议的核心机制,我们用一个通俗的、有趣的题例来让读者思考,以替代对计算机网络专业名词的枯燥描述。

如图 2-17 所示,你穿越成为一名古代军队的指挥官 A,在一场决定生死的关键战役中,需要在山谷中伏击强大的敌军 9000 人。你手下有 5000 名士兵,你的友军指挥官 B 旗下也有 5000 人,如果双方不约好时间同时从山顶向山谷伏击进攻,不论是 A 还是 B,单独的 5000 人都不是山谷 9000 人敌军的对手,从而导致己方全军覆没。为了避免这种悲剧的发生,只许成功不许失败的你决定写一封信给对峰的 B,约定好相同的时间一齐向山谷发起进攻,以总和 10000 人的兵力全歼敌军。

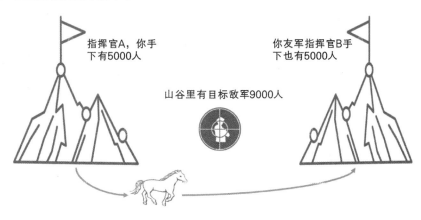

图 2-17　TCP 协议机制的简单军事模拟

不幸的是,现在是古代,网络是没有的,电话和广播也是没有的,你的约定合击的信件只能通过传统的斥候骑兵送到对峰的 B 处,这样做的风险就在于那匹传递信息的斥候骑兵,很可能在穿越山谷的过程中被敌军拦截。比如你现在送出了信件约在明晚 8 点一起发动攻击,但是因为信件被拦截或者其他的因素,B 没有收到该信息。然后第二天晚上 8 点,你自以为 B 已经知道了约定,便按照原计划向山谷进攻,结果当然是全军覆没。所以问题来了,显然A和B之间一次通信是不靠谱的,既然通信少了不靠谱,多了又浪费资源和时间,那么为建立伏击约定到底通信几次才靠谱呢?

答案是三次——简单地说,A发给B的第一封信件里写道:"明晚8点我们一起向山谷伏击,全歼敌军吧,事关重大,务必确认。"如果B成功收到了这封信,会写下回信"我已知晓,明晚8点准时行动",再派出斥候将回信送到A处。到这里,事情还没完,A需要再次写下第二封信件送往B处,内容为"我已经收到了你的回信,约定达成"。如果B收到了A传来的第二封约定信,第二天晚上8点的合击行动才达成靠谱的约定(当然,实际的军事行动可能会更为谨慎,但就通信领域而言,三次足矣)。这个过程在计算机网络中,被称为著名的"三次握手",整个协议过程如图2-18所示,而"三次握手"也是TCP的核心。

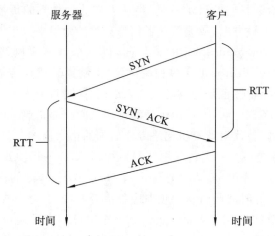

注:
SYN:表示发起一个新的连接
ACK:确认序号,表示信息已接收到。只有ACk标志位为1时,确认序号字段才有效。
RTT:往返时延,表示从发送端发送数据开始,到发送端收到来自接收端的确认,总共经历的时延。

图2-18 计算机网络TCP中的"三次握手"模型

事实上,除了TCP协议之外,计算机网络中还有一个著名的协议——UDP协议(User Datagram Protocol,即用户数据报协议),UDP协议主要用于简单不可靠信息传送服务。一般来说,对时间有较高要求的应用程序通常使用UDP协议,因为TCP协议的"三次握手"缺陷很明显,即需要依赖反复的通信以建立稳定的连接,这个过程加上丢包重连,会耗费大量时间。

比如上个案例中如果限定新的条件——敌军一小时后就会走出山谷,失去伏击条件。你作为指挥官A已经等不及了,这种情况下只能送出一封约定信给B,至于B能不能收到,已经没有时间与精力去关心,总之就按照这封信的时间进行出击。当然实际军事活动不可能这么草率,但是在计算机网络世界里,能够承担丢弃数据包导致的不稳定,但不能承受等待或重传导致延迟的情况还是普遍存在的。这种情况下,程序就选择使用UDP协议,而不是TCP协议。

总结一下,TCP协议适用于对效率要求相对低,但对准确性要求相对高的场景;而UDP协议适用于对效率要求相对高,对准确性要求相对低的场景。一种典型的场景是我们平日里使用的电子邮件,用户对于邮件并没有即时通信的需求,但是对于邮件的完整性与规范性非常重视,因此电邮协议方面,不论是 POP(Post Office Protocol)还是 IMAP(Internet Mail Access Protocol),都基于 TCP 协议;而对即时通信有很高要求的腾讯 QQ 语音,使用的则是 UDP 协议。犹记得在 2G 和 3G 时代,笔者读大学时用 QQ 与亲友通信,那个语音质量一言难尽。因为一般来说,我们可以接受视频图像稍微模糊一点,也可以接受声音稍微不清晰,但是我们很难在语音通话中接受几秒钟的莫名延迟,这也是 QQ 语音使用 UDP 协议的原因。相对地,同样是 QQ,QQ 的文件传输功能却使用 TCP 协议,这是为了保证文件数据包的完整性。

那么本文之前谈到的 UDP 和 TCP 两个网络传输协议,和我们的游戏有什么关系呢? 正如前文所说,"通信"与"传播"是英文 communication 一词的一体两面,我们从通信的技术视角介绍了 UDP 协议与 TCP 协议的逻辑机制,那么跳脱到另外一面,从传播学的角度去看待它们,你会发现两种网络传输协议正是两种不同媒体形式的传播模式,而在目前所有媒介中,唯有游戏符合 TCP 协议模型,如图 2-19 所示。

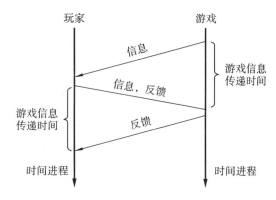

图 2-19 游戏在传播中的 TCP 协议"三次握手"模型

传统媒体,不论是报纸、广播、电视,还是新媒体影音节目,原则上使用的都是 UDP 协议,即信源快速地一次性向信宿传递信息。这种传播方式效率是非常高的,用户可以用任何碎片时间阅读报纸,也可以一边开车一边听广播,还可以躺在沙发上拿着可乐、薯片看视频节目,但至于传递了多少有效信息,用户爱不爱听,听没听进去,UDP 协议并无法保证。一些缺乏教学技巧,或者对教学工作不负责的教师,在上课时使用的也是 UDP 协议(使用 UDP 协议成本低,能有效降低教师的工作量),作为信源的教师直接一股脑将信息传输给信宿学生,结果就是一部分学生学不进去,对课堂上的知识左耳进右耳出,甚至产生厌学情绪。游戏则不同,越有仪式感的硬核平台游戏,例如主机游戏或者 PC 端的大型游戏,传播就越符合上述 TCP 协议"三次握手"模型。

2. TCP 协议在游戏中的特性

(1) 主动性。

要使游戏的传播进程从头到尾完整进行,就必须要求用户主动参与整个传播过程,换句话说,即用户的主动全程参与是游戏传播的必要条件。游戏虽然有音频和视频效果,但是不同于广播、电视,广播、电视就算用户感到厌烦关闭收音机或电视机,依然会有一部分信息已经进入用户的大脑,何况很多情况下,用户在被动接受信息的形式下不可能回避这些信息的灌输,就好比一个人身处一群烟鬼当中,吸不吸二手烟不是这个人可以决定的,这个人有很大的概率被迫吸二手烟。所以,这样的传播方式和载体,虽然有灌输的效果,但势必会在某些情况下让人感到反感,就像不抽烟的人吸了二手烟之后必然讨厌烟鬼的行为。而游戏是一种主动行为,主动行为表示玩家至少不排斥游戏开发者所想表达的内容(被严肃游戏强制训练的另当别论),这一点就保证了游戏对象用户传播的稳定效果。

(2)稳定性。

稳定性是 TCP 协议的固有属性。就像一个高中生如果想考入一流的大学,就必须持续稳定地用心去学习,因为持续的学习可以强化知识吸收的效果,游戏也因为其稳定性,可以让用户更为强烈地记住设计者所想传播的知识点,最典型的就是历史类游戏。事实证明,同等情况下,玩历史类游戏的人通常比不玩游戏的人更容易记住历史年表。

(3)感同身受性。

游戏的整个过程都需要用户参与,用户在参与的过程中很可能因和游戏环境融在一起而感同身受,这也是为什么未来的游戏开始朝着 VR 化、AR 化的方向迈进,甚至在游戏过程中模拟出触感和环境气味。利用感同身受的效果,可以在传播的过程中很好地避免受众出现与游戏环境有所隔阂的心理。比如,生活在和平年代、和平环境的年轻人感受不到战争的那种恐怖,正所谓"一将功成万骨枯",当受众面对着战争片、战争文学或者新闻对战争恐怖的描述时,他很可能觉得自己是"一将",而他人是"万骨",战争残酷不过如此;但是一旦利用游戏进行感同身受式的传播,当玩家作为《荣誉勋章》或者《使命召唤》里的一个前线士兵参与战争时,必然会感受到战争的恐怖与无情。

3. 依赖与成瘾

游戏采用的 TCP 协议的传输特点决定了其传播的稳定性,但同时会带来一些问题。一些缺乏自控力以及沉迷阈值过低的用户,可能出现依赖或者成瘾症状。依赖和成瘾在概念上有所不同,最重要的区别在于是否出现戒断反应。

依赖者不会出现戒断反应,比如用户坚持不使用某个需要打卡签到的 App 若干天,将会对其失去依赖,且不会有太多的不适感。

成瘾者在被迫强行停止某事时会出现戒断反应,该需求得不到满足时,会出现跟食欲、性欲等生理欲求未得到满足时一样的狂躁感,此时需要进行心理干预。

社会需要对游戏依赖和游戏成瘾进行区分,而不是混淆两者、扩大打击面。宣传部门也需要有意识地利用游戏传播的主动性、稳定性和感同身受性对外进行文化传播。比如西方一些国家常常对我国的治藏方略指指点点,这背后不乏有人居心叵测、耍弄伎俩,但也显露出西方民众对事实的普遍无知。我国媒体在宣传党的治藏成就时,虽然取得了很好的效果,但在对外传播方面仍显不足。

那么我们可以换个思路——现在做一款冒险类动作游戏,游戏的时代背景是 20 世纪 40 年代,主角是一个西藏的旧贵族在藏区进行探险,游戏过程中可以制作人骨法器,或者活祭农奴强化能力，从而推动游戏进程（看上去政治不正确，很血腥）；现在到了游戏的后期，也就是1951年，一方面为了符合史实，一方面为了增强游戏难度，游戏系统禁用了人骨法器和活祭农奴的强化功能。游戏难度因为道具限制而陡增，玩家必然会去探究为什么1951年之后无法使用人骨法器和活祭农奴，进而明白中国共产党在西藏为了人权和自由所做的努力。玩到这类游戏的西方人，也自然会减少对西藏问题的错误认知，并且理解中国共产党是如何给西藏带来翻天覆地的变化的。当然，这样的创意需要开明的游戏管理政策的支持。

四、游戏的信源和传播目的

1. 游戏传播动机

绝大多数情况下，人类的传播活动都有一定的目的性。传播不仅是个人、群体、组织和国家实现自己目标所必不可少的手段，而且在确保人类文化的历史传承、实现社会系统各部分的协调与沟通、维持社会的进步与发展方面发挥着重要的作用。所谓传播效果，指的是传播出去的信息受到人们关注，在人们心中留下了记忆，使人们改变态度，或者导致个人或者集体乃至社会的某种行为的变化。传播结果根据主观动机和客观影响上的不同，有以下两方面的含义。第一，狭义上或者说微观上，它指带有主观动机的传播行为在受传者身上引起的心理、态度和行为的变化，传播者的行为背后有希望达到某种效果的动机，带有说服性。这里的传播效果，通常意味着传播活动在多大程度上实现了传播者的意图或目的。第二，广义上或者说宏观上，它指传播活动尤其是报刊、广播、电视等大众传播媒介的活动对受传者和社会所产生的一切影响和结果的总和，不管这些影响是有意的还是无意的、直接的还是间接的、显在的还是潜在的，且结果与影响并不以传播者的动机和目的为转移，包含传播者主观的价值观和客观的无意影响。

以游戏的传播为例子，第一重狭义的含义很好理解：以 Paradox 公司为例，其制作历史战略游戏《十字军之王》《欧陆风云》《维多利亚》《钢铁雄心》时包含了两个主观动机，一个是传播欧洲各个时间段的历史文化知识，另一个是给予历史爱好者与游戏玩家模拟娱乐的体验。这种传播过程，要比传统历史教科书的灌输效果好得多，而当玩家通过历史游戏掌握了从欧洲中世纪到第二次世界大战的历史后，传播效果便意味着游戏设计师的主观意图得到了实现。

第二重广义的含义相对复杂一些，它要强调的是，不管传播者有没有主观意图，他们所从事的传播活动总会伴随着各种各样的结果。还是以游戏为例子，Rockstar Games 公司旗下著名的系列游戏《侠盗猎车手》是动作类游戏上史诗级的作品。《侠盗猎车手》系列以美国城市、文化为背景，展现了美国底层人民的辛酸生活和美国黑帮的生活。Rockstar Games 的主观动机是让成年玩家在辛苦工作之余，能够得到发泄与娱乐，同时明白美国社会的各种阴暗面，劝阻人们不要沾染黑社会。但是一些世界观不成熟的未成年人可能会模仿《侠盗猎车手》的不良暴力情节，导致出现教育问题，甚至诱发个别青少年犯罪，而这些都是客观的传播结果。这些传播行为不管其意图如何,总会对受传者产生一定的作用和影响,研究传播效果时不能不把它们考虑在内,这也为制定分级制度提供了必要的参考。

传播效果概念的上述双重含义,构成了这项研究既相互联系又相互区别的两个重要方面,一是对传播效果产生的微观过程进行分析,二是对它的综合的宏观的过程进行考察。前者主要研究具体传播过程的具体效果,后者主要研究综合的传播过程所带来的综合效果。在游戏传播效果研究中,应以游戏作品的活动对社会的运行、变化和发展所产生的宏观效果为主要考察对象。在弄清传播效果前,我们先介绍大众传播的特点,因为游戏属于典型的大众传播。所谓大众传播,就是专业化的媒介组织运用先进的传播技术和产业化手段,以社会上一般大众为对象而进行的大规模的信息生产和传播活动。

2. 大众传播的特点

(1) 大众传播中的传播者是从事信息生产和传播的专业化媒介组织。这些媒介组织包括报社、出版社、广播台、电视台、网站和游戏公司。这类媒介组织有组织地、在特定的组织目标和方针的指导下开展传播活动。

(2) 大众传播是运用先进的传播技术和产业化手段大量生产、复制和传播信息的活动。大众传播的出现和发展,离不开印刷技术以及电子传播技术的进步。从活字印刷术到网络和卫星,科技大大扩大了大众传播的规模,提升了大众传播的速度和效率,并使它成为现代信息产业和文化产业的主要构成部分。例如,十几年前人们使用一款游戏前,还需要到处去寻找光盘,现在只需要动动鼠标,利用移动支付就能轻松买到。

(3) 大众传播的对象是社会上的一般大众,即"受众"。受众具有广泛性,大众传播是以满足社会上大多数人的信息需求为目的的大面积的传播活动,也意味着它具有跨阶层、跨群体的广泛社会影响。有些思想比较传统的人会认为游戏是给小孩子玩的,或者游戏是一种"精神鸦片",这都是不了解游戏属性时武断做出的判断。

(4) 大众传播的信息既具有商品属性,又具有文化属性。大众传播作为生产信息产品的产业,其产品价值是通过市场实现的。人们无论从印刷媒介还是从网络媒介获得信息,都要支付一定的费用(新闻网站和一部分游戏看似免费,但"羊毛出在羊身上",商户还是会以其他方法收取这部分资金)。信息产品本身就是一种商品,游戏的商品属性更为强烈。此外,游戏又与满足生理需求的一般物质产品不同,对游戏的消费主要是精神层面上的,具有鲜明的文化属性,包括社会的思想、创意、科学、历史、地理、文学等多方面的内容。

(5) 大众传播,特别是以报刊、广播、电视为代表的传统大众传播,属于单向性很强的传播活动,缺乏反馈或者反馈迟缓,但是游戏拥有极强的双向传播力。这一点注定了游戏在传播系统中拥有无可比拟的优势。

结合第四点和第五点,游戏必然是文化输出强有力的手段之一,而良好的传播效果会从文化、政治以及话语权上全方位地增强一个实体或者国家的软实力。

3. 传播效果的层面

传播效果可以分为以下四个层面,且传播效果的这四个层面构成了一个逐步深化、层层积累的社会过程。

（1）认知层面，即受传者对讯息的表层反应。它表现为受传者对信息的接受与分享，这种传播效果具有原始性、直感性和差异性。它在游戏社会里的表象就是玩家看到游戏画面或唯美或炫酷或血腥之后产生的心理反应，这种反应是下意识的，且人和人之间会有较大的差异。

（2）情感层面，即情感效果，是受传者对讯息的深层反应，受传者需要对讯息内容进行带有情感色彩的分析、判断和取舍。情感层面的反应具有自主性、理智性和目的性。比如，一些女性玩家在游玩《古剑奇谭》时感动落泪；又如玩家群体围绕某角色的行为在网络社区展开讨论。

（3）态度层面。态度是建立在认识的基础之上，由具体的情感刺激所形成的一种习惯性反应。通过传播，可以改变用户对某件事物的态度。比如，个别青少年男性因为世界观不成熟，以及媒体的渲染和误导，可能对战争行为有憧憬，但是通过在《使命召唤》《战地》这样的第一人称射击游戏中身临其境地体验战场的残酷，他们对战争的憧憬态度可能会转变为对战争行为的厌恶，从而变为和平主义者。

（4）行为层面。行为效果是受传者接受讯息后在行为上发生的变化。可以理解为玩家在游戏之后，经过前三层的改变，最终在行为上发生了变化。

另外，大众传播的社会效果，依其发生的逻辑顺序或表现阶段可以分为三个层面、五级效果。三个层面包括以下内容。第一，环境认知层面。在现代社会，我们对周围世界的知觉和印象在很大程度上依赖于大众传播媒介。大众传播媒介以传递信息、报道事实、提示社会上发生的事件为己任，大众传播制约着我们观察社会和世界的视野。第二，价值形成与维护层面。大众传媒在报道新闻和传达信息的过程中，客观上起着形成与维护社会规范和价值体系的作用。这种作用是通过传媒的舆论导向功能发挥出来的，它既可以通过舆论引导形成新的规范和价值，又可以通过舆论监督来维护现有的规范和价值。第三，社会行为示范层面。大众传播媒介的影响并不仅仅表现在认知和价值取向的领域，它们还通过向社会提示具体的行为范例或行为模式来直接或间接地影响人们的行动。

五级的立体性传播效果包括以下内容。

第一，正面效果和负面效果。正面效果是指大众传播对受众产生了积极的影响与作用，负面效果则是指媒体传播对受众产生了不良的、消极的影响，比如同样的纯爱系成人游戏，成年人游玩可以放松心态，或者辅助两性生活，学会珍惜爱情关系，但是这样的游戏被未成年人特别是14岁以下的未成年人接触后，可能诱导诸如过早性行为发生等不良影响。

第二，显性效果和隐性效果。显性效果是指从受众的情感、态度、行为或者其他表现中可以明显地感觉、观察到的效果；隐性效果则是指隐匿在受众的头脑中，经过不断积累、深化和发展逐步显示出来的效果。比如，短时间内游玩 Paradox 或者 KOEI 公司历史策略模拟游戏的玩家，可以快速说出具体的历史人物、历史年表，表达对于历史事件的态度与感情；而这类玩家长期游玩后，会在潜移默化中强化自身历史人文知识，从而在言谈中体现出其人文底蕴的变化，能对于当时的历史背景、政治、社会、风土、人情进行更为深度的解读。

第三，直接效果和间接效果。直接效果是指大众传播直接作用于受众而产生的影响和后果，间接效果是由直接效果引申出来的效果。比如军队利用《战地》这类第一人称射击游戏进行训练,可以直接学到战术演练技巧,而士兵们学会这些战术思想后,将其从虚拟世界移用到实际生活中,则是间接效果。

第四,即时性效果和延时性效果。即时性效果是指受众/玩家接收传播者以及游戏设计者发送的讯息后,在很短时间内做出反应;延迟性效果是指受众/玩家接收讯息后要经过一段时间的思考、选择与判断,才可以在某种程度上对传播者的意图做出反应。最典型的即时性效果和延时性效果都体现在桌面游戏上,比如象棋和黑手党,玩家会根据局面不断地在即时性效果和延时性效果中进行切换。

第五,暂时性效果与持久性效果。暂时性效果是指大众传播的效果持续的时间比较短,持久性效果则是指大众传播的效果长久且深远。大部分游戏都有暂时性的效果,但是一部分游戏在传播效果上具有强大的持久性,比如 FC 时代的《超级马里奥》《魂斗罗》在文化上至今都有重要的影响力,又比如《暗黑破坏神 2》直接开创了 ARPG(动作角色扮演游戏)的模式,并成为后世无数 MMORPG(大型多人网络角色扮演游戏)模仿借鉴的鼻祖。

五、游戏受众

受众是传播活动中信息的接收者,也是传播者的传播意图的体现者。受众是信息的目的地,又是传播过程的反馈源,同时是积极主动的信息寻觅者。这个概念放在游戏的环境里很好理解:游戏玩家和游戏设计者同时作为游戏活动的主体,既相互依存又相互矛盾,共同推动游戏和相关产业的发展;游戏设计者将自己的理念、思想和意图以程序为载体赋予游戏,游戏玩家通过游玩来获取这些理念、思想和意图,同时游戏玩家也会根据自己的需求与喜好,向设计者或者市场提出自己的想法,主动寻觅信息资源。

值得注意的是,受众和受传者、信宿这些概念基本相同,但存在细微的差别。信宿可以是人,也可以是机器;受传者可以是个体信息接收者,也可以是群体信息接收者;受众一般只是传播活动的群体性接收者。游戏是典型的群体性传播活动,因此玩家和游戏用户在传播学的概念里属于受众。受众在大众传播里根据媒介的不同,可以分为文字(书籍、报纸、杂志)的读者,广播和音乐的听众,电视和电影的观众,网络和新媒体的用户,以及游戏的玩家。

不同的受众之间有着明显的区别,一个游戏设计者必须在项目开始前,明白自己的受众是哪些人,这样才能做到有的放矢。根据规模的不同,大众传播的受众可以分为三类。一是普通的受众,指特定国家和地区内能够接触到传媒信息的人。二是特定的受众,指特定传播媒介或信息内容所面向的稳定用户,他们对于某种媒介或信息内容通常表现出较大的兴趣,并愿意保持稳定的接触。三是有效的受众,指那些不但接触了传媒内容,而且实际受到了传媒内容的影响,从而在态度或行为方面有所改变的人。对传媒而言,第三部分人才是真正有效的受众,因为他们是传播效果的体现者。通常而言,核心电子游戏用户属于特定的受众和有效的受众,而轻量电子游戏用户属于三种受众的混合模式,换言之,在开发游戏特别是单机游戏前,要清楚自己的用户对象类别是哪些人,从而加入相应的元素。

根据传播和接收行为的差异,受众可以分为实在受众和潜在受众两种类型。实在受众是指对大众传播已有接收行为的受众,而潜在受众则是指目前对传播并没有接收行为,但一定时间内有可能成为受传者的用户。一款游戏如果前作大受好评,并推出了续作,那么还没有游玩续作的前作爱好者就是潜在受众。比如暴雪的《风暴英雄》和《守望先锋》发售前后,不需要做太多的广告宣传,因为《星际争霸》《暗黑破坏神》和《魔兽争霸》系列的老用户非常忠诚,是可以从潜在受众转为实在受众的群体。

根据所关注的大众传播的信息内容的不同,受众可以分为广泛的受众和专业的受众两种。广泛的受众是指从各种类型的传播媒介中广泛地接收信息的受众,他们所关注和接收的信息内容相当广泛,不局限于某一方面,没有特定的偏好,没有固定的接收方向和接收重点,如游戏《王者荣耀》和《绝地求生》的用户。专业的受众是指对信息内容有专门性需求的受众。这些用户有共同的兴趣爱好或者信念追求,对信息内容具有共同的偏好和共同的接收倾向,如游戏《寂静岭》的用户。一般来说,设计打发时间的娱乐性游戏时,可以将广泛的受众视为潜在用户,而设计核心向、具有高度文化价值向的游戏时,专业受众的需求则更需要被重视。

从动机上来看,又可以把受众分为主智受众和主情受众。主智受众是以满足认知上的需要为主导动机的受众,这类受众通过接收传播内容获得信息从而为自己服务,如游戏《文明》系列的用户主要为主智用户,用户在游戏中需要动脑筋去完成规划和谋求发展。主情受众是以满足感情上的需要为主导动机的受众,这类受众通过接收传播内容来进行放松娱乐,如游戏《古剑奇谭》系列的用户主要为主情用户。所以,在部分粉丝群体中更偏操作向的《古剑奇谭3》相较于更偏剧情向的《古剑奇谭2》好评率低。通常而言,严肃游戏面向的用户属于主智受众,而娱乐游戏面向的用户属于主情受众,对于一部分承担文化传播以及学术研究任务的游戏,其面向的用户则两者皆有。

其实不论按照哪一种方式分类,设计者都需要考虑游戏最终给用户带来的是什么,只有明确了自己的用户群体、用户素质、用户需求,才可以做出在市场上受欢迎的、足够吸引人而又富有艺术人文价值的作品。

通常而言,游戏用户有以下几个特征。

第一,游戏用户的数量巨大,越优秀的游戏,长期稳定用户数量越多,而且几乎长盛不衰。很多游戏玩家除了工作和休息,剩下的时间都会用来接触游戏,或者做接触游戏的准备。所以如果游戏品质足够好,不必担心没有人使用。而庞大的用户基数,也正是作品有人欣赏的保障。反过来说,一款游戏不可能像一款 App 那样做到几乎人人都喜欢,因为游戏不是服务产品,也不是生活的必备品,保持游戏的思想与艺术价值才是最宝贵的,而思想与艺术绝对没有办法讨好全部受众。如果设计者过于追求全面讨好受众,可能最终结果会是谁也没讨好。

第二,游戏用户分散在社会的各个角落,有着不同的职业和不同的动机,互相不认识且无组织性(利用网络游戏建立组织是游戏后的事情,此时传播效果已经达成,涉及的是不同的概念),因此一款核心向游戏满足全部用户是不可能的,唯独单纯打发时间的轻量电子游戏能做到这一点,比如俄罗斯方块。但一款优秀的游戏可以将分散的用户凝聚起来。

第三,游戏用户成分复杂,由不同民族、国家、阶层、学历、能力以及文化水平的人构成,不同用户对于游戏内容有着明显的选择偏向。就和音乐一样,有面向底层人群的下里巴人,也有面向上层需求的阳春白雪,游戏制作人应该看清每个层面的人口基数与消费能力,合理地在项目初期定下自己的传播对象。一般来说,阳春白雪更容易获得高评价、好口碑和长期的利益;而下里巴人适合快速获得利润,但有可能损坏口碑且不利于长期发展。这提醒我们,设计游戏时要考虑传播对象的复杂背景,关注用户群体的合理需求和游戏在市场上发布后可能引发的一切后果。

第四,用户相对于游戏设计师而言是隐匿的。游戏设计师因为种种限制,对用户的了解会比较笼统;而且用户因为心理状态的差异,对于信息的解读、选择和认知会有所不同。如果不能了解所有单个用户的需求与愿望,就应该尽可能地避免刻意的价值观灌输。如果无法做到面面俱到,也找不到共同价值,或者设计师有更高的理想,那么就应该回到第三点,找准自己的用户定位,切忌被用户的需求绑架。

用户使用游戏的动机无非是获取信息以认识外部世界、学习知识、娱乐消遣和建立人际关系(单机游戏用户在现实中寻找同好,网络游戏用户直接建立公会)这四点。抓住这四点就能制作出吸引人的作品,具体的方法和技巧将在后面的章节"游戏系统与结构分析"里详细说明。

六、游戏的及时反馈

拉斯韦尔和香农等人在构建传播学模型的时候,仅仅考虑了通信这一目的。但是在人类的社会传播环境下,反馈的因素和环节也不能够被忽略,因为在社会传播中,传播的双方都是具有能动性的主体,互动是社会传播的本质特征,离开了反馈也就失去了互动性。游戏区别于传统媒体的最大特点,就是信源与信宿的双向反馈。

举几个传统媒体的例子。图书可以算作传统媒体,对于非连载小说而言,作者首先将稿子从头到尾写好,交付出版机构发表,进而通过市场传播给读者。读者读了书里面的内容或者故事后,必然有所感悟,从而产生反应——但是反应不一定能够成为反馈,因为传统社会里由于技术手段的限制,读者并不容易把自己对书的理解或者意见直接向作者进行表达。一般情况下,作者也很少会泄露自己的住址或者电话号码,因此读者很难通过信件以及电话的方式向作者直接表达感受与建议。对于这类旧媒体而言,即使可以完成双向反馈往往也需要花费大量时间。例如,金庸于1955年开始写作第一部小说《书剑恩仇录》,1972年写了封笔之作《鹿鼎记》,这18年的作品被称为旧版金庸小说。之后,金庸开始花时间细细修订旧版小说来完善原作品的剧情、人物设定以及叙述逻辑。然而修订后的新版小说直到2006年才得以面世,离旧版已经过去了很长一段时间。

另外,类似于电影、漫画这样高成本的、需要花费大量时间和精力、一处修改则动全身的媒体形式,作者即使收到了观众或者读者的反馈,也会很大程度上无视它。市场上我们常常会看到很多质量不佳的电影,豆瓣电影这样的网络社区上也都有相应的评论反馈,但是这些电影的导演和编剧即使得到了反馈,看到了自己的不足,也不能再次组织原班人马立刻重拍这部电影。对于影视作品这类媒体,虽然形式上可以重新制作,但一般而言也需要经过一个较长的周期。1994年,中央电视台拍摄了电视剧《三国演义》,2009年进行了重拍(电视剧《三国》),新版的《三国》虽然弥补了旧版《三国演义》在武戏和战争场面上的不足,但是文戏与对白却被许多观众所诟病。换言之,影视作品这样一种媒体相当于蛋糕,作者很难在一个已完成的"蛋糕"上去填填补补将其修正到完美,一般而言是在汲取前人经验的基础上,再做一个"蛋糕",但是这样的"蛋糕"也难免会因为这样那样的问题出现新的不足。

而游戏这种新媒体形式主要以三大要素区别于传统媒体。第一,游戏,特别是电子游戏,其技术形式是程序代码,而非传统媒体的文字与音像。程序代码根据其属性可以随时被修改,加入新模块,或者进行补丁升级。换言之,对于游戏这种媒体形式的"蛋糕",作者和制作团队可以相对轻松地进行修改,直到"蛋糕"达到完美或者理想的状态,而不需要反复地重新制作,节约了时间与成本。

第二,游戏作为新媒体,与网络社交紧密结合。国内的游戏有百度贴吧这样的综合社交平台,国外的游戏例如暴雪公司和 Steam 都有自己的反馈社区,玩家可以随时把自己对游戏的想法、意见建议,以及游戏中出现的问题及时地反馈给制作方。另外,制作方可以利用游戏程序的大数据平台,主动收集玩家的反馈信息,来分析游戏的参数和未来发展方向。Valve 公司旗下的 DOTA2 就是典型,制作组通过大数据以及平台帖子反馈,迅速对游戏中 110 多个英雄进行调整,这种调整频率是其他媒体形式望尘莫及的。

第三,游戏是一种需要玩家主动参与和互动的媒体形式,这是区别于文字(报刊、书籍)、图像(漫画、海报)、音频(广播、音乐)、视频(电影、电视)等一系列传统媒体形式的根本不同之处。传统媒体都是让用户被动接收信息,而游戏因为 TCP 协议则必须让用户主动驱动进程获得信息,所以用户在通过游戏进行媒体信息获取的过程中就必然会有反馈活动。根据用户的不同进程,他们获得的体验与信息也可能大不相同,不同用户之间进而会交换心得,产生二次创作的基本元素。还是以《三国演义》为例,在阅读罗贯中的原著小说时,读者很容易站在刘备集团的视角上看待整个世界与故事的进展,读者所熟悉的人物与剧情也是刘备集团以及与刘备集团产生剧情冲突的势力(曹操、袁绍、孙家三代)。因此仅仅阅读《三国演义》读者很难获取主线之外更详尽的信息,比如曹魏和司马家内部的斗争、江东士族门阀与孙家的恩怨、群雄割据时期公孙瓒和袁绍详细的争斗细节等。而玩家通过游戏,比如《三国志》系列,可以任意选取一个当时存在的势力,以他们的视角去体验三国,从而获得更多的信息。又比如《姜维传》这样的游戏详细介绍了诸葛亮去世后的后三国历史。因此,能够让用户参与其中,是游戏这种媒体形式最大的魅力。

七、游戏的传播环境

在之前的章节里说过,游戏是一种反馈性极强的传播渠道,因此为了弄清游戏的传播学机制,就必须考虑游戏的传播环境和游戏反馈。

人的行为是在特定的环境里进行的,人类为了自身的生存和发展就必须及时了解环境的动向和变化,从而认识、把握环境以协调自己的行为。传播活动对环境具有依赖性,环境既是媒介生存和发展的基础和条件,也是人类活动的场所与容器。秩序良好的市场、宽松的文化政策以及较高素质的用户和从业人员,是健康的游戏传播环境必备的三要素。

(1)秩序良好的市场。游戏在传播的过程中,要依靠市场与商业的运作,换言之,游在市场上呈现的形式是商品。如果一个市场出现了问题，游戏的传播和发展就会受到不良的影响，比如20世纪中国单机游戏市场上盗版蔓延，导致国内的单机游戏开发公司血本无归，从而进一步导致近十几年来，中国的游戏公司抛弃了单机游戏，转而进行网络游戏和手机游戏等的开发。但是文化的传播和输出却恰好需要具有深沉文化底蕴的单机游戏，而非快餐休闲式的手机游戏，这样的现象削弱了中国对外输出文化的能力。另外，由于法律监管不力，游戏界财阀型公司可以依靠雄厚资金大肆收购制作组，按照资本追求利润最大化的目标和天性，改变这些制作组游戏的运营模式，或者直接抄袭竞争对手的知识产权与文化创意，再利用资金流打垮竞争对手，严重地扰乱了正常的游戏市场秩序。因此，秩序良好的市场是一切商业活动的基本生存环境，游戏业也不例外。

（2）宽松的文化政策。游戏作为一种媒介，和小说、电影一样承载着传播文化和思想的使命，所以游戏也被视为一种文创产业。任何文创产业都需要宽松的文化政策，游戏的创作也不例外。如果缺乏分级制度和明确的法律规定，文化审查者就可以按照自己的喜好，通过曲解模棱两可的政策条文来肆意控制文创产业的制作与开发，其中还很容易滋生大量腐败。比如，鲁迅曾经说："一见短袖子，立刻想到白胳膊，立刻想到全裸体，立刻想到生殖器，立刻想到性交，立刻想到杂交，立刻想到私生子。中国人的想象惟在这一层能够如此跃进。"所以，在没有法律的明文规定和分级制度的情况下，仅仅依赖一条"禁止色情"的政策条例，文化审查机构或者个人便有机会禁止关于"一条短袖子"的文创作品。因此，宽松的文化政策也是健康的游戏传播环境的必备要素之一。

（3）较高素质的用户和从业人员。接收游戏媒介传播内容的信宿是玩家和用户，制造游戏媒介传播内容的信源是从业人员。高素质的用户会向从业人员提出更高的制作需求，高素质的从业人员则能够提供高质量的作品给市场，从而传递给对应的用户，形成一个良性循环。与之相反，如果从业人员和用户有一方的素质达不到要求，则会破坏传播环境，导致劣币驱逐良币。如果用户素质低，就会向市场提出低素质产品的需求，当从业人员发现他们粗制滥造的低级作品也能获益颇丰，就没有几个人愿意花大精力和高成本去开发创作；而从业人员如果只想着赚钱，那么在游戏开发的过程中就会把重心放在争取更大的利润上而非提升作品的品质上，进而会拉低用户的整体素质。这方面的环境影响不仅仅是游戏产业需要解决的问题，音乐、影视、动漫等几乎所有的文创产业都面临着这个问题。精神文明产业不同于工业或者农业的物质文明产业，用户和从业人员的思想与学识素质极其重要。

政策、市场、用户和从业相关人员，一起组成了游戏业的支柱和基础，它们是构建一个健康强大的游戏产业的上层"屋顶"。

中国目前市场上的游戏热，很大程度上是一种商业热。准确说，中国目前缺乏游戏行业，只有互联网行业，而一些互联网公司只是发现游戏有创造利润的价值，才以互联网的思路去经营游戏，于是导致了目前的乱象——项目质量参差不齐，任何行业、任何背景的人都想分杯羹，从业人员素质低和不专业。中国如果想要建立起真正的游戏产业，就需要政府、高校和企业多方协作创造一个健康的市场环境。

八、游戏新闻工作者的操守

新闻学和传播学其实是同一学科的一体两面。虽然游戏利用的传播学的很多知识与新闻学几乎无关,但是新闻工作者和游戏却有一定的关系。不论是游戏的发售和宣传、游戏比赛和电子竞技的协办和通告,还是游戏传播效果的影响分析等,都与新闻工作者密切相关。然而我国目前由于特殊的社会环境和发展状况,新闻工作者的整体水平参差不齐,而游戏新闻工作者相比调查类记者、政务类记者,在专业程度、敬业程度与人文素养上都有较大的差距。有些问题是新闻工作者的意识形态落后与思想僵化导致的,有些问题是新闻工作者的专业程度不足和诚信意识缺失导致的,还有些问题是新闻工作者三观不正导致的。总体而言,目前部分游戏新闻工作者存在的问题有以下三种。

第一,一些新闻工作者对游戏存在偏见,也对高科技新事物存在恐惧,认为游戏是低龄玩具,是精神鸦片,给教育带来了很多问题,于是他们罔顾逻辑、以偏概全,恶意污名化游戏这种传媒形式。固然有一部分学生因为"网瘾"或者游戏上瘾荒废了学业,但是问题并不在游戏本身。游戏本质上是个客观工具,游戏怎么用、怎么玩、会有什么效果,完全取决于用户本身的智商、性格、控制力以及家庭的教育与环境。玩游戏者上一流大学,或者为国争光的不在少数,这点和服用毒品必然家破人亡的情况显然不同。没有调查就没有发言权,不客观地分析事实和对象,显然有违马克思主义基本原理与思想。

第二,一些人喜欢游戏,于是成为门户网站游戏板块的编辑,但因为学识积累不深,或者屈从于流量的压力,喜欢卖弄和游戏实际毫无关系的低俗题材,弄个标题党,以吸引网民的眼球。这类人是导致游戏产业和游戏市场劣币驱逐良币的潜在威胁,是在规范的游戏环境内需要被驱逐或者改造的对象。

第三,新闻工作者对游戏产业并不了解,出于某些原因不得不去报道而出现了偏差(比如上级派下的任务),从而对大众产生了误导。比如某主流媒体曾在一次新闻报道的标题中提及网络游戏的发展,但新闻画面却是单机游戏。还有的新闻工作者跑新闻很快,但是没有仔细分辨新闻的真实性,急急忙忙地报道出来后却发现是简单幼稚的乌龙新闻。媒体大众有向民众传播正确知识的责任,一旦报道出现了偏差,专业人员可能要花几倍的精力去进行澄清与科普。这一类新闻工作者需要做好功课,多学多问,提高自己的知识水平,或者选择熟悉游戏领域的记者来报道相关消息。

江泽民曾说过,"我现在对新闻有一个感觉:只要我们都尊重同一个事实,有允许不同的观点;另外一个,采访期间能够如实地既表达他的观点,同时也把主人的观点能够如实地描述。我认为这就是 High Level"。因此,提高知识水平,并且诚信客观地表达事实,是游戏新闻工作者的基本操守,也是游戏产业健康发展的必要基础。

九、章节总结

(1) 游戏是一种媒介,而且几乎是唯一满足 TCP 协议的媒介,这是游戏区别于传统媒体具有极强传播效果,且能够稳定传播的核心原因。当然也造成了游戏在传播时效性上的劣势。

(2)游戏受众非常复杂,你需要关注你的用户,但也因为用户的高度复杂性,你也并不需要刻意讨好所有人。

(3)游戏的跨文化传播与社会效应,是游戏能够作为我国文化输出工具的基本保障。

(4)对游戏保有成见的报道和政策,会影响到游戏产业的健康发展,进而影响到我国的文化输出能力。

 课后作业

1. 你有什么极其想表达的价值观,或者想宣传的内容?如果依靠游戏为媒介,你将如何表达?

2. 收集《刺客信条》系列的资料,理解为什么游戏是一种融合媒介艺术。

3. 你认为当前电子游戏在促进我国文化输出、增强国际舆论引导力方面可以在哪方面进行突破,为什么?

第3章 严肃游戏与游戏化

学习目标与要求

1. 熟悉严肃游戏的定义。
2. 了解严肃游戏的应用场景。
3. 熟悉游戏化的定义和道德。
4. 理解游戏化的驱动力。

一、游戏改变世界

上一章我们提到，与其一味地对抗持有成见者，不如告诉他们游戏如何教会人们学习，如何改变人们的生活和认知。怎样让游戏更加有趣，或者说让游戏帮助我们改变生活的方式，是值得人们思考的问题。毕竟，如果学习能够上瘾，世界将会变得更加美好。

这里推荐阅读美国游戏学者简·麦戈尼格尔所著的《游戏改变世界》(*Reality is Broken*)。其英文标题直译过来为"现实是破碎的"，更符合简·麦戈尼格尔希望表达的内容。因为在过去的世界，或者说在电子游戏诞生之前的世界，历史与未来、虚幻与现实之间的"墙"不可逾越：历史是历史，未来是未来；虚幻是虚幻，现实是现实。但是在现在和未来的世界，游戏技术使得未来可以链接历史，虚拟与现实的边界也逐渐变得模糊，以至于破碎——这个就是 Reality is Broken 的核心意义所在。

当然，我们翻译过来是"游戏改变世界"，这更加容易让人理解。游戏是如何改变世界的？在前面的章节，我们关注的是游戏的衍生效果，比如《三国志13》的联动，但这不是游戏本身对于现实世界的影响，更多的是文化层的跨媒介表达。所以我们这一章要考虑的问题是游戏本身是如何打破虚拟与现实的边界的。

以《宝可梦 GO》(Pokemon Go)和《虚拟侵入》(Ingress)这两款游戏为例，在国外读书的时候，自从玩起了《宝可梦 GO》(尽管这是一个虚拟的游戏)，我的现实生活的确为此而改变。按照原本的习惯，每天我们在午餐之后都会绕着校园散散步、消消食。但是在玩了一段时间《宝可梦 Go》之后，吃完午餐，虽然我们还是会去散步和消食，但是途经的路径却发生了根本性的变化。为什么？因为我们想要去抓一些特定的"小精灵"。《虚拟侵入》也是如此，人们可能会因为一些特殊的地标,而改变之前的习惯路线。出于获得更高的利益,或是作为你的这一方阵营去围杀敌人的考量,人们会到更远,或者往常不太会注意到的地方,然后做出相应的互动。这两款游戏通过 AR 技术实现,可以说,AR 游戏建立起了虚拟与现实的链接,如同一把斧子劈碎虚拟与现实的高墙——这是"Reality is Broken"最为直接的含义之一。举个现实例子,当下流行的 ARG(Alternate Reality Game,侵入式现实游戏)属于打破虚拟和现实的绝好案例。ARG 的 AR(Alternate Reality)和 Augmented Reality 具有相似性,但不是同一个概念。前者是以现实世界为平台,采用跨媒体叙事来传递一个故事,故事由玩家的思考和行为推动,并且实时进行,不能 S/L(save/load)。角色就是真实的人。后者则指的是增强现实技术。ARG 有一个近亲叫 LARP(Live Action Role Playing),LARP 里面有个分支叫 Murder Mystery Game,也就是俗称的剧本杀。说到剧本杀大家会比较好理解,但在 ARG 里用户一般不用扮演其他人,且证据就在现实中。ARG 一般会以解谜的形式存在,玩家不断地寻找生活中的线索。

Reality is Broken 的核心涉及各种不同的子概念,如严肃游戏、游戏化、游戏式教育、在线学习、寓教于乐、教育游戏等,如图 3-1 所示。

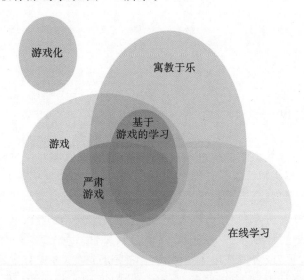

图 3-1　Reality is Broken 的核心涉及的子概念

本章内容主要围绕严肃游戏和游戏化展开。与严肃游戏相近的概念有一个共同的交集,或者说一个焦点——利用游戏来获取更多的知识。严肃游戏,在中文语境下有时候会翻译成"功能游戏"。如果在一些文献中看到"功能游戏",其实指的是 Serious Game,并不是 Function Game。而游戏化,你们会发现这个概念游离在图 3-1 这整个游戏圈的外层,与其他的概念没有什么交集。

二、严肃游戏

什么是严肃游戏?我们需要先厘清两个知识点。第一,游戏经历过四种发展形态,从日常游戏、体育游戏,到桌面游戏和电子游戏。日常游戏基于现实,而体育游戏、桌面游戏、电子游戏基于模拟。相比基于现实的游戏所面临的风险,基于模拟的游戏处于比较安全的状况。所以如果我们将基于现实的游戏看作"高成本"的游戏,基于模拟的游戏相对来说是"低成本"的游戏。

第二,游戏具有传统媒介所不能比拟的传播效果,为什么?因为它采用的是TCP协议,而TCP协议具有传播的稳定性。通过TCP协议,我们能给受众稳定地传输一些知识。

把这两点相结合起来,就可以得到这样的结论:基于电子软件且方便易用的互动模拟系统,与基于TCP协议、传播能力强且能抵消传播惰性的媒介形式,就会生成严肃游戏。游戏化则是基于日常现实生活的系统,引入基于模拟的游戏元素与哲学。这就是游戏化与严肃游戏的根本区别。

如果一款电子或桌面游戏,拥有至少一个明确的现实模拟附加动机(例如学习、医疗、政治等),则我们称该游戏为严肃游戏,而这些附加动机被称为特征目的。换言之,如果一款游戏满足以下两个条件,它就是严肃游戏。第一个条件,大部分情况下是电子游戏,或是桌面游戏;第二个条件,有一个非常明确的对于现实进行模拟的特征目的。

1. 定义与形式

这里需要澄清的是,一款游戏需要有明确的传播动机,才有可能被定义为严肃游戏。此处的传播动机是狭义动机,指设计者在制作一款游戏时,希望反映的思想,或者说希望受众学到的知识和得到的思想等。但是,传播动机对特征目的而言只是必要不充分条件,有些游戏尽管包含了明确的传播动机,但是这些动机属于个人私货,这种条件下就不能将其视作特征目的,严肃游戏定义也就不成立了。

严肃游戏不是一种特殊的游戏类型,而是具备某种特殊的目的和功能的电子游戏/桌面游戏。一个严肃游戏可以是动作冒险游戏、战略游戏、体育游戏、文字游戏等。无论是角色扮演游戏、第一人称射击类游戏,还是其他任何一种形态的电子游戏/桌面游戏,只要它有某种特殊目的和功能,都可以是严肃游戏。

什么是游戏化?游戏化本身其实不是电子游戏,游戏化是指电子游戏方法学转移或应用到非游戏程序和现实进程中的方法,如酒店、航空业的"用户忠诚计划"。严肃游戏本质上仍然是一款游戏,但游戏化则是一种方法。一般来说,原始严肃游戏的特征目的是"学习"和"技能获得"这两大要点。

2. 主要特征目的

严肃游戏的特征目的包括改变生活方式,进行医学研究、企业管理、决策支持模拟,提升社会技能,分析因果机制,提供冲突解决策略,提升公民道德等。现实生活中不同的学科,以及带有不同目的的场合,都可以作为严肃游戏的一个特征目的进行实验。

3. 为什么要制作严肃游戏

(1) 严肃游戏可以用来反向强化自身游戏素质,严肃游戏通常有一定的制作水平要求。

(2) 严肃游戏可以作为对用户的激励手段,强化用户的参与性。

(3) 严肃游戏能让用户产生情感共鸣。有了情感共鸣,游戏制作者想要陈说的观点/知识就会更加容易被接受。

(4) 严肃游戏可以让用户强化记忆,强化学习可持续性,这也是严肃游戏应用领域最广、比例最高的一个特征目的。学习有时候是比较枯燥的过程,如果利用游戏来学习,效果可能会不一样。

(5) 可以利用严肃游戏提供实时的学习与信息传播反馈。相比传统的媒介使用调查问卷或者个体采访等手段获得反馈,游戏本身的实时监控功能对于后台的研究人员或大学老师而言,提供反馈的效用更加快速和方便。

(6) 可以利用严肃游戏模拟现实中难以实现的活动,或者降低现实中开展相应活动的成本。

这是严肃游戏常见的六个特征目的,当然还有第七个——回到本章开头,一味地对抗持有成见者没有用,在国内目前的学术界环境下,严肃游戏在某种意义上是一个破除人们对于游戏本身的成见和歧视的很好的方向。通过严肃游戏可以很好地让社会大众明白游戏到底是干什么的,所以国内游戏厂商如腾讯游戏现在也有专门的设计师或者团队在做"功能游戏",这在后文中会有举例。

三、严肃游戏的应用案例

1. 政治和军事

严肃游戏最为重要的应用是在政治方面。比如,大家对于红军长征的故事都不陌生,这是中国共产党领导中国人民英勇革命的壮丽史诗,也是人类史上伟大的奇迹。在我们从小接受的历史教育中,一定会对它有所提及。现在请读到这里的读者回答以下两个问题。

(1) 问题一:请问十大元帅,谁没有参与长征?

中华人民共和国元帅(通称开国元帅、十大元帅)是中华人民共和国建立后于1955年授予第一次国共内战、中国抗日战争、第二次国共内战中贡献良多的十位中国共产党军事领导人的最高军衔,依序为朱德、彭德怀、林彪、刘伯承、贺龙、陈毅、罗荣桓、徐向前、聂荣臻及叶剑英十人。

(2) 问题二:请将红军长征途中这十个事件按照事件先后顺序进行排列。

A.爬雪山 B.过草地 C.血战湘江 D.飞夺泸定桥 E.四渡赤水 F.遵义会议 G.懋功会师 H.会宁会师 I.巧渡金沙江 J.腊子口之战

许多人不一定答得上来,包括党员和预备党员。尽管我们从小就从教科书上接受关于这一段历史的宣教,而且红军长征的故事也被拍成了很多电影、电视剧,但是对于大多数人来说,不借助搜索引擎,选出上述问题的正确选项仍是很困难的。

关于第一个问题,红军长征时,有一部分兵力留在江西,之后被改编成为新四军;通过长征去了陕北的队伍则被改编成了八路军,这也是八路军名字的由来。那么你可以回忆一下新四军的将领是谁。对,是陈毅,陈毅后来成了新四军的将领,可以推断他没有参与长征。

关于第二个问题,答案是:CFEIDAGBJH。红军从江西突围来到湖南,遇到湘江,因为指挥的失误造成极大的减员,然后就有了遵义会议,确定毛泽东为中国共产党的领导人……之后的经历你可以慢慢推演。

因此,用一些传统的方式进行宣传教育,效果可能不尽如人意。回想前面章节中提到的UDP协议与TCP协议的区别,与旧的刻板枯燥、效果欠佳的宣教方式不同,我们可以尝试著作一款名为《重走长征路》的游戏(见图3-2),该游戏在橙光平台上免费(见图3-3)。在这个游戏里,用户将扮演一位长征的红军战士,与《隐形守护者》类似,在不同的选项中做抉择,走向不同的结局。游戏一开始,用户就会面临一个支线选择:留在井冈山还是去陕北。不过,虽然两条不同的支线都可以走出好结局(活到1937年去参加全面抗日战争),但在游戏的50多个结局中,只有3到4个是好结局,剩下都是死亡结局。你可以想象一下,在游戏中,你只用做出一些基础的选择,而在当时你实际上遇到的考验要严峻得多。如果试着去玩一下这款游戏,我相信人们对于这段历史会有更深入的了解。

图3-2 《重走长征路》游戏

再看一个案例,《使命召唤》(见图3-4)以及《战地》系列。在《使命召唤》和《战地》系列中,对于美军的形象和美国的军事实力都进行了美化,对于其敌对国家(如苏联)则都进行了抹黑。早在1970年,克拉克·C.艾伯特(Clark C. Abt)在他的著作《严肃游戏》中就提出,"严肃游戏既非游戏,也非严肃,二者兼而有之。游戏不以纯粹的娱乐为主要目的,而是采用寓教于乐的形式,让用户在游戏过程中接受信息,并获得个性化、互动性和娱乐性极强的全新学习体验,从而激发学习者的创造力和创新意识"。《使命召唤》和《战地》系列游戏被美军

图 3-3　游戏二维码链接

用于训练士兵,以减少训练成本,降低无谓伤亡。"9·11"事件之后,美国为了重塑全球形象,缓解在伊斯兰世界的形象危机,启动了一场针对特定受众、采取特定方式的战略传播计划——"国家战略传播架构"。该计划以在全球公众中塑造正义、强大、光荣、正确、富有人情味的军队形象展示美军的正义性与亲和性,获取目标受众对美军的心理认同,进而使看不见的宣传通过市场(游戏、电影)这只手,变成看得见且让人喜闻乐见的宣传。

在某种意义上,《使命召唤》也是具有政治宣教性的严肃

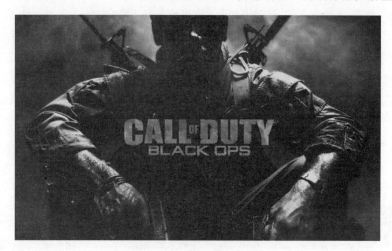

图 3-4　《使命召唤》游戏

游戏。不过,不是说一款游戏具有政治宣教性,它就会被称为严肃游戏。在这些政治宣教性之外,它们还需要是很好的游戏。这里不是说要大家彻底否定《使命召唤:黑色行动》或者《使命召唤:现代战争》,而是要大家知道游戏可以传递一种怎样的讯息:假设你以后希望去展现中国人民解放军的光辉形象,游戏会是很好的选择之一。

2. 历史

《太阁立志传5》(见图 3-5)的主人公是日本历史上的传奇人物——结束战国乱世、统一日本的丰臣秀吉(木下藤吉郎),同时他也是出身最寒微的权臣,从家奴到家臣,从织田家的大将一直到官居正一位摄政关白,位极人臣,成为名副其实的天下人(霸主)。这段辛苦的奋斗史,再加上风云变幻的日本战国时代以及当时众多的英雄人物,使玩家能够在历史的沧桑分合中,感受小人物的坎坷经历。

对于玩家而言,《太阁立志传5》是极为优秀的日本战国史教科书,因为这款游戏而对日本史感兴趣、选择更进一步了解日本文化的玩家不在少数。如《欧陆风云 4》《维多利亚 2》《信长之野望・创造 》《三国志 14》等作品,玩家在玩游戏的过程中,可以收获不少关于不同时期的历史知识。这些知识在我们的教科书中很少出现,但在游戏的过程中却可以潜移默

化地被玩家接受。

图 3-5 《太阁立志传 5》游戏

3. 经济

这里我们还是从一个提问开始：垄断的英文单词是什么？答案是 monopoly。但使用你们的搜索引擎，搜索 monopoly，观察图片结果如何显示。只有一种结果，那就是桌游《大富翁》（见图 3-6）。为什么会这样？事实上这个游戏的英文名就叫 monopoly，在传入国内后为了便于理解，翻译成了《大富翁》，世界上并不存在 Rich Man 这款桌面游戏。

1904 年，一位名叫 Eliazbeth Maggie 的速记员出于反垄断思想的灵感，发明了一款《地主游戏》(The landlord's Game)并申请了专利。1935 年，Charles Darrow 改版后将其卖给了 Parker Brothers，从此该游戏一炮而红，风靡世界。Maggie 发明这个游戏的初衷是让人们更好地理解资本主义繁荣背后隐藏的社会不公，以说明垄断的危害。但事与愿违，讲述反垄断的游戏反而让人们热衷于垄断的玩法。

4. 教育

欢迎来到严肃游戏特征目的的大头部分：教育和学习。学习大部分情况下是枯燥的。大多数时候，我们感觉学习快乐是因为这是对未来生活的一种正向投资。可如果不是感兴趣的课，很多同学会认为学习的过程本身是枯燥的。如"计算机组成原理"这样的课程，可能会让人感觉无聊至极。碰到这样的情况，我们其实可以尝试用游戏去解决。

在学习微积分或者高等数学的时候，大多数学生是叫苦连天的。这里有个例子叫《微积分历险记》（又名《微积分大冒险》）（见图 3-7），在这里，你扮演的女主角被困在了一颗随时可能会被太阳风暴摧毁的星球上，你可以通过不断去做微积分题目，去积攒能量逃出困境。在

图 3-6　monopoly 游戏

游戏过程中,从简单的微分和积分开始,难度也逐渐提高。如果你从头到尾把这个游戏打通,会对你的微积分学习大有帮助。至于学习的成效,相比单纯的刷题,你对于微积分的来历、原理等认知将会更加清晰。

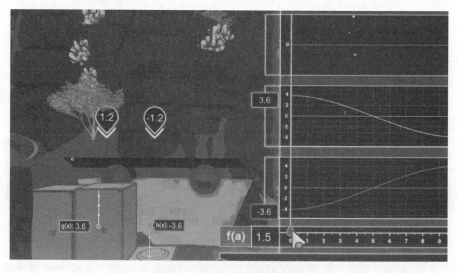

图 3-7　《微积分历险记》游戏

5. 心理学试验

又到了故事环节。主角是 Werewolf(《狼人杀》),相信很多人并不陌生。这个游戏是在 1986 年春天,由苏联莫斯科大学心理学系的迪米特里·大卫杜夫发明的。最开始的玩家在莫斯科大学的教室、寝室等处玩此游戏。在 20 世纪 90 年代初期,该游戏开始在俄罗斯其他学校流行起来,并跨过国界,传播到了欧洲各国,随后传到了美国。美国的安德鲁·普洛特金(Andrew Plotkin)在 1997 年给出了一个狼人主题的规则。

在心理学试验中,值得警惕的要点之一就是试验对象知道自己在做试验。假如你受邀去参与一场心理试验,作为试验对象,你事先知道这一点,会不会产生抗拒的情绪呢?极有可能。迪米特里·大卫杜夫让学生之间互相去玩 Werewolf 这样一个"杀人游戏",通过这种方式来观察学生的反应。这很普遍——包括我自己,在线下玩狼人杀的时候,也很喜欢通过观察玩家的反应,来判断谁是狼人。当然,这只是游戏在心理学中的一种应用,还有很多类似案例。比如,现有的一些严肃游戏是可以用来治疗心理疾病的,其中有一部分游戏专门为治疗抑郁症而生,也有一些游戏本身不是严肃游戏,但也曾被用来治疗抑郁症,比如《塞尔达传说:荒野之息》。

6. 文化

文化也是严肃游戏,甚至是所有游戏都经常使用到的一个点。图 3-8 这款游戏名叫《迷宫》,由故宫博物院在 2019 年发行。这套解谜游戏分为线下和线上两部分:线下部分是《如意琳琅图籍》,是一本互动解谜游戏书;线上部分是一款叫作"迷宫"的 App。故事讲的是在清朝乾隆年间,有一个著名画师过世之后留下一本遗作《如意琳琅图籍》。在这本遗作中,有许多让人难以理解的东西,因此被后世称为"无用之书"。最近宫中有流言,称琳琅宝藏可以改变人的命运……你看,虽然故宫已经是一个很热门的 IP,但多数人对它的兴趣可能仅仅停留在固有印象的层面上。我在玩过这款游戏后,才发现原来故宫里面有这么多有趣的宝藏,并隐含着大量有趣的知识。中国有许多有趣的文化,特别是博物馆里的一些馆藏,这些枯燥的文物和相对来说不那么生动的历史,如果能用游戏的方式去呈现,可能会比书本或者电视给人的观感要好很多。

7. 运动

跳舞除了作为一门艺术而存在,于普通人而言,也是锻炼身体的很好的方式之一。但遗憾的是,我们的文化里大部分人不善于去公开场合表演或者尝试这么一项运动。而《舞力全开》游戏就可以帮助人们避免这个尴尬的问题,同时在特殊时期无法出门锻炼的时候,人们可以选择在家里跳舞。再比如任天堂 NS 的健身环将枯燥的锻炼身体的活动变得有趣(见图 3-9)。体育游戏为什么会发展到桌面游戏?其中一个重要原因就是体育游戏很累。有的人并不喜欢跑步,只是为了通过跑步减肥。而健身环让跑步变得有趣很多。

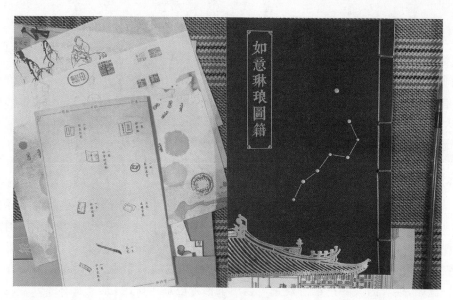

图 3-8 《故宫》游戏

图 3-9 健身环游戏

8. 健康

这里举一个例子——Foldit（见图 3-10）。简单来说，这款游戏的玩法是用沙盒模式合成蛋白质。仅用了三周时间，游戏玩家就解决了一个困扰科学家好几年的难题。一群玩家通过玩游戏发现了一种蛋白质的结构，这种蛋白质在艾滋病病毒生长过程中起到了至关重要的作用。该发现标志着人类有望在艾滋病毒（HIV）和艾滋病（AIDS）研究领域获得重大突破。这一成果刊登在《自然-结构与分子生物学》（*Nature Structural & Molecular Biology*）杂志上。

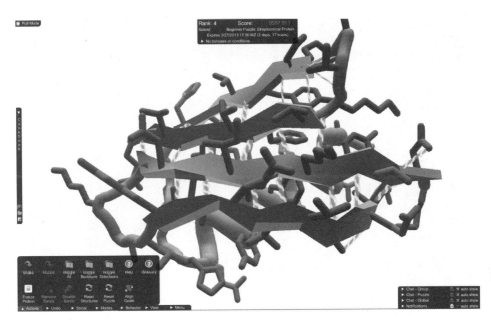

图 3-10　Foldit 游戏

Foldit 游戏的首席设计师 Seth Cooper 说道："人类具有空间推理能力,这是计算机所不擅长的。游戏则提供了一个框架,把计算机和人类的优势整合到一起。"

9. 编程

你们学过汇编语言吗？比如写一个计算器程序,Python 语言只需要 100 行代码就搞定了,如果用汇编语言来做,需要 4000 多行代码,难度不可谓不高;而且汇编语言涉及许多关于栈的应用,包括数据、运算符,不停地进栈、出栈,十分烦琐。所以如果你想了解汇编语言,接触一些汇编语言中的方法,但是不想去学这门语言,这里可以推荐你玩《程序员升职记》(Human Resource Machine)(见图 3-11),该游戏在 Steam 和手机上都有。在这个游戏里,用户扮演一个程序员去完成产品经理每天提出的一些奇奇怪怪的需求与任务,任务通过类似写程序的方式来呈现。这个游戏,可以很好地展现汇编语言的运作方式。哪怕大家不学汇编语言,这对于习计算机学习也会有帮助。而且我可以保证,它并不无聊,与正常的娱乐游戏界面是一样的,非常有趣。

当然,严肃游戏还有许多其他方面的应用,如:《mini 地铁》可以让游戏玩家了解如何进行城市规划,你将知道有哪些要注意的点,地铁应该怎么修,难点在哪,需求在哪;《模拟城市》是建筑规划教学或者专业建筑规划人士在做城市规划设计时常用的工具,在虚拟条件下做一套城市规划,然后再制作相应的仿真设计,以测试这种规划是否合理(毕竟现实世界中建完之后不是想改就能改);微软的《模拟飞行》中,用户操控飞机时的界面与真实的情况是一模一样的,所以很多飞行员在正式上飞机之前也会玩这个游戏进行练习,有新闻报道称部分美军无人机操作员就是从刚高中毕业的电子游戏玩家中招募的,经过 4 个月训练,他们就可以决定被袭击者的生死;《信任的进化》通过博弈论,让用户知道人与人之间该如何进行合

图 3-11 《程序员升职记》游戏

适的交往,感兴趣的可以去看一下。

四、严肃游戏的游戏流

在严肃游戏里面,最为重要的一个概念是游戏流,我们又称其为心流,这是游戏过程中的一种玩家体验,是其在面对明确的任务目标时,从操作、沉浸过程中产生的反馈。因此,游戏制作者需要在任务难度和技能水平之间维持一个适当的平衡。那么,如何去维持这个平衡呢?游戏制作者把玩家在玩游戏过程中的挑战和能力建立一个坐标系,当玩家的能力高于挑战的时候,他就会感到无聊;当玩家面临的挑战高于自身能力的时候,他会感到焦虑。于是,游戏制作者要让玩家尽可能地按正弦波动的节奏在焦虑与无聊的状态间进行切换,让他维持在一个最为舒适的状态。

一般来说,在设计游戏的时候,考虑到玩家最初在 A1 的位置,此时他技能不是很熟练,挑战不要设置得太高,以一直磨砺他的能力,到了 A2 之后再将难度加到 A3(当然,对于一部分比较聪明的玩家,可以让他直接从 A1 到 A4,再从 A4 到 A3),如图 3-12 所示。游戏制作者总是用这种不断波动的方式让玩家的状态维持在绿色的区域中,也就是图 3-13 中呈现出的这种类似于正弦函数的状态。这是我们在制作严肃游戏过程中的一个重点。这个方法不仅可以用在严肃游戏中,也可以应用在其他的娱乐向游戏中,只是严肃游戏必须要满足这一点而已。

严肃游戏的另外几个设计要点如下。第一,因地制宜。在制作严肃游戏的时候,设计者

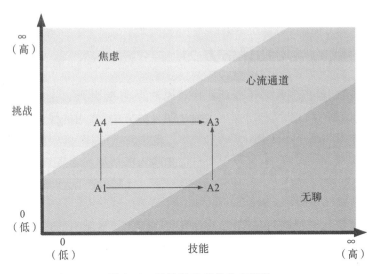

图 3-12 设计游戏时的难度系数

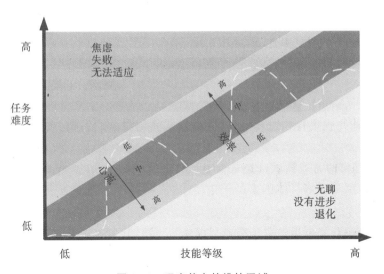

图 3-13 玩家状态的维持区域

要想清楚,该游戏的目标玩家是怎样的人,比如《回路迷宫》面向的是初中生,所以就要考虑到 13~14 岁的青少年思考问题的方式。人群的多样性决定了设计者需要"因材施教、因地制宜"。

第二,对于自己不太了解的领域,如医疗、教育等,需要专业人士参与游戏制作。比如,在建模时考虑下列专业问题:教育游戏中,小孩子到底会怎么想?医疗游戏中,病人需要哪方面的关怀或医生需要哪方面的训练?

第三,不同于纯粹的娱乐游戏,附带特征目的的严肃游戏更注重实际,为了达到训练的目的,甚至可以降低一定的娱乐体验。

五、严肃游戏的实用性评估方法

根据用户的反馈,游戏制作者不断地迭代与调整游戏,完善严肃游戏的合理性。具体步骤可以参考"游戏的软件工程"章节,这里主要说明评估方法,常用的评估方法有以下六种。

(1) 有声思维(Think-aloud Protocol)。

让受试者在游戏测试过程中,大声说出目前大脑内的活动与思考内容,测试人员对内容进行有声记录。

(2) 回溯式测试(Retrospective Testing)。

用视频设备记录玩家测试的过程,之后让整个测试组一起观看视频记录,并让他们解释测试中展现的行为。

(3) 启发式评估(Heuristic Evaluation)。

选择一组人,通常是相关专家,提供一组基本原则供他们使用。每位人员都独立完成测试,进而从不同角度发现工程漏洞与严肃游戏的不合理之处。

(4) 游戏测试(Play Testing)。

寻找专业的游戏测试人员,或者相关潜在用户与爱好者,对游戏展开测试,记录过程并撰写报告。

(5) 游戏分析(Game Analytics)。

反复试玩游戏并收集其数据,后期分析数据从而调整游戏系统、关卡与参数,重点用于游戏流分析。

(6) 基于生理学的游戏测试(Physiology-based Play Testing)

针对涉及医疗、运动等机体因素的严肃游戏,需要基于生理反应进行测试与记录,并撰写报告。

有声思维,在游戏测试里效果一般。目前来说,应用比较多的是回溯式测试和启发式评估。启发式评估可以很好地让玩家感受到问题到底出在哪里。回溯式测试则对于配有运动手环之类的运动健康类的严肃游戏,应用效果比较好。最近笔者参与了一个游戏组的启发式评估,他们做了一个帮助人们(不仅是女生)防止性骚扰的功能型、严肃型的桌游。通过一组人从不同的角度来审视,以寻找可能存在的问题,这就是启发式评估。游戏测试和游戏分析是正常娱乐型游戏都会使用的手段。涉及生理学的游戏,就需要专业人士做基于生理学的游戏测试。

提到严肃游戏,我们提倡挖掘游戏自身的教育意义,而非在教育内容上画蛇添足。如果游戏制作者想做一款很有意思的游戏,单纯用来娱乐,就不要思考该游戏如何产生教育意义。曾经有一位老师问我:"你看,像《和平精英》这种游戏有什么好(指有教育意义)的地方呢?"我没有回答这个问题,因为你为什么一定要让《和平精英》这种游戏加入这种"好"的东西呢?用户玩这种游戏就是为了娱乐,没有必要去感受教育。所以,如果游戏制作者希望去做一款严肃游戏,在一开始就要想清楚。

此外,游戏制作者一定要同时通过启发式评估和游戏测试去维系游戏过程中的游戏流,去贴近用户真正需要的特征目的,避免严肃游戏变成自嗨。有人在做严肃游戏的时候,可能一开始只想着"我要做一款严肃游戏去让他们学到什么",而忽略了对游戏流的维护,导致玩家觉得游戏体验很不好。

最后,重回"reality is broken",你会发现在我们生活的世界里,真实和虚拟的边界变得越来越模糊。而游戏就是击碎边界的利刃,同时是连接两个区域的通道。游戏也将作为一种传播信息的载体,在我们人类社会中扮演更为重要的角色。严肃游戏是我们未来可以挖掘游戏更多潜力的途径之一。

六、游戏化

游戏化是指独立于游戏这个本体,更多地着眼于生活方面。游戏化和严肃游戏存在一个共同点:它们都通过某种游戏的渠道或者借助游戏设计上的一些概念,来有效地对我们的生活做出一些有趣的改变。

或许你并不想成为一名游戏设计者,但如果你希望成为一个更有意思的产品经理,创造出更加有趣的产品,你一定要记住下面这句话——所谓游戏化,就是在非游戏情境下或者日常游戏中使用游戏设计技术的一种方法。

游戏化和严肃游戏的根本区别在于:严肃游戏全部基于模拟性质——不论设计者的理论多么一本正经,也不管设计者的动机再怎么高大上,从根本上来讲,进行操作的环境是虚拟的,使用者处在一个不会对自身造成实际伤害的环境中,而且可以反复通过 save/load 进行学习;但游戏化是完全基于现实性质的。回想一下你沉迷于某款游戏的状态,你希不希望这种沉浸于快乐中的状态在现实的工作和学习当中也同样感受到呢?毫无疑问,答案是肯定的。

概括来说,严肃游戏和游戏化的根本区别在于严肃游戏是电子游戏,是一个虚拟的环境,但是游戏化是在我们现实生活当中进行的,具有一定的危险性。所以,游戏化需要有道德和使用限制。

在这个全球化竞争的时代,技术并不算是一个很高的门槛,更强的参与性才是真正的竞争优势,而游戏化正为我们提供了增强参与性的方法。当今这么多互联网公司,几乎没有利用技术的压倒性优势完成降维打击的案例。优秀的互联网公司或许没有强大的技术支撑,但是很多情况下它们会通过游戏化的方法提升参与性来吸引用户。这个才是互联网竞争的核心关键点。

游戏化思维,就是利用现有的资源打造出引人入胜的体验,从而驱动参与者做出符合设计者预期的行为。游戏化思维和传统的思维是完全不同的。例如,当我们用传统思维去审视一些营销行为时,我们采取的判断标准包括定价、产品概念等;但是如果我们采用游戏化的思维,我们的思路将会是:人们需要购买你的产品或者使用你所提供的服务的根本原因是什么?说得更具体一些:他们的动机是什么?为什么要和你做生意?你能不能让你的东西、你的概念比其他的产品更具有吸引力、更好玩、更有趣?

所以游戏化思维和传统思维是两种完全不同的思维方式。传统思维更加专注于商业与产品设计；而游戏化思维会把用户视为游戏玩家，设计者扮演游戏策划的角色，与用户进行互动。

但是记住，游戏化是在现实中进行的，虽然游戏化的过程一般不能对用户有任何利益以及人身安全的威胁，但仍具有一定的危险性，因此存在着道德和使用的限制。并且，游戏化多带有实验性质，一般把它放在较为轻松的环境当中。例如，高考这种情境就不适用于游戏化，因为它不是一个轻松环境，并且与用户有切身利益的联系。总之，游戏化的根本目的是优化日常利益，但其提供者和接受者在游戏化过程中通常要遵循自愿原则，不能强迫他人参与游戏化。

另外，不要作恶。游戏化可以被用于吸引更多的用户，使得用户的使用过程更加具有趣味性，但游戏化绝对不是用来玩弄人性弱点的工具。而现在很多 App 以及互联网化的游戏，正在利用人性弱点来牟利。

最后，不要因为游戏化削弱系统本身。游戏化的目的是锦上添花，而画蛇添足的游戏化一定要避免。

游戏化的实践可以分为三大类型（见图 3-14）。

第一种是内部游戏化。内部游戏化指利用组织内的游戏化提高生产力，促进创新，增进友谊，或以其他方式鼓励员工，从而获得更多积极的业务成果。简单举例，在公司中老板希望提高员工的工作积极性，因此通过一些方法来激励员工，这样的激励手段就是内部游戏化。

第二种是外部游戏化。外部游戏化指通过游戏化获得更好的营销效果，改善企业与客户之间的关系，提高客户参与度及其对产品的认同感和忠诚度，并最终增加企业的利润。例如，在推出产品后，增强产品的用户留存度。

第三种是行为改变的游戏化，目的在于帮助用户养成更好的习惯。这种游戏化有些类似于严肃游戏，但它是在现实中直接进行的操作。例如，一些减肥类 App 就可以通过游戏化的方法帮助人更好地进行一些饮食习惯的改变，使得用户养成良好的饮食习惯。

图 3-14 游戏化主要的三个大类

一般来说，游戏化不可避免地会利用一些人性特征。一个人不论道德多么高尚，在不损害他人利益、不违反公序良俗的前提条件下，仍可能存在一些特殊的心理特征，比如虚荣、攀比、爱占小便宜等。另外一部分人可能会有其他心理特征，比如强迫症、完美主义情结、强烈的表现欲等。在不作恶的前提下，以上心理特征都是游戏化可以使用的范畴。

我们在进行游戏化时要考虑以下四个核心问题。第一，用户是否可以从被激励的行为中获得价值感？第二，设置的目标活动是否有趣？我们的生活中很多事情已经够艰难了，如果在游戏化时加一些无趣的内容，就更会让人觉得枯燥无味。第三，用户预期行为可以被固定的程序模式化吗？就是说，A 可以使用这个产品，那么 B 是否可以使用？如果 B 可以使用，那么 C 这个大的群组是否可以使用？D 这个所有的潜在用户的群体是不是也都可以使用？第四，游戏化是否会破坏现有的系统，或者说跟现有的系统矛盾呢？游戏化是否可以避免与现有的激励机制之间的矛盾？在正式进入游戏化的操作之前，一定要想好这四个问题。

1. 八角核心驱动力

前文我们提到操作过程中可以适当利用人性的弱点，即利用我们人类的一些基本的生理要素。简单来说，我们把这些要素归为八个核心驱动力，分别为使命、授权、社交、未知、亏损、稀缺、拥有和成就，如图 3-15 所示。图 3-15 的最上方被称为白帽，最下方被称为黑帽。比如，使命是很强烈的正向积极的冲动，就是白帽；亏损是很负向的逃避的冲动，就是黑帽。这些因素越靠上越积极，越往下越负面。但要提及的是，负面因素并非不能使用，有时候负面因素的效果甚至比正面因素的效果更好。比如，学生每天拼命学习，是为了什么？有同学当然是为了掌握知识和技能，以后找个好工作，成为一个有用的人；但肯定也有同学学习的目的是避免挂科，因为不认真学习就会挂科。这种害怕挂科的心理就是对亏损的恐惧，这就是个黑帽，但这种负面因素并非不好。

图 3-15 的诸多因素中，位置越靠左的就越靠近人们的左脑思维，越靠右的就越靠近人们的右脑思维。左脑思维更加依赖外在动机，右脑思维更加依赖内在动机。一旦过度使用外在动机要素，在停止使用这类激励后，会导致用户的内在动机比游戏化之前还低。

图 3-15 中列出的是八角核心驱动力的简称，从完整角度考虑，第一个因素我们称之为史诗意义和使命感，就是玩家认为自己做的事情所拥有的意义可能比事实本身更为重要。

在 App 使用过程中，我们经常会注意到使用伊始会存在"新手好运效应"，即所谓的新手大礼包或者新手的游戏必胜 BUFF（游戏中一种增益性的"魔法"）。它存在的意义在于，当有用户认为自己刚入门就能获得胜利，或者一开始使用它的时候，就获得了极佳的体验，用户就会觉得这是上天给予他们的"使命"，有了使命因素驱动之后，用户在后续的使用中就更愿意进行投入。这就是史诗意义和使命感的作用，也是所有驱动力中最为主动和最为强烈的正向驱动。

第二个因素是进步与成就感。进步与成就感指的是在取得进展、掌握学习技能、克服挑战时出现的快感，也是一种内在驱动力。设想一下，如果有一个能够将数据可视化的方法，把学生大学四年的知识量增长情况用图表的方式去展现出来，学生将会获得更大的驱动力。现在的情况是，除了成绩单，学生并不能对自己所积累的知识有一个较完整的认知，学生不觉得自己学了很多东西。但是如果这样的学习过程实现了可视化，学生看到自己的知识一

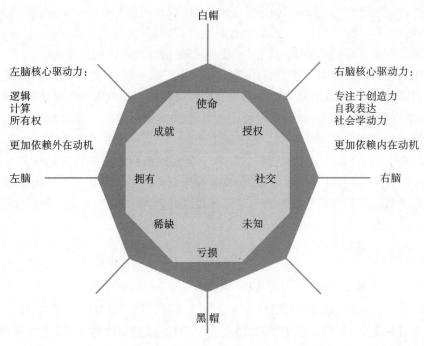

图 3-15　八角核心驱动力

点一点地积累起来,将会有很强的成就感。

这就是为什么在许多游戏中会涉及积分、勋章、排行榜等。人是存在攀比心跟虚荣心的,通过这种挑战与回馈满足玩家的攀比和虚荣心理,可以使玩家或者用户获得成就感,自愿去做更多的事情。

当然,如果一个系统没有挑战,只是一个单纯的"成就-徽章-排行"(PBL)属性概念,那它就只是一个让用户进行炫耀的满足虚荣心的工具,所以我们没有必要这么做。在游戏的任务设置中,你要让你的一些任务存在相应的困难,但玩家完全可以完成任务,这个时候玩家才会试图去做。比如,在学习中给学生设计一些成就任务,达成这样的成就任务之后,学生可以将成就挂在自己的胸章上面,他就会由此获得强烈的进步与成就感,这对他以后的学习会有极大的促进作用。这种方式也是很多手机游戏所使用的。

而在 App 设计中,进步与成就感的应用更多地体现在用户忠诚计划上。用户忠诚计划是指企业或合作企业联盟对于消费相对频繁的顾客(例如常旅客)提供的一系列购买优惠、增值服务或其他奖励方式,其目的在于奖励忠诚顾客、刺激消费并留住核心顾客,是实施关系营销的一种重要方式。比如,有一次笔者帮助来学院交流的教授订机票,即使有直飞航班但他偏要选择星空联盟的飞机多次转机。为什么他宁可转三次飞机花更多的钱,也要坐星空联盟呢,就因为他有星空联盟的积分,这毫无疑问是用户忠诚计划的一个核心表现。

再比如,博士阶段笔者实验室的同学在博士论文中研究的就是用户忠诚计划,包括航空公司和酒店的用户忠诚计划。他经常讲:"我研究什么?我教大家如何更优雅地开房。"笔者以前是一个对如何选酒店完全没有概念的人,拜读了他的作品之后,发现在住酒店中果然有许多诀窍,你可以通过酒店的各种游戏化手段,为自己争取一些优惠和利益。如果你有兴趣,可以去了解一下各个大酒店所采用的用户忠诚计划,并且尝试去利用这些计划为自己获取优惠。这种用户忠诚计划是利用进步与成就感这个内在驱动力最多的现实案例了。

第三个因素是创意授权与常绿。所谓创意授权与常绿就是驱使用户全身心投入创造性的过程,不断找出新事物并尝试新的组合。简单来说,就是类似于 Minecraft 用户可以在社区或者系统里面,自主地进行一些创造。设计师、产品经理无须过多地去干预这个社区或系统。它可以通过常绿机制来保持游戏的新鲜感。比如,《王者荣耀》《英雄联盟》、DOTA 这些游戏,需要不断地对游戏做平衡性调整,不断推出新英雄,来保持用户对游戏的新鲜感。但 Minecraft 的设计者就没有必要担心这些。

如果你设计的 App 中,存在一些可以让用户自创内容的板块,你可以好好考虑创意授权与常绿因素。留出这样的接口,可以让你的 App 变得更加有吸引力。

第四个因素是所有权与拥有感。简单来说,当人们拥有某件物品的时候,就会产生一种激励性,这就是所谓的所有权与拥有感。当一个人对于某种物品存在拥有感的时候,他自然会希望提升这件物品的各项性能。比如,学生在进入大学时买了属于自己的一台电脑,在购买的那个瞬间会对自己的电脑产生一种拥有感,希望对这个电脑各方面进行一番打造,或者使它的外观变得更加具有独特性,或者安装喜欢的软件。现实中,买车的人也是如此,买房的人更是如此。

这种所有权和拥有感,是我们人类积累财富时主要的欲望来源。为什么很多用户会花费大量的时间优化自己的账户资料和虚拟人物形象?比如,为什么一直到大二之前,大部分的人还是会用 QQ?是因为他们在 QQ 上面投入很多时间和精力,积累了许多东西,对 QQ 有一种所有权与拥有感,这种感觉使得他们保持对 QQ 的黏性。

这种情况,我们称为艾尔弗德效应,或者称为监视情节。当用户感觉产品的内容服务与个人化满足自己需求的时候,就会不断地去关注它,好比有人不断关注电脑,或者关注车,或者关注 QQ,甚至关注蚂蚁庄园等各种能产生所有权和拥有感的东西。产生这种关注之后,用户就不想再去用其他的同质产品了。

第五个因素是社交影响的关联性。社交影响的关联性就不需要过多解释了。我们经常看的 App 都存在一些社交方式,可以分享给朋友,甚至有些如果获得反馈,还可以得到相关的奖励。社交影响与关联性也是现在很多游戏常用的手段,但是一定要记住社交是一把双刃剑。如果用得好,社交能够成为用户散播相关内容最强大的动机之一。用得不好的例子也很多,比如一段时间拼多多做了一个社交推广的活动,很多人通过微信给笔者转发这样的内容,令人烦到透顶,体验感极差。在这个活动之前,笔者还对拼多多那么一点好奇心,想去试用一下,但在有很多人给笔者转发这样的内容之后,笔者这辈子都不会想用拼多多。所以 App 也好,游戏化行为推广也好,社交的影响与关联性都是有双面性的。如果合理运用,社交就是游戏化最为强大的动机之一,会取得显著效果;如果用得不好,就会影响用户的体验,所以进行游戏设计时不要为了一时之利不择手段。

第六个因素是稀缺性与渴望。稀缺性与渴望的存在就是因为人本身经常会有"吃着碗里的,想着锅里的"心理。人们想要获得某样东西的原因仅仅是它太罕见,或者它无法立刻得到。

对于稀缺性与渴望的通常的利用方式是任务机制和折磨式的休息。一个典型例子就是支付宝收集五福的活动,有时候不管人们怎么集福,都会差一个,之后人们为了集那个缺少的福，就不断地去跟人社交，进行交换。支付宝通过这种方法实现用户的使用与推广。这是一种对稀缺性与渴望进行利用的方式。

另外一种方式叫折磨式的休息，这是很多游戏和 App 常常会用到的。比如，一些手机游戏在玩到一定时间或者进度时，玩家就必须休息一个小时等待能量恢复，能量回满才能继续游戏。折磨式的休息也是在互联网经济和互联网产品中常常会用的方式。一些互联网化游戏经常存在折磨式的休息。这在游戏领域其实是作恶。当然，我们必须承认，这种方式在互联网或者 App 中是比较有效的。为什么叫折磨式的休息呢？想一想，隔一个小时，你的能量才能恢复，才能继续玩，这一个小时，你过得安心吗？你不安心，你一直记得这件事情，你的注意力全被这个事情分摊掉了。所以这个就是折磨式的休息，虽然让你休息一个小时，但你休息得并不安心。

对稀缺性与渴望的利用也包括对一些贪欲的利用。比如，快手的摇红包所得不过几块钱，甚至只有几毛钱。但是很多用户为了那几毛钱就要下载快手，所以这也是利用了人性的一些弱点。

第七个是好奇心与侥幸感。我们每个人都会有一些对未知的好奇心，这是一种天生的猎奇心理。当某样事物超出日常的大脑模式识别系统的认知时，大脑便进入高速运转模式，来关注这一突如其来的事物。

这里举个例子，日本在春节时，每个商家都会推出一种福袋。所谓福袋，就是你不知道里面有什么东西。比如，笔者去一个很大的电子城，里面就会有福袋，购买福袋后你有可能抽到 PS4，有可能抽到 NS，有可能只拿到一个 U 盘，也有可能是个录音笔，还有可能是照相机，但你不知道会是哪个。但是你所花费的钱是一样的。一大早从五点开始，各个商场门口以及各种服装店的门口，全是为购买福袋而排的长队。也许就是你抽到了 PS4 呢，但也许你去服饰店抽到了阿玛尼或者 Burberry 呢！盲盒也是这个道理。抽奖是一种滚动奖励，彩蛋是一种突然奖励，这些方式都可以激起人们的好奇心与侥幸感。这种好奇心与侥幸感的确可以吸引大量用户参与到系统里，这也是 App 在初期留存用户时可以使用的一个小小的手段。

第八个因素就是逃避亏损与小便宜。我们所有人都不希望坏事发生，不希望努力白费，因为我们不喜欢失去。正如学生不希望挂科，所以努力学习。这同样可以解释我们为什么会喜欢占小便宜。假设我们现在有一张可以优惠 20% 的电影券或者打车券，或者一个星期内使用可以三人同行一人免单的火锅消费券，大部分人都会去消费，因为人们不希望浪费掉这个打折券，浪费掉这个占便宜的机会。还有一些限时优惠、限量抢购等，都是利用人们爱占小便宜的本性，其实这就是一种逃避亏损感。利用逃避亏损与占小便宜的心理是很多 App 常常使用的方法。

最后其实还有一个隐藏驱动力，就是感觉。感觉是采取某一行动后，身体上的享受。与其他核心驱动力比，感觉是体感上的愉悦感，包括触觉、听觉、视觉、嗅觉和味觉上的愉悦感。当然由于互联网 App 的局限性，用户不可能有嗅觉或者味觉上的感知，但是我们还是可以利用触觉、听觉跟视觉来让用户感官上的体验更加舒适。而现实中的很多游戏化是可以涉及触觉、味觉甚至嗅觉的，我们会在游戏化中大量使用感觉这一隐藏驱动力。

2. 有效实现游戏化

有效地实现游戏化需要以下六个步骤。

(1) 明确动机目标。我们想要明确的是游戏化系统针对的特定目标，比如提高客户忠诚度、建立品牌忠诚度、提高员工的工作效率等。明确目标时，按照每一个潜在目标的重要性将其排序，删除不必要的动机目标。

(2) 划定目标行为。衡量用户的行为，最好能将行为和指标结合起来考虑。目标行为应该是具体而明确的，例如，在网站上注册一个账户、在社区上发表评论、至少活跃 X 分钟、每周 Y 天在朋友圈或微博上分享服务信息、对他人的建议进行评论或投票、访问 APP、购买某种商品或者服务等。

(3) 用户需求分析。关于用户需求分析，我们会在"需求与用户"章节具体细说。

(4) 制定活动周期。例如，"动机—反馈—行为"回路的一次迭代大概需要多长时间。

(5) 不要忘记乐趣。乐趣有不同的维度和程度，常见的有以下四种不同类型的乐趣。第一类是挑战乐趣（hard fun），即在成功应对挑战或解决难题时体验到的乐趣，克服困难本身就是有趣的。第二类是放松乐趣（easy fun），即休闲享受，这是一种不过度消耗自己的休闲方式。第三类是实验乐趣（experimental fun），即尝试新的人物角色和新的游戏体验带来的享受。第四类是社会乐趣（social fun），即乐趣依赖于与他人的互动。

(6) 部署适当工具，选取适当的（运作）机制和组件，并将它们编入系统中。例如，积分、徽章和排行榜等。

当然，对于游戏化，没有任何捷径可以走。唯一的成功方法就是基于原理，不断地进行测试和重复的检验。为什么产品经理常说要迭代？迭代到底迭代什么东西？其实很多时候都是迭代用户的需求。设计者需要部署好游戏化，把它作为自己的方法论，但不要用它作恶，这样可以使其产品变得更加耀眼。

七、章节总结

(1) 如果一款电子或桌面游戏，拥有至少一个明确的现实模拟附加动机，则我们可以称该游戏为严肃游戏，而这些附加动机则被称为特征目的。

(2) 游戏化就是在非游戏情境下或者日常游戏中使用游戏设计技术的一种方法。

(3) 严肃游戏可以用来反向强化用户自身的游戏素质，可以用作对用户进行激励的手段；能让用户产生情感共鸣；可以让用户强化记忆，强化学习可持续性。

(4) 绝对不能用游戏化作恶。

(5) 游戏化的实践为三大类型——内部游戏化、外部游戏化和行为改变的游戏化。

(6) 游戏化有八种核心驱动力——使命、授权、社交、未知、亏损、稀缺、拥有和成就。

推荐阅读

[1] 简·麦戈尼格尔.游戏改变世界:游戏化如何让现实变得更美好[M].闾佳,译.杭州:浙江人民出版社,2012.

[2] 简·麦戈尼格尔.游戏改变人生:如何用游戏化应对压力、挑战和痛苦[M].闾佳,等译.北京:北京联合出版有限公司,2018.

[3] 詹姆斯·保罗·吉.游戏改变学习:游戏素养、批判性思维与未来教育[M].孙静,译.上海:华东师范大学出版社,2020.

[4] Yu-kai Chou.游戏化实战[M].杨国庆,译.武汉:华中科技大学出版社,2017.

 ## 课后作业

1. 结合你的专业知识和相关研究,你认为自己适合开发哪种严肃游戏?该严肃游戏有什么特征目的?

2. 试着玩一下本章提到的严肃游戏,并对其做出分析。

3. 试着将八角核心驱动力的游戏化活动融入你的生活和工作中。

第 4 章 游戏系统与结构分析

> **学习目标与要求**
>
> 1. 熟悉 MDA 框架的概念及其使用。
> 2. 理解分层四元法的框架和意义。
> 3. 明确游戏人的责任和目标。

一、游戏的框架

开启本章之前,我们需要了解机制(mechanism)和规则(rule)的区别,并思考如果规则没有问题,那么机制是否也一定没有问题。比如考试,我们常常听到"考试的规则",但很少听到"考试的机制"。实际上,考试也是有机制的,例如高考机制、四六级考试机制……其实看到 mechanism 一词的词根,我们也能体会到"机"所代表的含义是动态的。

下面我们以法律作为案例,来详细阐述规则与机制的区别。我国曾有一个罪名叫嫖宿幼女罪,它的定义为"嫖宿不满十四周岁的幼女,从而构成的犯罪"。而强奸罪的判定条件之一是"与不满 14 周岁的幼女发生性关系"。两种罪名的区别在于:前者着重强调了幼女在主观意志下同意性行为并以此来获取利益;嫖宿幼女罪最高仅能判 15 年,强奸罪最高可判死刑。因为在实际判案中,我们往往无法准确定性幼女是否真正具有主观卖淫的意愿,出于两项罪名之间规则的冲突和对未成年人的保护,在 2015 年,"嫖宿幼女罪"被正式删除。这个案例能很好地说明法律中关于规则的冲突问题。下一个案例涉及的则是法律中的机制问题。在刑法中有一项罪名是虐待罪,它的定义是"经常以打骂、禁闭、捆绑、冻饿、有病不给治疗、强迫过度体力劳动等方式,对共同生活的家庭成员进行肉体上、精神上的摧残、折磨,情节恶劣,从而构成的犯罪"。其中一旦致被害人重伤甚至死亡,最高可以判处施暴者 7 年有期徒刑。在这里,该罪名就与故意杀人的罪名产生了机制的冲突问题:虐待致死最高仅判 7 年,而故意杀人最高可判死刑,当 A 杀死了 B,同时 A 与 B 又是家庭成员的关系的情况下,我们无法判断 A 是具有主观杀人意愿还是出于虐待 B 而不小心致其死亡。理论上,虐待罪和故意杀人罪的规则是不冲突的,但是两者放在一起时,就产生了两条法案之间机制的冲突。一位人大代表曾提出关于"离婚时过错更多的一方应当分得更少的财产"的提议,从道德正义上来讲,这是一条很好的提议,但是如何去量化婚姻中的"过错",我们无从知晓,因此它也有机制上的问题。

规则更加细化,而机制更加宏观。一般而言,如果游戏的规则已经有了问题,那么机制也会有问题;即使游戏的规则没有问题,在游戏呈现给多种多样的玩家的时候,游戏会受到全方位的试炼,这种情况下也很难保证一个游戏的机制没有问题。

二、游戏学流派与模型

在游戏学里,主要可以分为以下三大流派。

(1) 叙事流派。叙事流派起源于20世纪60年代的北美。在当时,游戏被认为是一个新兴的事物,大部分研究角度来自传统媒体。研究者认为电子游戏是一种类似于戏剧的媒介形式,是继小说、戏剧和电影之后的新的叙事表现形式,应该使用叙事学的理论对其分析和解剖。因此,叙事流派认为,叙事是游戏研究的核心问题。

(2) 游戏学流派。游戏学流派认为游戏设计、人机交互和玩家间的互动才是研究关注的重点。丹麦皇家科学院院士爱斯潘·阿尔萨斯(Espen Aarseth)在2001年创办了网络学刊《游戏研究》(*Game Studies*),标志着"电脑游戏研究的元年"的开启。

(3) 信息科学流派。信息科学流派主要从信息科学的发展角度审视游戏,信息科学流派更多地从游戏数学模型、博弈、技术等方面对游戏进行研究。其中比较有影响力的组织是ICGA(International Computer Games Association)。

1. MDA 框架

上文所介绍的三大流派中,影响力较大的为第二个流派——游戏学流派。这个流派提出了一个很重要的框架——MDA框架。该框架由罗宾·胡尼克(Robin Hunicke)、马克·雷布兰克(Marc LeBlanc)和罗伯特·祖别克(Robert Zubek)首次提出,MDA中三个字母分别代表机制(Mechanics)、动态(Dynamics)和美学(Aesthetics)。其中,机制指的是游戏数据层面上的组件和算法;动态是游戏中相应玩家输入和输出的实时行为;美学是指玩家与游戏交互时唤起的情绪反应。基于MDA框架理论,设计者倾向于优先从美学角度看待游戏,确定了美学之后,他会反向寻找激发这些情感的动态,并利用游戏机制来创造出这些动态。我们在描述美学时,应尽量避免使用诸如"有趣"和"爽"之类的词汇,而是使用更具针对性的词汇。

MDA框架在2001年在游戏开发者大会上被首次提出,2004年作为论文研究主题被发表,读者可以在谷歌学术中找到这篇经典的文章(见图4-1)。

设计者和玩家在看待同一款游戏时,视角是不一样的。设计者倾向于优先从美学角度看待游戏,通过游戏来向玩家传递情感。如前所述,设计者通常会先确定游戏的美学,从而反向寻找激发这些情感的动态,并最终利用游戏机制创造动态。但作为玩家,看待游戏的视角则是相反的。首先,玩家会先接触到体验机制(比如游戏规则),然后通过玩游戏来体验动

MDA: A Formal Approach to Game Design and Game Research

Robin Hunicke, Marc LeBlanc, Robert Zubek

hunicke@cs.northwestern.edu, marc_leblanc@alum.mit.edu, rob@cs.northwestern.edu

Abstract

In this paper we present the MDA framework (standing for Mechanics, Dynamics, and Aesthetics), developed and taught as part of the Game Design and Tuning Workshop at the Game Developers Conference, San Jose 2001-2004.

MDA is a formal approach to understanding games – one which attempts to bridge the gap between game design and development, game criticism, and technical game research. We believe this methodology will clarify and strengthen the iterative processes of developers, scholars and researchers alike, making it easier for all parties to decompose, study and design a broad class of game designs and game artifacts.

methodology will clarify and strengthen the iterative processes of developers, scholars and researchers alike, making it easier for all parties to decompose, study and design a broad class of game designs and game artifacts.

Towards a Comprehensive Framework

Game design and authorship happen at many levels, and the fields of games research and development involve people from diverse creative and scholarly backgrounds. While it's often necessary to focus on one area, everyone, regardless of discipline, will at some point need to consider issues outside that area: base mechanisms of game systems, the overarching design goals, or the desired experiential results of gameplay.

图 4-1 关于 MDA 的经典论文

态，最后才会体会到设计者一开始预想的美学，如图 4-2 所示。

图 4-2 设计者和玩家看待游戏的不同视角

（注：左边为玩家，右边为设计者）

那么作为设计者，首先要思考清楚自己要创造的美学是什么，以及如何利用一个合理的机制创造出动态，然后让玩家体验到这种美学。

我们来看一个例子。图 4-3 是一种最基础的进退棋，名为《梯蛇棋》，玩家通过掷骰子得到奖励加速前进固定的格数或者回退格数，先到 100 的玩家获胜。这个游戏的美学体现在掷骰子过程中的不确定感，但是这个纯靠运气的机制对于一位心智较为成熟的玩家来说，稍显无趣。如果希望让玩家体会到更多的策略与思考的乐趣，就需要改变它的机制。这时规则就不局限于掷骰子了，可以引入更多的棋子、更多的碰撞规律。通过改变这些机制，玩家的操作方式就会发生改变，从而该游戏从一个单纯的掷骰子游戏变为一个带有策略的游戏。这就是 MDA 的核心思想，即如何抓住用户乐趣所在。

对于各种各样的美学，我们需要找到合适的词去描述，避免用"游戏很爽""有很多乐趣"这样泛泛的无实际美学意义的词语。因此，我们需要一个归纳美学的方法，关于这一点我们可以详细参阅第 5 章的相关内容。

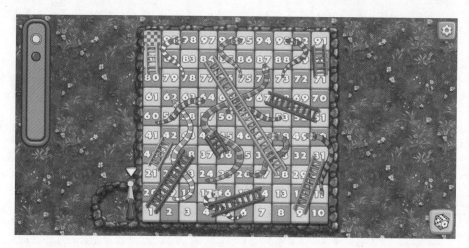

图 4-3 《梯蛇棋》游戏

2. FDD 框架

FDD 框架是由特雷西·富勒顿（Tracy Fullerton）和克里斯·斯温（Chris Swain）在《游戏设计梦工厂》中提出的框架，FDD 中的三个字母分别代表形式（Formal）、戏剧（Dramatic）和动态元素（Dynamic Elements）。FDD 框架专注于实打实的分析工具，帮助设计者改进游戏和打磨创意，它与电影学有着千丝万缕的关系。FDD 相较于 MDA，更注重细分游戏设计的各个组成部分，其具体含义如下。

（1）形式：区分游戏与其他媒体的要素，包括规则、资源和界限。

（2）戏剧：游戏的剧情和叙事，包括设定戏剧元素让游戏成型，帮助玩家理解规则，促使玩家与游戏产生情感共鸣。

（3）动态：游戏运行的状态，包括决策、行为和游戏实体间的关系（需要注意的是，FDD 框架中动态的含义比 MDA 框架中的含义范围更广）。

3. 四元法

四元法由杰西·谢尔（Jesse Schell）在《游戏设计艺术》中提出。四元法是指把游戏里面所有的核心组件分为四个内嵌元素：机制、美学、技术和叙事（见图 4-4）。这里的机制指的是玩家和游戏互动的形式，包括规则、目标和其他形式元素（与 MDA 框架中的机制有所区别）；美学解释了游戏如何被五感接受，更注重于观感上给玩家带来的影响，例如游戏中精美的画面、好听的音乐、桌游包装盒带有的独特香气等（MDA 框架中的美学更多指的是游戏触动的情绪）；技术涵盖了游戏使用的所有技术，最明显的就是主机硬件、计算机软件、数学机制、模型等；叙事指游戏中的剧情，包括背景和人物。

这四元中，玩家最容易接触到的是美学，最难接触到的是技术。例如，哪怕是不玩游戏的人，即使是无意间看见了游戏中的画面，听见了游戏中的音乐，就相当于接触到了游戏中的美学部分。对于机制和叙事，玩家进行游戏的时候就可以接触到。对于技术，除非是游

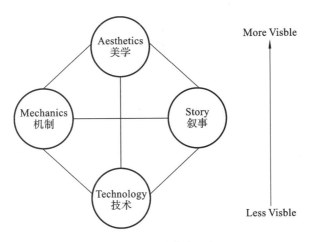

图 4-4　四元法内嵌元素

的开发工作人员或者资深的游戏玩家，一般人是无法注意到游戏的底层技术是什么的。所以，如果你是一个游戏设计新人，现在要做一个新游戏，你将从什么角度切入——机制、美学、技术还是叙事？如果把做游戏比作做菜，那么叙事是调味料，机制是食材本身，美学是摆盘效果，而技术是各类烹饪技术。

单纯用 MDA 框架、FDD 框架或者四元法来描述整个游戏产业和游戏本身系统中的框架是远远不够的，因此接下来我们引入了一个新的游戏学的框架——分层四元法（The Layered Tetrad）。

三、分层四元法

众所周知，计算机网络分为 7 层（可简化为 5 层），即应用层（Application）、表现层（Presentation）、会话层（Session）、传输层（Transport）、网络层（Network）、数据链路层（Datalink）和物理层（Physical），每一层都有自己的视角与科学意义。游戏的系统策划也是一样的，特别是在系统设计游戏的规则之前，我们一定要弄清楚游戏的层级。

分层四元法与计算机网络分层具有相似性，它是多种游戏分析框架的结合与扩展。它不是用来定义游戏的，而是作为一种工具，帮助我们理解创作游戏的各类要素，以及这些要素在游戏内外的意义。同时，分层四元法也可以拓展到游戏以外的其他媒体中，包括动漫、影视剧等。

分层四元法把游戏分为三层：内嵌层（Inscribed Layer）、动态层（Dynamic Layer）和文化层（Cultural Layer）（见图 4-5）。其中每层都有四元法中的四个元素：机制、美学、技术和叙事。

内嵌层主要是游戏的开发人员（创建游戏、编码游戏的工程师等）看待游戏的一个视角。动态层是在游戏运行的时候用户看待游戏的一个视角，它的必要条件是用户已经开始进行游戏。其中，玩家是静态内嵌层到动态层的关键，动态层所有的元素都来自玩家在游戏中不可控的行为，包括玩家控制的各类元素和它们交互产生的效果。文化层是从游戏与社会的

图 4-5　分层四元法

关系的角度,以群体视角来看待游戏。这个视角,设计师无法进行控制,一部分玩家也无法进行控制,以文化层的视角来看待游戏的人有时候甚至不是玩家,这个视角下所展现的东西有时候会脱离游戏。

在本章中,我们会更多地以设计者的视角来探讨游戏。自底向上,我们先从内嵌层来讲述游戏。

四、内嵌层

四元素的定义和四元法的定义类似,内嵌层的四个元素包括机制、美学、技术和叙事,但这四个元素仅仅存在于游戏本身的层面,也就是设计者层面(见图 4-6)。

机制即定义玩家和游戏互动的系统;美学描述了游戏的感觉;技术即所有驱动游戏运行的技术;叙事包含背景、角色和情节。

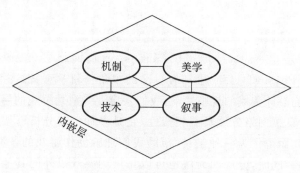

图 4-6　内嵌层四元素

1. 内嵌机制

内嵌机制是游戏设计者(系统策划)最了解的内容,它包括以下几种元素。

目标:包括玩家在游戏中的目标,即玩家想要达成什么。例如,在玩家游戏过程中,可以给出一些指示性的标识来引导他的行动。

目标冲突:例如在桌游《大富翁》中,玩家的游戏目标是获取最多的金钱,但前期游戏要求玩家尽可能花钱购买土地,这导致短期目标和最终目标产生冲突,并引起玩家的意犹未尽感。

玩家关系:定义玩家之间如何战斗与协作。所有游戏的规则与机制都是建立在玩家关系之上的。在数值策划中,所有的数值都为玩家关系服务。

规则:明确和限制玩家的行为。

边界:定义游戏的界限,给出属于游戏的范畴。

资源:包括游戏边界内的财产和价值。

空间:定义游戏区域和可能的交互行为。

表格:保存游戏的数值与数据。

(1) 目标。

首先,目标要有突出的紧要性,明确游戏中什么事情是最重要的,用标识吸引玩家去达成。例如《三国杀》中反贼最重要的目标是杀死主公。如果把高考也比作一场游戏,那么高中生最紧要的目标就是考上自己理想的大学。

其次,目标要突出重要性。除了游戏中最紧要的内容之外,目标对于不同的游戏玩家,重要程度是不同的。比如,游戏里通常有主线和支线,不同类型的玩家对于主线和支线的安排会有所不同,游戏应确保自身适合喜好不同玩法的玩家。如果把大学生活比作一款游戏,那么有的同学的主线是考研,支线是出国;而有同学的主线是出国,支线是保研……每个人目标中的主线和支线是不一样的。

在游戏中,目标的紧要性和重要性都需要在视觉上进行体现。例如《三国杀》中,主公牌的颜色是红色,忠臣是黄色,反贼是绿色,内奸是蓝色。因为所有游戏都是围绕着主公来开展的,而红色最能吸引人的视觉,所以设计者选择用红色代表主公牌的颜色。而蓝色作为一种冷色调,最不容易吸引人,因此蓝色用于代表最不希望自己被注意到的内奸。

(2) 目标冲突。

游戏设计者常常会选择目标冲突来增强游戏的趣味性。例如,在《大富翁》中,游戏的宏观目标是结束时获得最多的金钱,但是玩家必须花费金钱来投资房地产和酒店,以在之后挣到更多的钱。从短期来看,投资会带来利益损失,但是长远来看,玩家可能会得到收益回报。《大富翁》中的短期目标和长期目标发生了冲突,两者此消彼长,玩家在这种矛盾的目标中能体验到挑战的趣味性,产生意犹未尽的感受。

目标的定义必须十分清晰,可读可见,易于理解。如果玩家在进行一个游戏时不理解自己需要做什么,那么他很容易产生疲倦感,就如同把一个人扔在没有地标的陌生地方,他一定会产生不安与恐惧感。

下面我们来看两个例子。

第一个例子如图 4-7 所示。该图来自《生化危机 2:重制版》的里昂线。里昂从城外开车进入城内时,车发生了爆炸,他与克莱尔分开后,相约在警察局会合。在这混乱的场景中,里昂被爆炸的火光包围,周围随时都可能会有突然袭击的丧尸,你的第一反应是往哪个方向继续行动?

相信大多数人的答案都很明确,就是图右上四分之一处的灯光处。在黑夜中,最容易吸引玩家的一定是与黑暗形成反差的光明。在这种情形下,火光和灯光都能吸引我们的注意

图 4-7 《生化危机 2：重制版》

力,而为了达到安全会合的目标,只要是认知正常的玩家都会选择走向更加安全温和的灯下面。事实上,在游戏中,当角色走到这个灯下面时,会发现另外一盏灯,而那盏灯指向的正是通往警察局的路。

第二个例子来自游戏《塞尔达传说:荒野之息》,图 4-8 所示的是林克站在悬崖上往外看的视角。一眼看过去,吸引我们的一定是远处的正在喷发的火山、城堡和悬崖下的树林。游戏用这种方式很好地把玩家的目标定义出来了。

图 4-8 《塞尔达传说：荒野之息》

(3) 玩家关系。

玩家关系指玩家的交互模式,通常有以下七种关系。

① 单人对抗游戏:也就是单机游戏,目标就是打通游戏。如《时空幻境》是典型的单机游戏和解密神作,玩家的目标就是通关(见图 4-9)。

② 多人对抗游戏:数个玩家协作,每个人都有不同的目标,彼此合作但交互不多,各自完成自己的任务。比如,玩家在玩《最终幻想 14》副本的时候,虽然会有多个玩家一起打游戏,但是他们的目标和想法可能不是一致的,而是各自完成各自的任务,玩家之间不会有深入的交流,如图 4-10 所示。

图 4-9 《时空幻境》

图 4-10 《最终幻想 14》

③合作游戏：数个玩家一起通关，且目标完全一致。比如，《胡闹厨房 2》就需要两个玩家拥有同样的目的，一起合作去进行游戏（见图 4-11）。当然，此类游戏还包括 TGA2021 的年度最佳游戏《双人成行》。

④玩家对玩家：击败对方玩家，通常为 seesaw game（拉锯战游戏）。简单来说，就是此消彼长的零和游戏。这类游戏中典型的电子游戏如《星际争霸 2》（见图 4-12）。

⑤多方竞赛：类似玩家对玩家，只是人数更多且相互对抗。大家熟知的《绝地求生》就是这类（见图 4-13）。

图 4-11 《胡闹厨房 2》

图 4-12 《星际争霸 2》

图 4-13 《绝地求生》

⑥单方竞赛：一个玩家对一队玩家所引申出的非平衡对抗。例如《狼人杀》（见图 4-14）、剧本杀、第五人格等的游戏模式。非平衡对抗虽然在人数上不平衡，但是在规则和机制上需要平衡。

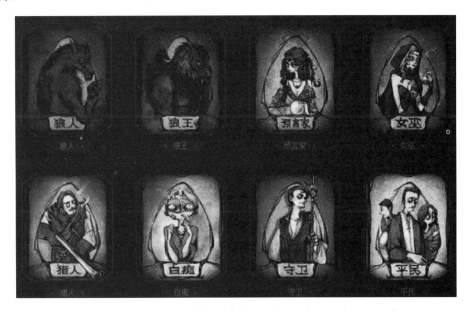

图 4-14 《狼人杀》

⑦团队对抗：两队玩家相互对抗。团队对抗的典型游戏是 DOTA2（见图 4-15）。

图 4-15 DOTA2

不管哪一种玩家关系，都遵循以下的逻辑链条：玩家关系和角色由目标定义；而游戏的核心机制与规则，又由玩家关系定义。例如，《魔兽争霸》中很少有官方承认的 2V2 的比赛出现，原因在于，这款游戏的机制是在玩家 solo 对抗上建立的。当有 2V2 的情况时，某些特定组合的强度会产生 1＋1＞2 的效果，即当 solo 机制下建立起的游戏进行多人对抗时，这款游戏的平衡就被打破了。

（4）规则、边界与资源。

规则：用于限制玩家的行动，是设计者意图最为直观的体现。除了明文规则外，也有暗示性的规则，比如玩扑克牌的时候，规则就暗示了玩家不能把牌藏起来。关于游戏规则的具体制定我们会在后面的章节详细介绍。

边界：游戏规则的适用范围。比如在澳门将筹码带出赌场，那么该筹码就失去了游戏价值。大部分体育运动中，是禁止单挑的（除了冰球）。但有些时候，随着 AR 游戏的发展，边界会变得模糊。

资源：游戏驱动过程中的价值物品。这些价值物品可以是资产，也可以是数值，它包括人物的血量、经验值、时间等。我们在设计游戏时需要将可能涉及的数据全部罗列出来，因为只要是数据就有可能变成游戏中的资源，可以驱动游戏。游戏中的设定越多，游戏的价值也会越多，游戏的机制也就越复杂。

（5）空间。

空间的目的：在设计游戏时，我们往往需要专业的建筑师来对游戏的空间进行专业的规划。关于空间的目的，感兴趣的读者可以去看一些建筑规划相关的书籍与理论。在空间中可以明确地标识出短、中、长期目标，即空间中的多层目标。开放地图中的难度区域可以用不同的等级或者颜色来标识。

空间的流程：主要涉及空间是否适合推进或者限制玩家行动，背后有何动机。

空间的地标：让玩家在虚拟 3D 空间记住地形比在现实中更难，因此更需要在虚拟场景中设置地标，并让玩家围绕它行动。放置玩家容易识别的地标可以节省玩家查看地图的时间。

空间的体验：玩家在空间中活动时产生的体验需要得到保障。例如飞行棋用螺旋式的方式来设计地图，其目的不光是节约纸片，也是限制玩家的行动，保障玩家的体验。

（6）表格。

表格是控制游戏平衡性的关键，它不仅可以描述数字，也可以记载各类游戏的组件。用表格来记录数据能让我们的策划思路和记录更加清晰和明确。

设定：游戏中各种元素的设定，例如生命值、血量、技能等。将它们放在 Excel 表格里，可以方便我们在策划时使用 Python 来分析数据，在协助开发人员进行面向对象编程时也可以使用这些表格。

概率：用来定义特殊场景下的可能性。

进程：展示游戏中的数据与成长进度。

试玩数据：用于记录设计者和试玩玩家的体验。

2. 内嵌美学

内嵌美学指的是游戏带给人情感上和五感上的美学感受（目前技术上味觉还无法实现），可以帮助游戏营造情绪氛围。作为游戏中最容易让人接触的一种元素，美学在情绪引导方面，比机制要有效得多。

视觉：五感中视觉最引人注目，玩家看到的一切都会影响其对游戏的印象与体验，所以我们需要在色觉信息上做一些调整。例如前文提到的《三国杀》将主公牌做成红色，内奸牌做成蓝色。

听觉：游戏中音效的拟真度仅次于视觉，它包括游戏中的音乐、音效和对话等。在设计游戏音效时，为了提升玩家的游戏体验，我们需要注意玩家在进行游戏时可能出现的背景噪声。例如，大部分手游玩家的游戏环境可能会比较复杂，有可能在地铁上、街上等。这种情况下，玩家会用到耳机，因此音效最好是根据耳机的特质来进行设定。如果开发一款主机游戏，大部分玩家会使用音响公放的方式，这时候音效最好是根据音响的特质来进行设定。

触觉：在桌游中，触感对于玩家来说是最直观的体验，玩家可以通过对道具的触摸来判断这款桌游硬件质量是高档的还是廉价的。电子游戏中，设计者要考虑手柄的手感和玩家操作时的疲劳感，可以在玩家进行一些操作时给出相应的手柄震动的反馈，提升玩家游戏体验。

嗅觉：一般针对的是桌游的印刷与包装气味。目前电子游戏中不太会涉及嗅觉的体验。

3. 内嵌叙事

内嵌叙事的组件包括前提、设定、角色和情节。以上组件是游戏文案策划需要考虑的核心内容。关于叙事的详细解读可以翻看本书的第7章和第8章。

内嵌叙事的目标有以下几种。

（1）唤起情感。叙事与故事可以直接唤起用户的情感。我们在前面谈过，玩家大致可以分为主情与主智两种，优秀的叙事可以让游戏中无聊的机制正当化，能大大满足主情玩家的情感需求，增强游戏的带入感。

（2）增强动机和理由。操纵情绪，同样可能促使玩家采取行动，使行为合理化、正当化。

（3）进程和奖励。用过场讲故事或奖励玩家，帮助玩家了解游戏。例如《使命召唤》在关卡切换的下载过程中，为玩家播放与游戏内容相关的背景故事。

（4）加强机制。某些规则用叙事的方式来表达比用苍白的数字或规则进行说明，更容易让玩家有沉浸感。

下面我们来看一个案例——《旅行串串》（见图4-16）。游戏的背景是一个很浪漫的故事：年轻的男女主决定改变自己北漂的生活，他们辞去工作，拿出积蓄买了一辆房车，这辆房车一边用于两个人在全世界四处旅行，一边用来卖串串获得一点收入。

图4-16 《旅行串串》

如何卖串串呢？我们每到一处地方的时候，首先需要在房车内用《2048》的游戏模式来合成串串。在这里，游戏的叙事给了我们进行游戏的合理动机和理由，并且将《2048》模式的合成串串机制合理化。为了增强玩家的成就感，在完成一定数目的关卡后，游戏还会给玩家展示这对情侣在世界各地的打卡照片，大大增强了游戏的趣味性。

4. 内嵌技术

内嵌技术是一个优秀的游戏设计者最了解的内容，设计者要尽量熟练地掌握一门计算机语言，这在调整游戏数值、对游戏进行测试的时候将大有用处。

桌游中的技术包括数学模型、随机（例如骰子、牌的使用）、状态记录（玩家的分数、RPG游戏中复杂的人物属性表等）和进度（玩家升级时能力的提升等）。

电子游戏技术则涉及引擎、编程语言、数据结构与算法、数学模型等。内嵌技术是数值策划和系统策划的核心部分，有助于设计者对游戏进行调整和设计。我们会在后面的章节中详细介绍技术调整机制以及制定规则的方法。

五、动态层和文化层

（一）动态层

动态层的四元素的定义和内嵌层一样，一旦玩家开始游戏，就从内嵌层走向了动态层，如图 4-17 所示。玩法、策略和玩家选择在这个层面涌现（简单的规则也能产生复杂的动态行为）。

机制：指玩家如何与内在元素互动，包括过程、策略和涌现行为等。
美学：指玩家在游戏过程中创造的美学元素。
技术：指游戏代码启动后的技术，比如 AI、随机性的问题。
叙事：游戏过程中产生的剧情。

1. 动态机制

动态层中的动态机制将互动媒体与其他媒体区别开来，使动态媒体成为游戏。动态机制包括步骤、有意义的玩法、策略、规则、玩家意图和结果。

动态机制需要提供有意义的玩法：既要玩家可识别，又能被整合到更大的游戏中。即动态机制有两条重要的前提。一是可识别，即玩家行为产生的后果是可见的。例如，法律规定了人们什么事能做，什么事不能做，类似地，动态机制要让玩家清楚做每件事情的后果。二是相互协调，如果玩家知道自己的行为会影响游戏结果，这就叫协调。如果玩家在进行游戏时，做出的每一项选择都不能对结果产生任何影响，那么玩家的操作就是无用的，玩家的行为没有意义，玩家就会很快丧失兴趣，所以我们需要避免游戏中出现太多无意义的内容。

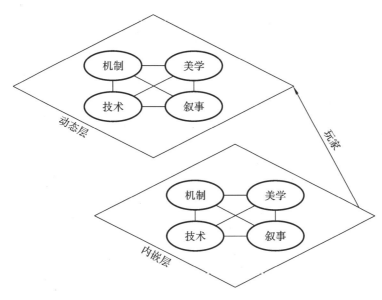

图 4-17 动态层的四元素

2. 策略

动态机制存在最优策略,也就是说,玩家迟早会找出游戏的最优解(或者借助 AI 找出最优解),并且功利化地利用最优解。如果我们希望自己的游戏使用寿命更长,就要将规则和选择设计得更加复杂,以防玩家迅速找到最优解并对游戏丧失兴趣。在第 9 章"游戏规则与博弈论"的章节,我们会涉及更多具体的内容。

对应地,我们需要在游戏中进行策略性设计:为玩家提供一些选择困难的场景,引导玩家进一步思考,提升游戏难度。

另外,在策略层可能出现玩家自定义规则的行为:玩家在玩游戏时,可能会对制作方的规则产生不满,进而自行修改规则。这是许多人尝试设计游戏的开始,但即使是细小的改动也会大幅度地影响游戏。关于玩家自定义规则的行为,我们举一个例子——《三国杀:国战》游戏的诞生。《三国杀》游戏本身的缺陷是:一旦主公的身份暴露,游戏将很快结束。为了弥补这个缺陷,增加玩法多样性,有人制定了名为"国战"的规则,这些规则经过多方实践后被证实确实能提升游戏的趣味性,因此这些规则后来被《三国杀》官方收录,诞生了《三国杀:国战》。

动态机制会使游戏产业出现多种结果。一般来说,大多数游戏都有下列四种结果。

直接结果:每个独立行为都有结果。比如打击敌人会命中或者被闪避。

任务结果:任务完成之后的奖励与结算,标志着一小段故事的结束。

积累结果:玩家花费时间、精力朝着一个目标努力的结果,直至最终达成目标。

最终结果:游戏结束时的最终结果(有时候包括坏结果、正常结果、真实结果等)。

3. 动态美学

与动态机制类似，动态美学也是在游戏进行时产生的。动态美学大体上分为三类：过程美学、环境美学和体贴玩家。

过程美学是游戏中直接由代码生成（或者在桌面游戏中利用机制生成）的音乐和美术，包括过程美术中的粒子系统、过程动画，以及过程音乐中的编曲和重排（横向重排、纵向重排）。其中，横向重排是根据设计者对当前游戏氛围的需要，重新排列预先录制好的音乐段落。例如，游戏中某主角在发言的时候，为了渲染气氛，可以依据情节需要设定不同节奏的背景音乐。长音乐用来循环播放，短促音乐用来掩饰不同音乐间的过渡。而纵向重编是对同一音乐段落的多条音轨分别实施启动或禁用操作。例如，主角有一段 BGM，在温馨的环境下，这段 BGM 是一种温馨的旋律，而在作战的情况下，这个旋律被编排得慷慨激昂。过程编曲相对来说极为少用，因为它花费的时间最多，其是通过程序实时编曲。

环境美学是进行游戏的环境，不大受开发者控制。首先是游戏视觉环境，具体包括亮度和分辨率。例如，手游玩家在地铁上、黑暗中玩游戏就处于不同的游戏视觉环境。在不知道游戏玩家的游戏环境时，我们要提前预测，并为玩家提供不同场景下亮度和分辨率的调整功能。其次是游戏声音环境，我们不好预测玩家进行游戏的场合和噪声情况，因此可以在一些游戏中为玩家提供字幕功能。

最后要注意体贴玩家，如在一些游戏开始前，为色盲、癫痫、光敏感、偏头痛的玩家进行预警，如图 4-18 所示。

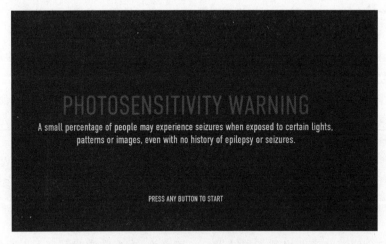

图 4-18　3A 作品往往对光敏感玩家进行温馨提示

4. 动态叙事与技术

动态叙事分为互动叙事和涌现叙事，其中互动叙事是游戏根据玩家做出的不同选择给出相应的回应，如《底特律：变人》《隐形守护者》这类的文字游戏就是典型的互动叙事游戏。互动叙事的动态性介于动态叙事和内嵌叙事之间。

而涌现叙事常见于我们的剧本杀,把同一个剧本杀交给不同组的人来游玩,游戏的过程一定会完全不同,比如不同性格的人表演的杀手性格就有所不同。

动态技术在电子游戏中多展现为人工智能的特征。固定代码放在那里永远只是代码,只有游戏被执行的时候,人工智能才会根据动态环境做出相应的决策。桌游则更多关注机械上的设计(例如六面或者十二面的骰子有什么区别和讲究,分别带来什么结果)。相关内容会在后面几章进行专门介绍。

(二) 文化层

设计者很容易了解内嵌层和动态层,因为它们和互动体验概念是一个整体,而文化层则没有那么浅显易懂。文化层(见图 4-19)存在于游戏和社会的交互影响中,一个游戏中的玩家会因为他们之间共同的游戏体验而组成一个社区,社区成员将游戏的概念和信息带到游戏外的世界。文化层主要在两种社群玩家身上得以体现,其中一种是游戏的硬核玩家,另一种则是刚刚接触游戏的新玩家。后者了解游戏往往不是通过游戏本身,而是通过硬核玩家写的指导、指南等。文化层中的四元素和内嵌层、动态层是一样的,但是只有在游戏形成文化聚落后才涌现,文化层涌现的东西是无法受设计者控制的,但是设计者可以进行相关的预判。文化层的四元素分别有以下意义。

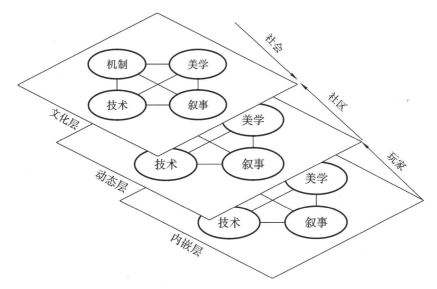

图 4-19 文化层的四元素

机制:比如创意工坊,也包括游戏行为对社会的影响。

美学:比如同人作品、音乐 Remix、Cosplay,以及其他跨媒体作品。

技术:游戏技术在非游戏领域的使用,如探索游戏可能性,制作 MOD(游戏模组),对游戏进行修改等。

叙事:涵盖大部分跨媒体同人产品的叙事部分,以及对游戏本身的讨论。

1. 文化层代表性游戏

以下四款均是由文化层的机制配合文化层的技术和叙事完成的游戏。

（1）DOTA 最早是《魔兽争霸 3》的一款同人游戏，并且由《魔兽争霸 3》的编译器制作而成，是典型的从游戏文化层涌现出的一款新游戏。

（2）《反恐精英》最早是一个半成品 MOD，最后也成了最受欢迎的第一人称视角射击电子竞技游戏。

（3）《红色警戒 2》中各种包含了中国元素的 MOD，如《共和国之辉》。

（4）《东方 project》的各类同人游戏。

2. 文化层的特点

（1）文化层具有强大的影响力，设计者需要明白自己的游戏能给社会带来什么，玩家会在自己的游戏基础上做一些什么改动。这些影响都是可以预判的。

（2）游戏策划与设计者非常了解内嵌层和动态层，但对文化层相对没那么了解，在文化层上容易产生玩家社群撕裂等现象。

（3）内嵌层基本由游戏设计者控制，而动态层不仅体现设计者的意图，也受玩家的影响。在文化层，玩家能控制的部分比设计者大很多。对文化层的研究更像是社会科学，以及游戏运营应做的内容。相比之下，对内嵌层的研究更像是底层科学，比如计算机科学、博弈论、数学模型等。值得注意是，获得游戏授权的跨媒体产品不属于文化层。比如由游戏《古剑奇谭》改编而来的电视剧，因为得到了授权，所以是可以控制的。文化层更多的是玩家自发的不可控的行为。

3. 总结

如果把整个游戏学拆分为三层（内嵌层、动态层、文化层），就可以用四元分析法再进一步将其拆分为 12 个元素。我们可以从中找到自己最感兴趣的方向进行发展，从事相关的工作和进行相关的研究，如图 4-20 所示。

（三）策划文档的写法

1. 可视化

游戏中元素的最佳展示方式就是可视化，包括空间布局、UI 设计等。例如用纸面原型来做游戏，可以清晰地展示 AI 布局以及环境上的操作。

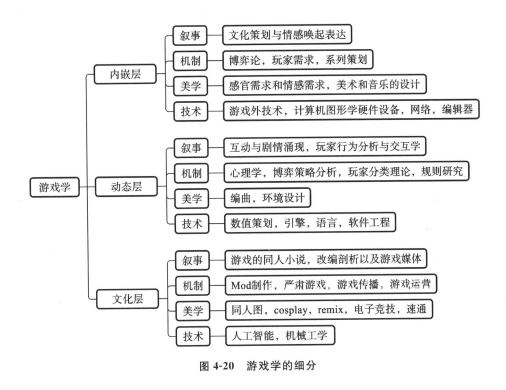

图 4-20 游戏学的细分

2. 流程图

如果游戏中有明确的流程与规则,使用流程图最好不过,流程图能方便程序去读懂设计者的想法,以及进行交互表达。

3. 表格

涉及数据部分的设定,用表格来表达可以清晰明了,也方便程序员进行面向对象的编程。

4. 概念图

除了可视化之外,策划中还有一种方法就是概念图。概念图有助于定义整体基调,但是概念图容易缺少细节,不能直接供美术和程序使用,所以它通常是团队中完全缺乏美术时的一种折中手段。

5. 文档

下面给出了游戏策划文档需要的内容。

游戏策划文档

1. 设计历史

作为索引,如果是电子文档,可以超链接到之前的版本,详细了解每次的迭代与变动,便于团队轻松查找历史改动

1.1 版本1.0

1.2 版本2.0

2. 愿景陈述

尽可能抓住游戏本质,陈述游戏愿景,不超过500字

2.1 游戏总结,MDA中提到的游戏体验与美学是什么

2.2 玩法概要,尽可能精练

独特性:独一无二与创新点

机制:如何运作,核心玩法

设定:背景

美术和感觉:游戏的美术和感觉

3. 受众和平台

3.1 目标受众:描绘目标人群,年龄、性别和地理位置(可以全年龄、跨性别)

3.2 平台:平台有哪些,为何选择他们

3.3 配置需求:描述所需配置并解释原因

3.4 竞品分析:类似产品,以及你借鉴的产品

4. 游戏玩法

4.1 玩法描述:展示游戏原型如何运作,补充2的机制描述

4.2 操作:标出游戏的过程和操作,利用表格和流程图辅助表达

4.3 规则:基础规则集,核心规则与bug放到FAQ

4.4 目标与胜利条件:游戏目标是什么,胜利的判定条件是什么,玩家关系如何?

4.5 关卡:如果存在关卡,则尽可能详细地展示出来(不存在则跳过)

5. 游戏角色

5.1 角色设计:描述所有游戏角色和他们的属性

角色设定表

5.2 类型:

5.2.1 PCs

5.2.2 NPCs

5.2.2.1 角色行为

5.2.2.2 角色

6. 叙事与剧情

6.1 概要:总结你的游戏剧情(如果有),要求精练

6.2 完整剧情:写出剧情大纲,不要单纯讲故事

6.3 背景故事:没有直接体现在完整剧情内的背后设定与故事,以后可能用得着(伏笔)

6.4 叙事方式:平铺?交互?以谁的视角来讲故事?

6.5 支线剧情:

6.5.1 支线剧情1

6.5.2 支线剧情2

7. 游戏世界

7.1 概论

7.2 游戏世界设定表

8. 资源列表

把所有需要制作的媒体素材列出,附上文件的命名规则,可以省去麻烦(一般来说大型工程,涉及Unity和Unreal时尤其如此)

8.1 界面素材

8.2 环境场景

8.3 角色

8.4 动画

8.5 音乐音效

9. 技术文档(交给程序组人员来填写)

10. 美术文档(交给美术组人员来填写)

11. 法律分析(交给运营人员来填写)

六、游戏设计者的责任与目标

游戏设计者作为艺术和科学的文创工作者,具有一定的社会责任。大多数游戏设计者都了解他们对内嵌层和动态层的责任,但考虑玩家的行为更多地需要从文化层切入。

第一,需要检查游戏给社会带来的社会影响等,或者说考虑对粗俗、暴力、色情等内容的适当处理。

第二,可以挖掘游戏对社会、教育等具有积极意义的内容,例如严肃游戏。

第三,制作出纯粹为了娱乐的游戏也是很重要的。

因此,在文化层上,我们需要思考将游戏推广到超越游戏本身意义的层面上,即我们的游戏是否能促进社会与文化的发展。这些意义会让你的家人朋友为你进入这个行业而感到自豪。最重要的是,我们要尊重玩家,尊重他们体验和游玩我们的作品所付出的时间和精力。虽然以上内容不是必须做的,但在有条件的情况下,可以花时间考虑一番。

就自己的目标而言,世界上有太多比游戏行业更赚钱的工作。当然,在国内,选择游戏行业是有机会过上高质量生活的,作为游戏设计者,一定要爱惜自己的羽毛,明白赚钱不是进入这个行业的唯一目的,你还必须获得良好的口碑。

名气方面,游戏设计者可能和电影人一样,其实是活在幕后的人,很少有人因为设计游戏而出名。相比于游戏设计者本人,玩家会更熟悉其作品。

社区方面,在游戏圈子和社区里获得良好的口碑十分重要,尤其是在独立游戏领域,如果你工作出色,你就会受到尊重。

个人表达方面,游戏设计者希望用各种媒介来展示自己,传递思想。如果游戏设计者有希望表达的内容,可以思考是否可以用游戏的形式去表达,思考什么形式的媒介能更好地去展现自己要表达的概念,以及自己更擅长以什么形式的媒介来表达这些概念。

社会价值方面,一些人做游戏是因为他们想把世界变得更美好,现在也有一些政府、非营利组织为开发者提供资金做一些改善世界的严肃游戏,例如一些教育类游戏、改善行为类游戏等。

当然,最终还是要学会提升自我,不怕犯错,多多尝试制作游戏,积累经验,这样,游戏设计的技术才会越来越好。

就玩家的目标而言,趣味最为重要。游戏设计者要注重提升玩家的趣味(竞争性游戏、概率性游戏、感知性游戏、模拟性游戏),抓住玩家的注意力,为玩家提供满足感,并保持玩家的游戏性态度。所谓游戏性态度,指玩家愿意全身心投入游戏的态度。在这种态度下,玩家能够很开心地遵守游戏的规则,并根据规则获取胜利(而非逃避规则)。游戏设计者需要尊重玩家,努力让玩家保持游戏性态度。不尊重玩家的表现很多,如腐烂机制(长时间不登录就有损失)、折磨式休息、每日打卡签到等几种,我们需要尽可能避免,特别是互联网 App 的打卡签到、交互式引诱付费等机制在纯粹的游戏中需要尽可能抵制。

最后是保持游戏中的结构化冲突。游戏构成的三大要素之一就是博弈,即冲突对抗,游戏设计者的责任就是营造一个有意义和仪式感的冲突环境、竞技场。有学者认为,游戏是由一系列有趣的决定所组成的,有趣的决定包括以下六个方面:一是辨别性,玩家可以将自己的决定传递给游戏,系统能领会玩家意图并给予即时反馈。二是完整性,玩家认为自己的决定能够造成长期影响。三是含糊不清,玩家能够对自己的决定做出猜想,但是不能完全有把握。四是双重效果,每个决策和结果都会有积极的一面和消极的一面。五是新颖,如果这个决定与玩家最近做出的其他决定有很大的不同,那么这个选择就是新颖的。游戏早期,每一个关卡或者阶段,都需要加入新的元素和机制,以营造新颖的感觉。六是清晰,虽然每个选项对应的后果模糊不清,但是选项本身和策略必须清晰明白。

然而提升趣味性的决定方法,还是增强游戏机制的吸引力、增加玩家对游戏的长期参与度。设计游戏和玩游戏时真正让人上头的地方,是内嵌机制中的规则,以及动态机制中玩家的行为——毕竟,与人奋斗其乐无穷,设计者与玩家的斗争,是游戏中永恒的话题与乐趣。

七、章节总结

(1) 规则和机制是两码事,规则没问题不代表机制没问题。

(2) MDA 框架中的美学不是单纯的视觉效果,而是一种愉悦性的体验,需要用非常明确的词组和句子进行描述。

(3) MDA 模型中,玩家和设计者考虑问题的顺序是相反的。

(4) 四元法中,技术最难被看到,而美学最容易被看到。

(5) 新手制作游戏时,建议从机制和叙事入手,有条件的可以从美学入手。

(6) 分层四元法,分别为内嵌层、动态层和文化层。

(7) 游戏设计者要有基本的道德和目标追求。

 推荐阅读

[1] Jeremy Gibson. 游戏设计、原型与开发:基于 Unity 与 C♯从构思到实现[M]. 刘晓晗,刘思嘉,文静,等译. 北京:电子工业出版社,2017.

[2] Hunicke R,LeBlanc M,Zubek R. MDA:A formal approach to game design and game research[C]. Proceedings of the AAAI Workshop on Challenges in Game AI,2004,4(1).

 课后作业

1. 试着举例说明,内嵌机制看上去完美无缺,但在动态机制乃至文化机制上出现漏洞的情况。

2. 试着用 MDA 框架开展一次纸上游戏工坊活动。

第5章 游戏的用户需求与小技巧

❖ **学习目标与要求**

1. 理解潜藏于人的基因中的天性。
2. 熟悉马斯洛需要层次论。
3. 理解十种人类天性需求的驱动力。
4. 掌握各类游戏设计的零碎需求技巧。

一、基因和天性

在之前的内容中,我们遗留了一个问题——用户需求分析,这个步骤不论是对于产品经理,还是对于游戏设计者来说,都是核心中的核心。乐趣不是凭空产生的,它需要游戏设计者的引导,因此,如何引导玩家的乐趣,是一个值得探讨的问题。

游戏设计者制定游戏规则、创造游戏中的一切、引导博弈,而且还不用像其"孪生兄弟"产品经理一样看人脸色。

在讲述接下来的内容之前,我们不妨思考以下几个小问题。

① 人类为什么喜欢吃甜的,而不是苦的?

② 为什么汉族人口中有44%的人对酒精过敏,东亚地区对酒精过敏的人群整体也高达36%,而欧洲白人几乎没有该症状?

③ 作为男性读者或女性读者,你有恐高症吗?为什么很多强壮的男人比女人还恐高?

以上三个问题的答案分别如下。

① 因为自然界天然具有甜味的物质,多半是碳水化合物,而碳水化合物可以为人类提供生存的能量;自然界天生具有苦味的物质,大部分含有毒性。喜好苦味的原始人,因为容易中毒而存活概率不高,导致其基因被淘汰,而喜好甜味的原始人得以延续。

② 欧洲经历过黑死病,三分之一的欧洲人口因此丧生。黑死病的一个很重要的传播路径是水源传播。黑死病肆虐的时期,欧洲人发现饮水后容易患病死亡,甚至出现了长期不洗澡的现象。但意外的是,欧洲人发现酒作为水源却异常安全——所以酒精过敏的欧洲人在黑死病时期更容易被淘汰掉,而能喝酒的人就将基因保持到现在。东亚没有经历黑死病,所

以我们的酒精过敏基因没有被清洗过。

③男性因为Y染色体的影响而好勇斗狠,远古时期,男性负责狩猎,女性负责耕织。然而相较于野兽,人类行动力有限。当野兽为逃避猎捕跑到高处或者悬崖躲避逃生时,对高度毫无畏惧的男性此时更难回到部落,而面对这种情况携带恐高基因的男性会更谨慎,从而将这种基因传给后代。

这三个问题在本质上其实是一个问题。在这部分提到这三个问题的原因是,我们在对游戏进行思考或者引导的时候,大部分情境下会利用人的本性和本能,这是本部分最为核心的主题。当然这些问题从生物学或者遗传的角度来讲,并不一定是最准确的答案,但从游戏设计来说是一种理解人类核心需求与本能的一种视角。上一章里,我们在MDA框架描述中,指出对于各种各样的美学,需要找到合适的词去描述,避免用"游戏很爽""有很多乐趣"这样泛泛的无实际美学意义的词语。因此,我们需要一个归纳美学的方法,而这也是本章节的核心内容。

二、需求与用户

1. 心理的愉悦与现实

在心理学上有一个概念,叫作心理的愉悦与现实。玩家作为具有七情六欲的个体,多多少少存在一定强度的感情欲望,这种感情欲望作为一种动态结构,总是要求得到满足或释放。

心理学中有一个愉悦原则,即人的欲望一旦得到满足,紧张情绪得以释放,身心就会进入和谐状态,从而进入全面愉悦阶段。同样地,心理学上还有一个现实原则,即现实生活的社会形态多少会对人的欲望加以限制,这种限制服从了历史的要求,也迎合了社会发展的必然。

但是欲望是客观存在的,作为一个游戏设计者,要协调愉悦原则与现实原则,有时候我们在现实中无法体验的事情可以借助游戏来体验,从而给自己带来愉悦。

游戏本身其实是人的本性表现,它可以释放过剩的生命力,也可以成为幼龄动物为应对生活而进行的训练,更加可以用于身心放松和"需求"的宣泄,当然游戏也可以成为维系个人价值的某种情感寄托。

因此,当玩一个比较有仪式感的游戏时,玩家很容易沉浸进去,会觉得自己成了游戏中的一部分,玩家的意识可能会转移到角色身上。

在此过程中,心理上虚拟的需求会与现实的需求不自觉地融为一体,给人带来双重的冲击与愉悦感。

2. 马斯洛需要层次论

马斯洛需要层次论(见图5-1)是一个适用范围很广的理论,在各类心理学或者产品设计领域都会涉及。我们来简单看一下它在游戏中是如何运用的。

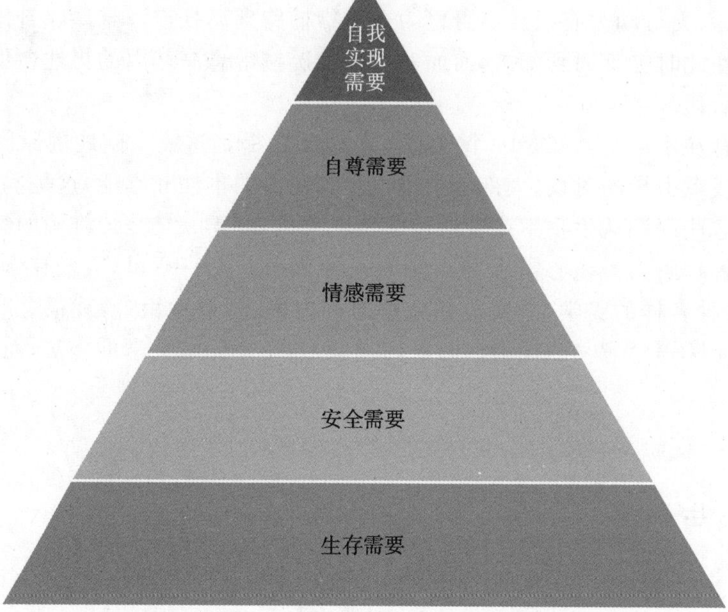

图 5-1　马斯洛需求层次理论

（1）生存需要。

虽然游戏中角色的生存需要一般不会和现实中人类的生理需求一样，但是掌握游戏玩法可以作为玩家在游戏中的生存需求，只有掌握了玩法、熟悉了规则，才有在这个游戏世界中生存下去的可能。

（2）安全需要。

当生理需要得到保障之后，玩家便开始寻求安全、稳定、保障和秩序这些更为高层次的需求。游戏中，安全需要的对象可以是生命安全，也可以是所得物安全。当生命安全受到威胁时，便可以利用安全需要受威胁作为刺激要素，驱动玩家行为，如进行避险、探索这样的行为。在游戏中，你常常能够发现，玩家总是处在随时丢失生命或者掉落装备的危险环境。比如之前提到的《微积分大冒险》这款游戏，其实它的设定本质上而言就是一款解微积分的游戏，但是它的背景叙事是主角必须通过解题积攒能量逃出去，这就把用户放到了一个随时会丢失生命或是丢失装备的危险环境中。当然，在游戏里面也需要提供安全时间和安全空间给用户进行思考和缓冲，所以在很多竞技类游戏里会有一个安全区域，目的是让玩家得到暂时的不受威胁的安全保障。

（3）情感需要。

当个体的安全需要得到满足后，个体便会开始寻求情感的寄托和归属感。游戏自古以来就带有社交属性，例如蹴鞠、围棋、麻将，都是出于情感需要而设计出来的。很多老人打麻将并非为了赢钱，作为空巢老人，麻将是将他们与他人联系在一起的情感纽带。

单机游戏也是可以寄托情感的。任天堂在游戏硬件性能方面竞争不过索尼，因此采用社交和"全家乐"的形式与之抗衡。Switch里面的很多游戏是可以全家人一起玩的，并且全家一起玩会觉得更有意思。同时单机游戏的排行榜、徽章、成就、社区讨论以及游戏剧情的情感发泄,都可以满足玩家的情感需求。

对于网络游戏和手机游戏,其本身就是为社交而生的,玩家的游戏动机主要是满足情感需求。游戏为玩家提供社交平台,以及治愈心灵和获得满足的机会。

(4) 自尊需要。

当玩家的情感需求得到满足后,就会去寻求他人对自己的认可和尊重,追求更强的虚荣心与冲动。比如,在游戏中进行完一次对战后,玩家之间会互相打赏、点赞、送礼物、评MVP,这些行为其实对于游戏本身没有任何意义,因为游戏已经结束了。但这种方式可以激励玩家的情感,让玩家觉得自己被尊重,是对玩家成就和自我价值的一种肯定。

对玩家尊重需求的满足会使得玩家充满幸福感和愉悦感,令玩家充满斗志,提高游戏黏着度。适当安排这样的点,可以让参与者感到更多的快乐。

(5) 自我实现需要。

玩家在自我实现和发挥潜能阶段最有创造性和建设性。当自我实现需求被满足后,玩家就会陷入一种废寝忘食的状态中,不是依赖或者沉迷,而是纯粹进入了一个自我展示的时间流。在游戏中,当玩家的级别、技能、操作、思维提高到一定水平时,就需要为玩家提供更多具有挑战性、具有难度的障碍,去刺激玩家开发潜能,比如 Solve Game(已解游戏)。Solve Game 其实是把游戏点完全解析出来的游戏,国际象棋就是其中最典型的例子。再比如电竞,有许多玩家不满足于通关游戏或者是跟一般人对战,而是希望变得更高、更快、更强,成为玩家中的王者。再比如各种极限通关挑战,现在在网上可以找到很多 FC 和街机游戏的速通,比如魂斗罗不开一枪通关、全程开枪通关,或者马里奥在十分钟之内通关等一些看似离谱的通关成就,其实背后都是一种自我实现的需求。

马斯洛需要层次论的主要作用在于激励玩家更多地参与到游戏当中。作为游戏设计者,在尽可能地满足某一层次的玩家之后,就要考虑在游戏中加入可以用户下一层需要的设计,并且不断地进行调整。

3. 巴特尔的玩家分类理论

巴特尔的玩家分类理论(见图 5-2),利用《地下城与勇士》的玩家模型,把玩家分为四个类型。后来人们发现,几乎所有游戏的玩家都是符合这个模型的。

这个理论把玩家分为成就型玩家、探索型玩家、社交型玩家和杀手型玩家,四种玩家正好对应了四种扑克牌的花色。在坐标系中,越偏上代表玩家把精力更多地用在游戏本身上面;而越偏向于下方则代表玩家更多地把精力用于与其他玩家的互动上;越偏左,说明玩家更注重玩家本身;越偏向右,则代表玩家更注重游戏中的世界。

第一种是成就型玩家(扑克中的方块,也就是钻石)。成就型玩家喜欢在游戏中做事情,追求胜利或是达成某些目标,享受游戏带来的挑战和乐趣。成就型玩家首先会完成游戏中的各项任务,虽然也会以获胜为目标,但是会挖掘更多的有难度的内容,所以 PBL 模型(即Points[积分]、Badges[徽章]、Leaderbords[排行榜])对这类玩家很有吸引力。

第二种是探索型玩家(扑克中的黑桃,也就是铲子)。探索型玩家喜欢探索游戏的世界,

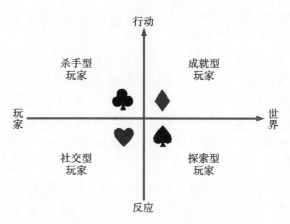

图 5-2 巴特尔的玩家分类理论

把自己代入角色当中。他们享受探索并沉浸其中,这部分玩家喜欢彩蛋、隐藏点,会通过排列组合寻求技能搭配最优解,比如寻找地图上面一些比较有意思的机制。探索型玩家并不追求驾驭游戏本身,他们喜欢体验和解谜。

第三种是社交型玩家(扑克中的红心)。对于社交型玩家来说,游戏本身的意义并不是非常重要的。他们认为游戏只是社交的载体,只是想通过游戏去认识更多的人,享受游戏作为渠道提供的一些人际价值。社交型玩家喜欢与人合作、聊天,包括但不限于组建工会、撰写攻略、Cosplay,甚至组织一些有意思的活动。社交型玩家比较享受他人的肯定,以满足其社会情感需求。

第四种是杀手型玩家(扑克中的梅花,也就是棒打)。杀手型玩家享受战斗,而游戏的剧情、成就、世界观对他们来说,其实都不是那么重要。对于杀手型玩家而言,最重要的任务是不断增强自己的战斗力,击败更多的敌人。杀手型玩家在游戏过程当中力求明显地压制其他玩家,有掌控局势的行为冲动。而且杀手型玩家在游戏过程中的行为会非常主动。

我们把四种玩家类型和马斯洛需要层次综合起来,就可以思考如何给玩家提供更大的乐趣。

三、人类的天性

人类有许多本能的心理愉悦倾向,这些倾向在现实环境中,因为认知、成本、环境条件、伦理以及法律等因素,会或多或少地被压制和隐藏。但在虚拟的电子游戏世界里,人的天性乐趣,却是游戏设计者时刻需要考虑的问题,也是游戏引人入胜的关键。

我们身上的特质与需求其实都是有原因的。本章开篇问的三个问题,其实都体现了我们的祖先在与自然搏斗、争取生存的过程当中留下了一些本能给我们,而我们要去注意的就是人们身上有哪些本能,然后将这些本能化为乐趣激发出来,并用游戏的方式加以引导。这套逻辑的背后是达尔文的进化论(见图 5-3)。

图 5-3　达尔文的进化论

1. 求生欲（生理需要）

其实游戏跟生物学是息息相关的。首先，人最基础的本能是生存。生存是人类和其他生物最基本的需求，求生是人的本能。在游戏的大部分时间里，让玩家时刻处于生存受威胁的环境中，可以起到"置之死地而后生"的效果。求生欲对于四种类型的玩家都很有效果。其实《绝地求生》游戏受欢迎的原因也与此有关，例如在一个 25 人的局中，规定最后活下来的只有一个人，这种求生欲带来的成就感会极大激励玩家玩下一局的需求。对于最后获胜的玩家来说，获胜带给他的喜悦会驱使着他开始下一局；而倒数第二个存活的玩家，也会有强烈的欲望去开始下一局，因为他会希望自己在下一局里成为最后的胜者。

2. 创造与生存延续（生理需要）

暂时活下来是远远不够的，人类为了繁衍和生存还会有一些本能的行为：性、遮风挡雨、躲避敌害、建造避难所、农耕渔猎等。这对于成就型玩家和探索型玩家极其有吸引力。

这些行为无关喜好，它们是生存的要求。没有房子，风餐露宿，生命安全就得不到保证；不喜欢繁衍，就没有后代；不去进行农耕渔猎、不去觅食，就无法生存。我们在玩《模拟人生》的时候，出于建造避难所的本能，我们会有快感；我们在玩《星露谷物语》《动物之森》时，出于潜在的农耕游牧渔猎的冲动，我们也会有快感。笔者是在城市中长大的，而笔者在日本求学的学校在山村里，每当看到村里的田地，笔者的内心就会有一种想去种东西的冲动，最后还真的去买了种子种东西。

3. 破坏毁灭（生理需要）

弗洛伊德说过，人有两种本能，第一个是创造的本能，第二个是毁灭的本能，或者说死亡的本能。例如，人在情绪低落时不要去留意一些很尖锐的物体，或者站在高处，以避免启动内心深处的毁灭本能。地球承受不了只有生存的自然规律，因此在基因里安上了杀戮与死亡破坏的心理需要。

这其实也是一种哲学，有黑就会有白，有了阴也就会有阳，有了创造，肯定就会有毁灭的一面。所以弗洛伊德一直认为人的内心深处有一种破坏的冲动，这也是一种天性。当它得不到发泄的时候，人的心理与生理都会出现一些问题。

但是现实中宣泄的成本极高,电子游戏恰好为我们提供了这样的一个渠道,尤其是对于杀手型玩家来说。破坏毁灭的因素并不一定与血腥暴力挂钩,比如《水果忍者》中,用刀切水果是一种破坏需求;再比如《愤怒的小鸟》发射小鸟去攻打猪,也是一种破坏的本能需求。

4. 收集匹配癖(安全需要)

安全需求是一种相对高级的需求。收集匹配癖其实是一种自然选择的结果。在远古时期,人类有两种存放食物的方式:一种是把采集到的各种食物分门别类加以整理,并按照保存时间长短存放好;另一种则相反,即不加分类地混放。把食物混放的人类,会更容易吃到已经腐烂变质的食物,死亡的风险也就更高,基因也就无法传递给后代;而分门别类管理食物的人类,就更容易存活下来,把自己的基因传递给后代。因此,我们会自觉或不自觉地对物品进行归类匹配,轻度的比如收集癖,重度的比如强迫症。这个需求如果运用在游戏里,则会对成就型和探索型玩家产生很好的效果。

这里举一个有代表性的例子——三消游戏。其实作为旁观者去看,三消游戏的趣味性并不强。但当自己去玩的时候,就会极容易沉迷。这是因为玩家的潜意识里就希望把相同颜色的方块放到一起消除掉。每一次简单的匹配,都会在玩家的内心掀起一丝轻微的涟漪,涟漪不断积累,就会让玩家内心掀起波涛,导致其沉迷其中。再比如《旅行青蛙》,这个游戏曾经在年轻人中掀起热潮,虽然在玩法上没有什么创新。它推动玩家去玩的动力就是让宠物青蛙集齐游戏内置的所有景点的明信片。再比如,对于一些成就型玩家或探索型玩家来说,通关角色扮演游戏的支线任务是这类玩家玩游戏时一定会做的事。总之,利用收集匹配癖,可以有效地延长玩家的游戏热情和游戏时间。

5. 追逐竞速与躲避(安全需要)

追逐竞速与躲避是人类最为典型的一种安全需求。古人需要奔跑追逐以抓捕猎物,或者躲避对自己有伤害的野兽和自然环境。捉迷藏、老鹰捉小鸡等游戏,对小时候的我们来说具有极大的吸引力,这背后其实也是内心深处的一种本能。

追逐竞速与躲避也是3A大作的惯用场景,比如《使命召唤》《刺客信条》等,它们通过搭建场景,逼迫玩家不断进行逃跑、躲避。这对吸引杀手型玩家与社交型玩家效果显著,同时配合求生本能,能够让玩家感觉到强烈的追逐感、速度感与逃避感。最早的追逐游戏《吃豆人》如图5-4所示。

6. 地盘保护争夺(安全需要+情感需要)

当我们的安全需求基本上得到满足之后,我们自然而然会把安全需求上升到情感需求。地盘是人类最基本的栖息地和可持续发展保障,因此,保护自己地盘不被侵犯是人类的本能。当一个人的地盘没有了之后,会感到非常不安全,情感上也会感受到冒犯。同时,在资源匮乏时,侵略其他种群的地盘也是一种本能。

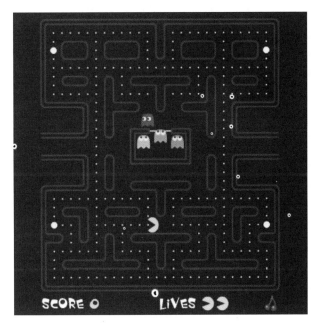

图 5-4 《吃豆人》

从食物、水、物品、装备,上升到国家、民族、政治、名誉,这种带有强烈的攻防色彩的元素在游戏中屡试不爽,对杀手型、成就型与社交型玩家效果显著。在开始时我们提到过围棋,围棋其实是模拟远古炎黄时期的部落战争。原始部落通过战争进行圈地,最后谁的地盘大,谁就赢了。休闲游戏也可以利用这一需求,例如塔防游戏,这个游戏著名的代表就是《植物大战僵尸》。到后面演化出了《星际争霸》《魔兽争霸》等,又演化出了 DOTA、《英雄联盟》《王者荣耀》等 MOBA(多人在线战术竞技)游戏。

7. 交易合作(情感需要+尊重需要)

人类与野生动物的区别在于,在很多情况下,我们并非一定要用武力争夺资源,而是更乐意用文明的交易方式完成资源积累,达成双赢。交易能加强玩家之间的沟通,达成社交的目的,因此对探索型、成就型和社交型玩家效果显著。游戏设计者要保证游戏里有可交易的东西,玩家所拥有的交易机会可以是完全随意的,也可以在价格、时间、交易对象、数量等方面有所限制。桌游里面这个机制非常重要,例如《大富翁》里,玩家需要通过交易合作来延长游戏时间。电子游戏里面也有很多交易合作的元素,这里的交易合作不是指锦上添花的交易合作,而是把交易合作当成主体。例如《饥荒》,它打破了许多游戏通过杀戮来获得资源和地盘的常规,更多的是让玩家之间进行互动。一个人在饥荒的世界里很难生存下去,唯有每个人在游戏里承担自己的任务,形成相互合作的小团队,才能更好地在饥荒世界里生存下去。相似的还有《动物之森》,它除了利用人的农耕渔猎的本能外,还利用了的交易合作的倾向,玩家需要通过交易合作来让自己的岛屿更加繁荣。

8. 故事与情感代入(情感需要＋尊重需要)

单纯的游戏会很枯燥,所以我们往往会加入叙事元素。故事是人类文明与记忆得以传承的重要工具之一。随着传播技术的发展,电子游戏也成为一种叙事媒介,玩家希望从中体验跌宕起伏的故事。不论一个游戏是否具有故事情节,玩家在投入游戏后一般都会代入情感,甚至把自己想象成游戏中的角色,共欢喜共伤悲。比如,大部分国产角色扮演游戏,如《仙剑奇侠传》《轩辕剑》等,玩家在玩游戏的过程当中,会渐渐把自己代入其中,成为游戏角色人生的一部分。最近互动叙事游戏很热门,互动性叙事中,玩家是活跃的、参与其中的,比如《隐形守护者》。这类游戏火爆的原因就在于,用互动叙事的方式让玩家去体验故事与代入情感,要比单纯看小说或者看电影的体验更为直接和强烈,这就涉及我们之前讲过的 TCP 协议和 UDP 协议。在游戏中加入叙事元素,对于吸引社交型玩家和探索型玩家极有效果。

9. 探索未知(自我需要)

接下来我们要介绍的探索未知的本能已经上升到自我需求了。人对于未知的事物总有一种莫名的恐惧感,所以我们渴望尽早预测和解密。运用未知与预测,能够激发玩家对游戏的探索欲望,让游戏充满悬念和紧张感。游戏中给出的基础未知恐惧不够的时候,玩家就会上升到直接对恐惧有渴望。有一部分人对于探索未知有极其强烈的需求,他们喜欢通过思考解开未知那一瞬间的灵光一闪带来的冲动与快乐。这其实就是探索未知本能,探索未知也是探索型玩家的最爱。微恐的解谜游戏有很多,例如《方块逃脱》;若是觉得微恐不够刺激,可以去玩《寂静岭》《生化危机》等更直接的恐怖游戏。其实探索类型的游戏还包括一些推理类游戏,比如《弹丸论破》《逆转裁判》。这类游戏本身的设定、剧情不恐怖,但是当你想到幕后黑手隐藏在某些人当中时,总会忍不住脊背发凉。

10. 刺激与挑战(自我需要)

第十种需要其实不算是一位游戏设计者刚开始构思游戏时需要思考的需求。如果你希望自己设计的游戏生命力更长,就可以加入刺激与挑战的元素。其实,很多游戏中都包括能力挑战的元素,人在潜意识里有一种不服输的心理,所以游戏设计者经常会设计一些挑战人能力的玩法,这更能激发玩家的斗志,甚至让玩家废寝忘食(这就是所谓的"有毒")。刺激与挑战是成就型玩家的最爱。笔者个人比较推荐《影子战术:将军之刃》,这个游戏是即时战术游戏,里面设置了很多有难度的成就与徽章,玩家必须通过各种策略去达成目的。

以上十种就是在设计游戏的过程中可以利用的人的本能。前九种是在构思一款游戏项目之初就要思考的一些美学本能,而第十个则是在游戏制作的过程中要思考的问题。这十种本能是游戏最常用的核心体验类型,也是游戏设计者希望用户体验到的概念。核心体验与游戏主题是需要在设计游戏之前就想好的,可以从以下问题入手:你的游戏是关于什么的?如何将十种人类本能有机地结合起来,实现引人入胜的效果?

四、零碎的需求技巧

我们在设计游戏的过程中还会有一些小技巧,就像做一道菜,有了好的食材、工具之后,还要放一些调味品。这些小技巧之于一个游戏就像调味品之于一道美味的菜。

1. 人车一体理论

我们先从路怒症说起。很多人在开车的时候性格会发生改变,平时还算很温和的人,在开车的时候脾气会变得很暴躁,甚至会骂人。这可以用人车一体理论来解释。

正如传播学里麦克卢汉曾提出的"媒介是人的延伸",我们在开车的时候,车的方向盘是人的延伸,所以在开车的时候,驾驶员会进入人车一体的状态,方向盘是手的延伸,油门、刹车、离合器是脚的延伸。这时候如果其他车辆对驾驶员的车辆做出一些危险举动,驾驶员就会感觉不是车被冒犯,而是自己被冒犯。这就是很多人有路怒症的原因。

人在玩游戏的时候也是如此。玩家在使用游戏手柄或者键鼠进行操作的时候,简单的操作配上具有打击感的音效,很容易觉得键盘、鼠标或手柄是手的延伸,机械控制设备就把玩家和游戏中的主角融为一体了,让人觉得是"我"在游戏,而不是旁观者。最简单的,当玩家控制马里奥跳跃时,整个手腕会不自觉地有一个握住手柄向下压的动作,这其实是人在模拟跳跃时不自觉的生理动作(游戏手柄如图5-5所示)。又比如在MOBA类游戏里,玩家残血被人追杀时,会拼命地点击鼠标和键盘,希望逃回己方基地血泉——然而按照MOBA类游戏的智能化寻路机制,只需要点一下鼠标,玩家角色就必然会按照最优路径进行移动,因此多余的额外点击鼠标键盘的操作,其实是在现实中人被追杀时,四肢不自觉地高频动作,被映射到了游戏输入设备之中。这就是人车一体理论在游戏中的表现,合理使用游戏输入,会大大增强玩家的沉浸感。

图 5-5　游戏手柄

因此,游戏设计者在设计游戏操作的时候应该考虑其是否可以很好地让玩家跟角色融合在一起,尽量不要设计一些偏门的操作习惯和方式。

2. 解谜的设计

一般来说完美的谜题在难度上要"恰到好处",符合心流理论。解谜的设计可以通过面包屑式的引导来实现,即用一些细微的线索,一点点引导用户接近答案或真相的核心。高中化学的有机化学选做题、高中数学最后的"压轴题"、数独等,都是解谜设计的优秀案例。好的谜题应该用智慧,而非蛮力解决,应避免玩家用穷举法暴力破解谜题。如果玩家能够采取暴力破解,那就很无趣了,这时应提升暴力破解的代价。当然最重要的是,避免谜题的提问方式导致玩家"要么立刻知道","要么完全不知道"。谜题可以是随机生成的,但是需要玩家在开始解答时做出确认。同时注意目标与机制应是公平的,而不是利用信息不对等愚弄玩家。

这里提供一个面包屑式的解谜的设计案例——传说武汉的三个地铁站深处埋藏着唤醒幸福的三把钥匙,集齐三把钥匙,少年就能获得惊喜。三个钥匙埋藏点的提示分别如下。

①离华中科技大学同济医学院距离最近的车站。

②武汉地铁第一个在北面的终点站。

③

第一个问题就是非常典型的"玩家要么立刻知道,要么完全不知道"类型,如果玩家是华中科技大学的学生,很轻易就能知道答案,反之可能根本没有这个知识,或者可以借助武汉地铁地图立刻解决,所以该问题很没意义。第二个问题同理,有的武汉人会立刻知道,其他人则完全不知道,哪怕借助地图工具还是不知道,因此第二题也是典型的不好的问题。第三个问题,通过几张图片来传达信息。通过一定的思考我们可以解得$(13-9)*(5+1)=24$,因此答案是四乘以六,也就是四号线和六号线的交汇车站——钟家村站。第三个就是面包屑式引导,虽然这里没有问任何问题,但是通过五张图我们可以获得对应信息。

3. 信息与随机

根据所有玩家是否同时公平地知道所有当前局面,游戏可以分为完全信息(complete information)游戏与不完全信息(incomplete information)游戏。进程驱动核心中,根据玩家是否依赖非能力、非策略的运气与随机因素,可分为随机性(stochastic)游戏与非随机性(non-stochastic)游戏。

根据以上分类,可以把游戏分为四种(见图5-6)。第一种是各类象棋、围棋,它们就是完全信息和非随机性的结合,这样的游戏是高度策略化的,没有任何随机性,不能靠运气;第二种是不完全信息和非随机性结合的游戏,例如《星际争霸》、《英雄联盟》、DOTA2等电子竞技游戏,这样的游戏中很重要的一点就是信息争夺;第三种是完全随机的游戏,比如《大富翁》、飞行棋,随机性强可以有效降低策略碾压,提升共同娱乐性;第四种是扑克、麻将等卡牌类游戏,这种游戏信息不完全且随机性强,因而娱乐性较强、竞技性较差。

因此,游戏设计者在设计一款游戏时,需要考虑这款游戏的定位,比如玩家玩这款游戏,是大家一起欢乐还是相互博弈。若是前者,则可以多进行随机、信息不完全的设计;若是后者,则可以尽量进行非随机且信息共享的设计。策略碾压会造成 Solved Game 的问题,这在

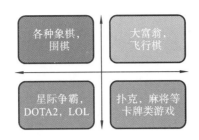

图 5-6　几种不同的游戏类型

后面的章节中会具体解释。

4. 熊氏定律

接下来要说的是一篇论文的研究结论——在不完全信息或者随机性的对抗中，明显弱势的一方在战术层面上必须尽可能缩短游戏进程以寻求可能的胜利，否则随着游戏进程的延长，胜率逐渐减小，直至趋近于 0。如果你在玩一款随机性对抗游戏，你觉得自己明显处于弱势，那么只能尽量缩短游戏进程，这样你获胜的概率才会更大，游戏时间越长，胜率越低。赌博也是一个道理，不要在赌桌前玩超过三局，长期赌博从数学模型上看是必输的。

5. 斯金纳箱子

斯金纳箱子是一个著名的生物学和行为学实验（见图 5-7），是用于研究动物行为的实验装置，由伯尔赫斯·弗雷德里克·斯金纳设计制作。实验者通过教导受试动物以某些动作（如按压杠杆）响应特定刺激（例如光或声信号），来研究行为调控（训练）。当受试者正确地执行该行为时，装置的机械便提供食物或其他奖励。简单来说，它是这样的。

第一个实验：每当老鼠按下杠杆，斯金纳就奖励一颗食物。
第二个实验：老鼠每隔 X 次按下杠杆，斯金纳就奖励一颗食物；
第三个实验：每隔 N 分钟，老鼠第一次按下杠杆时，斯金纳就奖励一颗食物；
第四个实验：老鼠每隔 X 次（X 为随机数）按下杠杆，斯金纳就奖励一颗食物；
第五个实验：每隔 N 分钟（N 分钟随机），老鼠第一次按下杠杆时，斯金纳就奖励一颗食物。

结果，斯金纳发现，以上所有的实验中，老鼠最后都很自觉地按照实验设置的要求按压杠杆进行回应。当然，如果想让老鼠多按杠杆，一方面要加强老鼠"多按多得"的印象，另一方面让它摸不清楚到底按多少次才能得到食物（引入随机要素）。

其实作为游戏玩家的我们，都是"老鼠"。在玩 MMORPG（大型多人在线角色扮演游戏）的时候，玩家总是忍不住一直刷或一直抽卡，比如玩《阴阳师》，许多人总是抱着"下一把一定抽 SSR"的想法，抽卡抽得停不下来。游戏刚开始时，玩家每次进行操作互动，游戏都会给予玩家一些奖励；而玩到后期，奖励出现的频率会变低；更后期，游戏的奖励几乎就是随机性的，但是玩家已经"停不下来了"，玩家就像斯金纳箱子里的老鼠一样被控制住了。斯金纳箱子是一款很好的可以延长游戏寿命的手段。

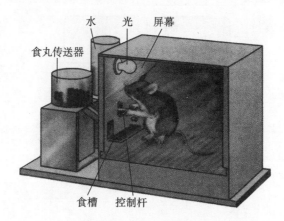

图 5-7 斯金纳箱子

6. 心流理论

心理学家米哈里·契克森米哈赖（Mihaly Csikszentmihalyi）创造了心流理论。心流描述的是一种内在动机达到巅峰的状态，之前在"严肃游戏与游戏化"这一章中有所涉及。在这种状态下，人的意识超越了身体的感知，进入了一种奇妙的舒适区域。这种状态发生在一个人自身的技能与他正在从事的任务与挑战一致的情况下，它会带来小小如水滴般的愉悦，而随着时间的积累，这种喜悦会汇成奔涌的江河，其实也就是多巴胺越来越多（见图5-8）。

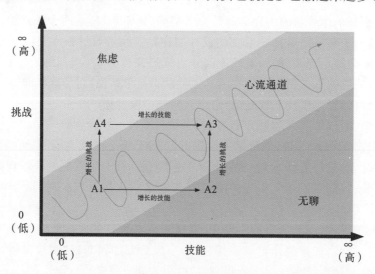

图 5-8 心流理论

心流理论把人的状态分为八个不同的区域，横竖坐标轴分别代表着玩家的技巧和游戏难度，如图5-9所示。一款游戏要尽量让玩家维持在舒适的区域里面，不要让玩家长期处于焦虑或放松的区域，这样会不利于游戏进行。因此，游戏设计者需要不断控制游戏的难度，使其与玩家操作技能处于一个相互匹配的状态，推动玩家达到兴致高涨的状态。

当人们刚刚开始进行一项活动时，他们通常只有很拙劣的技巧。如果挑战太难，他们就

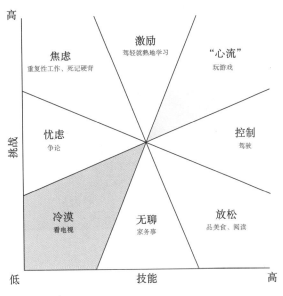

图 5-9 心流理论分区

会感到挫败；当他们继续这项活动，能力得到提升后，如果挑战难度保持不变，他们就会感到无聊。游戏也是同理，一方面，如果玩家的技能水平明显提高但挑战难度没变，玩家将进入厌烦区（A2）；另一方面，如果挑战难度加大，但玩家的技能水平没有改善，用户则走向焦虑区（A4）（见图 5-10）。

心流是检测技能与难度设置关系的通道。若某人的技能在较长一段时间内完成任务或重复任务时有所改善，即随着时间的推移而提高，则符合 A1 到 A2。相应地，对于更聪明的人来说，则符合 A2 到 A3。

游戏设计者在设计游戏的时候，需要调整难度或者技能训练，使得 A4 到 A3 或 A2 到 A3 得以实现。

很多优秀的学生进入大学后，会觉得高等数学成了一道难过的坎，有的甚至在及格线上挣扎。包括高中教育在内的基础教育，在设计题目、教学等方面，学校都会尽力去引导学生进入心流状态。在心流状态下运用题海战术，学生不会觉得累，反而会觉得题目越做越有趣。那么为什么上了大学以后学好一门课变得那么困难了呢？大学的一门课在一学期大约只有 32 课时，课时短，加上一些教师并未重视本科教学（理由见第 9 章"游戏规则与博弈"章节），因此难以引导学生进入心流状态，这就导致很多大学生在学习这些课程时感到吃力。

7. 注意与感知

感知是我们神经中枢对外界刺激的应激行为，大部分情况下是被动的。而我们常说的注意不同于感知，人类对于注意可以有主动选择性。因此，在设计一款游戏的时候，需要抓住玩家的注意力。

有一个现象叫"无意视盲"——当界面上出现过多信息的时候，玩家会忽视掉其中一些元素。因此，在呈现游戏内容时，不要在屏幕上一次性提供太多的信息。就像我们做课堂展

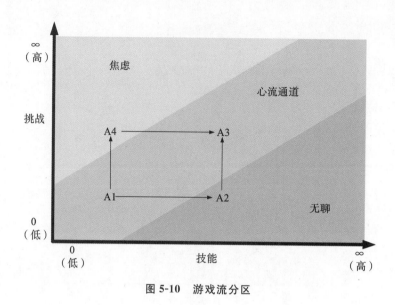

图 5-10　游戏流分区

示,如果在一页 PPT 上放了过多的文字,听众就会对演讲内容丧失兴趣进而走神。游戏亦是如此,为了激发玩家特定的感官与情绪,不要一次性提供太多感官输入。

8. 人类幼崽效应

在所有的高级动物中,最弱的生物幼崽其实是人类。比如我们来看看运动能力中最基本的独立行走:有蹄类动物,比如马,在出生后数小时内便开始行走;而啮齿动物,比如老鼠和小型食肉动物,需要数天或数周的时间;非人类的灵长类,如猴子,需要数月的时间;而人类,根据世界卫生组织对 4 个月到 24 个月大的正常儿童运动能力的一项研究,来自 5 个国家的 816 名儿童学会独立行走时的年龄中位数为 365 天。

这其实是进化的选择,如同本章开始时所描述的。人类为了更好地生存,选择了将大脑作为主进化策略,然而一旦胎儿在母体内完成大脑发育,将必然导致母体难产死亡、基因断绝,所以当下的人类某种意义上都是早产儿,大脑在出生后才逐步发育。

人类以让渡初期的能力为代价,保证大脑后期的优势。这也是培养的乐趣所在,牺牲前期换来柳暗花明的乐趣。所谓"养成系"在 MOBA 类游戏中,强调的就是辅助的游戏体验。

9. 约定俗成

一般对于动作类游戏或者操作性强的游戏而言,使用一套约定俗成的按键与操作方式会更容易被玩家接受。例如,《守望先锋》中的士兵 76,就是将一般 FPS 游戏(第一人称射击游戏)的通用操作方式制作成了一个基础性角色(就连大招也是短时间内获得一般 FPS 的自动瞄准外挂)。

可以思考一下,如果《英雄联盟》在操作上不继承 DOTA,会带来哪些后果呢?玩家需要花费额外的学习成本去适应一套操作,而且在游戏战况激烈时更加容易出岔子、操作手忙脚乱。因此，不要轻易更改约定俗成的用户习惯。

10. 席克定律

当用户面对一列相似的选项时，每往列表上加一个选项，他做选择的时间将成对数形式增长。席克定律的公式为：$RT=a+b\log_2(n)$，其中 RT 表示反应时间，a 表示与做决定无关的总时间（前期认知和观察时间），b 表示对选项认识的处理时间（从经验衍生出的常数，对人来说约是 0.155 秒）。

当然，对用户来说，选项数量并不是越多越好。在设计游戏选择时，合理的选项数量是 3~6个——除非做选择的人内心已经有了一个相对明确的答案。因此，游戏设计者在设计选项时，应尽可能让玩家处于选择困难的状态，以达到激励交互思考与设置多周目的目的，有效延长游戏时间。

11. 巴斯特原则

巴斯特原则是由一只名叫巴斯特·基顿的鹦鹉发明和示范的。它在和它的主人玩敏捷游戏时一直留心观察主人是否感觉受挫，它知道当人类恼火时，往往会迅速结束这个让自己恼火的活动。这只鸟想让游戏时间尽可能延长，因此当它感觉到主人在生气的界限时，就会为游戏降低一点难度来让主人感觉到成功。

电子游戏里，当玩家为完成一个任务时已做出多次尝试的时候，系统应该试着暗中把这个任务变得稍微简单一点，否则玩家弃游的风险将大大加大。因此，游戏设计者需要设计一个机制，让游戏可以自动调整（当然是在玩家不知情的条件下进行后台操作），以把玩家的兴趣和兴奋程度维持在一个相对稳定的区间内，鼓励玩家继续进行游戏。因此，巴斯特原则又被称为动态难度调整（DDA，Dynamic Difficult Adjustment）。

12. 基本归因错误

读者可以回忆一下在高中阶段，包括现在的阶段，人们考试失败后的总结，是不是总有一些人认为"这次考不好是因为身体不舒服""这次考不好是因为题目太难""这次考不好是因为考场的椅子不舒服"……

人们习惯于为自己的行为找原因，而将他人的行为归咎于他人的主观因素，也就是说"他人一定是故意的"，而忽视了他们所处的情境。游戏设计和测试过程中面临着同样的问题。当一个游戏测试的受试者对游戏体验不理想时，受试者会归咎于游戏本身，而不会去思考是不是自己状态不好，或者没理解游戏机制；同样地，游戏设计者也会理直气壮地怪罪受试者，他们认为问题显然出在受试者身上。因此，公正客观地分析问题到底是因何而生是非常困难的。

13. 空间感知

空间感知是指一个人对自己在空间中所处的位置以及自身与周围事物和环境之间关系的认识。

（1）大教堂效应：建筑天花板的高度和人们的思考行为之间存在显著关系，天花板越高，越能够促进人们的思考、激发人们的创造力。人们在高天花板的建筑里能感觉到视角被提升，思维更清晰。

（2）幽闭恐惧：玩家意识到自己被困在一个小空间或者敌方视线范围内时，会产生明显的恐惧。从机制上讲，这些环境通常包含一些可供藏身的地方，以及潜在的秘密入口。有时候最简单、最直接的方法反而是最好的，也就是说在设计游戏时，可以将玩家困在敌方视线范围内的地方，让玩家感受危险靠近的恐惧。

（3）庇护所：出于追求安全的本能，人们喜欢一个能够蔽身的场所，这也是一般游戏中的主城的设定。如果能够从远处看到危险来临，就可以让玩家多疑的本能得到满足，那么找到一个任何威胁都无法靠近的藏身之处也同样会让其感到高兴。

（4）旷野恐惧：旷野恐惧是对广阔、开放空间的一种病态恐惧。这种恐惧，会让玩家随着视野的开阔而产生脆弱感。从机制上来讲，这样的环境让玩家在寻求庇护或是为各种攻击寻求掩护的行为上缺乏选择，可以让玩家受到来自敌方狙击手、boss、远程迫击炮的袭击或是空袭。

14. 时间膨胀

时间膨胀的原意来自相对论，虽然人类不能经常感觉到相对论中的时间膨胀，但在游戏知觉中，时间膨胀却是真实存在并且经常发生的，这种体验可以被描述为某种进行中的活动在时间上被拉长或者飞逝。在 steam 的《文明》系列评论区里，随手一翻就可以看到玩家感叹自己不知不觉就玩了十几个小时甚至二十个小时的评论。玩家进入心流状态后，时间膨胀会明显发生，他们会沉浸在游戏里，感受不到时间的流逝。

如果玩家抱怨时间感觉被拉长了，就是一个明确的传递给游戏设计者的信号：这个游戏需要改进。相反，玩家如果享受游戏的过程，就会感到时间飞逝。

15. 游戏进程的驱动力——反馈

合理的反馈机制是存留用户的核心因素之一。反馈可以是正反馈或负反馈，可以提高系统中的分散度或者平衡性。

需要注意的是，这里的正反馈和负反馈不是新闻传播学的概念。

（1）正反馈。

正反馈是指使原来传递的信息在下一次传播中得到加强的反馈，正控制论环状回路无法维持系统的稳定状态，它会鼓励系统表现出越来越多的极端行为。例如，空调恒温器被颠倒过来，只有当室温低于某一临界点时，它才会启动空调，这就成了正反馈系统。如果室温低于比较器的阈值，空调将不断继续运行，使房间越来越冷，温度就会稳定地越来越低。马太效应是典型的正反馈之一，罗伯特·莫顿把"马太效应"归纳为"任何个体、群体或地区，在某一个方面（如金钱、名誉、地位等）获得成功和进步，就会产生积累优势，有更多的机会取得更大的成功和进步"。

以游戏积分系统为例子，如果玩家得到一分，就能获得额外回合，这就代表着得分的正面影响。这样的后果就是，本轮得分的玩家将在下一轮有更多的机会得分，从而造成得分高的人得分越来越高的结果。

(2) 负反馈。

负反馈是指使原来传递的信息在下一次传播中减弱的反馈。想象一下，在炎热的夏天，房间里有一个连接着恒温器的空调。空调的恒温器首先包含系统的传感器——温度计用以监控室温。恒温器还包含比较器，它可以用来比较室温和用户设定的空调温度。如果温度计测量的室温高于用户设定值，系统的启动器将激活空调使房间降温。

中国古代王朝周期律是负反馈的一个例子：极端的不公导致社会的崩溃，从而达到新的相对公平，周而复始。

游戏设计中，负反馈的主要作用是调节游戏的平衡性，或者中和正反馈对游戏过程本身可能存在的破坏性。比如，在游戏中规定，如果每位玩家都得到一分，他们便不能参与下一轮，这就是负反馈的一个例子。这就可以平衡两名玩家，而不是允许一名玩家获得越来越多的利益。

缺少正反馈的游戏，比如《黑暗之魂》系列，很容易让新手望而却步，导致玩家流失。而《暗黑破坏神3》因为缺少一部分负反馈，导致游戏数据爆炸，后期显得极其乏味。

游戏设计师马克·勒布朗总结了一些"规则"，将控制论应用于游戏设计。这些"规则"包括以下内容。

① 负反馈使游戏趋于稳定。
② 正反馈会破坏游戏的稳定性。
③ 负反馈可以延长游戏的时间。
④ 正反馈可以快速结束游戏。
⑤ 正反馈会放大早期的成功。
⑥ 负反馈会放大后期的成功。
⑦ 反馈系统可以"意外"地出现于游戏系统中，一定要识别它们。
⑧ 反馈系统可以从玩家手中夺走游戏控制权。

受限于篇幅与时间，以上介绍的技巧是所有技巧中最具代表性的，但若要设计一个游戏，整体上说还是远远不够的。心理学的魅力也不局限于此，把技巧和需求融会贯通，才是游戏设计的魅力。

五、章节总结

(1) 人类在游戏中产生的快感，多数是因为游戏唤醒了人类基因中本能的天性。

（2）游戏可以协调心理学的愉悦原则和现实原则。

（3）游戏设计符合马斯洛需求层次理论，玩家也会从最基础的生理需求不断迈向自我实现的需求。

（4）各种技巧可以大幅度提升游戏的可玩性和沉浸感。

推荐阅读

［1］ Tracy Fullerton.游戏设计梦工厂［M］.潘妮,陈潮,宋雅文,等译.北京:电子工业出版社,2016.

［2］ 大野功二.游戏设计的236个技巧:游戏机制 关卡设计和镜头窍门［M］.支鹏浩,译.北京:人民邮电出版社,2015.

［3］ Wendy Despain.游戏设计的100个原理［M］.肖心怡,译.北京:人民邮电出版社,2015.

课后作业

1.选定一款游戏,试分析其利用了人类的哪些天性。

2.自己设计一款游戏,将人类天性和各类零碎需求技巧融入其中。

第 6 章 游戏的软件工程

> **学习目标与要求**
>
> 1. 理解面向过程和面向对象的意义。
> 2. 了解并掌握非数字化原型的价值。
> 3. 熟练掌握游戏开发设计的工程流程。

一、工程模型

在制作游戏的过程中，浮于理论是远远不够的，任何游戏最后都会以一个工程的形式传递给玩家。工程能使我们的想法真正转化为现实。建造工程模型一般有两种思维模式：一是面向过程；二是面向对象。

在实体工程领域，如不便更新与迭代的城市规划等大型工程，我们主要采取面向过程的方式。而在计算机及软件领域，通常会使用面向对象的方式处理信息工程（如代码），以便制作与修改。游戏设计中，面向对象的工程思维毫无疑问更适配我们的需求。首先，面向过程相对会花费更多的时间和精力；其次，由于我们无法掌控游戏的全程（尤其是后期），面向对象可控性更高。

面向过程对应软件工程中的瀑布模型（见图6-1）。我们首先需要考虑清楚全部的需求，之后如瀑布一般推进到设计阶段、研发阶段、测试阶段及维护阶段。每一个阶段都建立在前一个阶段基础之上，上游任务未完成时，工作流就无法传递至下游。修造建筑，如桥梁、地铁等，一般都使用瀑布模型。

面向对象对应软件工程中的螺旋模型（见图6-2）。其不同之处在于，我们每次只需要完成一小部分工作，之后不断地进行迭代即可。

迭代一定是基于螺旋模型的，也就是说，当我们需要迭代时，必须使用螺旋模型的思考方式。迭代是一个循环递增的过程。每一个循环都包括了游戏制作过程中的想法创意、游戏原型、测试原型、分析评估等。整个过程在对设计、原型、评估的循环迭代中不断改进和深入，直至做到最好，如图6-3所示。

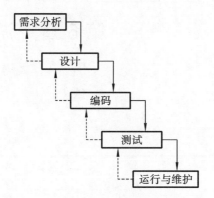

图 6-1 瀑布模型

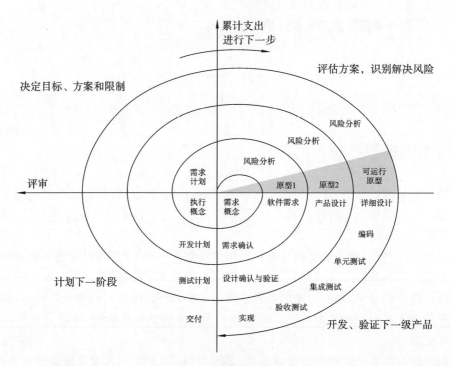

图 6-2 螺旋模型

图 6-3 迭代过程

二、工程准备阶段

工程准备阶段包括很多工作,如图 6-4 所示。

1. 需求分析

需求分析覆盖主题元素、故事线、内容、题材等内容。

作为故事的讲述者,游戏设计者需要明确故事要表达的内容、思想、价值观、讲述对象、预期效果;明确游戏的内容形式,如文字类、解谜类、射击类、动作类;明确游戏的美学,如让玩家在恐惧之中体验灵光一现的乐趣;明确游戏的题材,如时代背景、文化背景、时空背景等。

在收集完需求后,游戏设计者需要对所有需求进行优先级排序,输出最终优先级列表。

图 6-4　工程准备工作

2. 定义目标

在定义游戏元素之前,需要明确游戏目标,确保元素为目标服务。

游戏设计者需要明确游戏的任务,这通常包含两个问题:一是要完成什么;二是由谁来完成它。同时还要考虑设计这款游戏是为了纯粹娱乐、学习、释放压力、获得技能,还是为了表达人类社会的热点,游戏瞄准的是哪类人群,目标用户具有什么特征。清楚地考虑这些问题能够帮助设计者总结游戏本质,也能使游戏的开发方向更为清晰。

确定了目标才能更好地定义游戏元素(包括概念、功能、艺术等方面)。

3. 头脑风暴

头脑风暴是最为重要的一步,也是在进行任何创意型工程时都不可或缺的一步。严格来说,这是一种在初期专注数量胜于质量的方式,参与头脑风暴的人员聚在一起,用有限的时间进行快速思考,通过思想碰撞来产生大量游戏创意。

一般地,头脑风暴会议需要进行如下准备:①明确会议目的,如讨论游戏角色的名字;②有选择地挑选与会者,如讨论画面时,让更多美术和程序人员参与其中;③确保每位与会者对会议内容有所准备,这是提高会议效率的重要手段。

同时,头脑风暴会议也须遵守一些规则:①拒绝批判,头脑风暴的目的是产出更多想法,而不是排除想法;②避免直接开始讨论想法,这可能会让会议失去焦点;③当想法停滞时,想办法促进产出。

通常而言,我们需要在这一步产生 3 个左右的初始创意。卡牌纸片法是目前最常用的一个方法:假设小组共有 5 名成员,在事先未进行任何交流的前提下,成员们将初始的创意想法写于卡片或文档上并同时展示,若有 3 人思路接近,则可考虑该想法是否具有可行性,其他成员对自己思路的创意性进行思考,决定接受他人的想法或是尝试说服他人接受自己的想法。内部讨论结束后,将所有的初始创意展示给相关的人员,比如上层指导者或者潜在的首要用户,以检查创意设计是否处于正确的方向,同时检查创意是否能与其他媒体进行融合。

4. 确定游戏形式和游戏开发工具

在此步中,须考虑目前团队的限制、优势与天花板,是否有程序人员以及程序人员的技术水平如何等,确定游戏的形式,如桌游、电子游戏,以及游戏引擎。

游戏引擎是帮助游戏开发的便捷工具,也是游戏工程开发的基础,常见的引擎从易到难有:橙光、网易易次元、腾讯 1001、RPG maker、Roblox、Unity、Unreal 以及 Cocos 2D、CryEngine、寒霜等。选择引擎时也要思考引擎是否与工程结构相吻合。

三、工程启动阶段

1. 创建动作清单

第一步,列出我们希望在游戏中做的动作,包括需求动作和系统动作。需求动作指玩家可以在游戏中进行的行动,这在前面的章节已介绍过。系统动作指与游戏内容不相关的动作,如选择角色、存读档、游戏结束时的结果反馈等。系统动作对游戏也发挥着重要作用,如存档就具备如下好处:允许玩家中途休息;给玩家更多生命和机会,延长游戏时间;鼓励玩家探索更多策略。

第二步,在动作内容与用户目标之间建立强链接。一款游戏应针对用户目标制定相应的动作内容,两者一旦割裂将会产生不定程度的消极后果。如 2018 年暴雪嘉年华推出《暗黑破坏神:不朽》,将轻用户产品与核心用户进行对接,产生了灾难性后果。

第三步,如果发现有动作内容和用户目标没有链接起来,应确定是否有无意义的游戏动作。若有,或者将其去除,或者改变机制使其变得有意义。

2. 确定核心规则

我们需要确定游戏中应该包含哪些规则。游戏的核心机制对游戏实际的运作方式起着决定性作用,规则决定着玩家如何与游戏进行交互。

关于游戏规则的具体制定,将在之后的章节详细说明原理与技巧,其内核是博弈论。

需要强调的一点是，规则是有边界的，不同的游戏中规则也不同。我们要定义好游戏规则边界的范围，继而确定游戏行为的合规性。

同时注意规则制定时存在的常见问题，好的规则应该作为驱动力，控制玩家在游戏中尽可能执行游戏动作；要明确用户哪些操作可以被允许，哪些操作需要被约束，以及哪些规则应该留给玩家自己去理解从而自然形成游戏策略，哪些应该直接明白地告知玩家。

3. 确定用户的入门等级

评估游戏规则，确保规则与用户的预期发展水平相一致。

如果规则过于简单，对玩家挑战不足，则需要适当增加规则的复杂性以保证相应的趣味性与学习梯度。若游戏一直维持在一个简单状态，玩家会处于极度放松和无趣的阶段。如果规则过于复杂，影响玩家有效使用，则需要适当对规则进行简化，否则玩家会处于一个焦虑状态。在这个过程中，我们可以采取以玩家为中心的方法：不以简单设置难度级别为目标，而是思考如何通过动态设置难度使玩家的满意度最大化。同时考虑难度的两个组成因素：技能要求和时间限制。

因此我们需要不断调整规则，在简单与复杂中进行操作调控，寻找玩家能力正好符合问题难度的平衡点，使玩家维持在心流状态，以利于其长期存留。

事实上，这个问题是相对的，对于用户群体多元的游戏，规则的制定不能一味迁就某一方，而需要多方平衡。

4. 确定游戏决策路径

确定决策路径通常会采用思维导图或者交互图。

我们需要确定玩家应解决的矛盾和问题，以及游戏过程的难点与重点在何处。在制作游戏时，为使游戏更为有趣，常常利用冲突与矛盾让玩家进行相互间的博弈。这时候，如何制造一些冲突点，用策略驱动游戏就极为重要。例如，麻将和扑克在运气的基础上还存在一些技巧性的玩法。

最后，我们还要确保游戏故事、游戏系统与玩法、游戏的反馈与结果能够清晰明了地得到展现。

5. 设计叙事内容

叙事内容并不是一定要有的，比如《俄罗斯方块》《2048》和《跳一跳》都没有叙事。但好的叙事一定会使一个新游戏在用户吸引力上增色不少，如增强代入感、发挥间接性的教育作用等。对于游戏这道"菜"来说，叙事是无可替代的调味品。

6. 设计一个游戏原型

原型制作是游戏开发的一个关键组成部分，它能让游戏的制作者测试游戏玩法或挖掘新想法等。

设计第一个游戏原型时,如图6-5所示,首先应利用所有元素,这些元素包括叙事内容、规则与决策、用户对象、游戏动作等;然后确定游戏形式,包括图版游戏、卡牌游戏、角色扮演、文字游戏以及其他形式;最后设计一个非数字化版本的、包含20%游戏内容的纸面原型。

图6-5　游戏原型设计过程

7. 自己试玩

游戏的第一个原型必须由设计者自己参与试玩。可设计一本"规则集"小册子,详细列出游戏玩法、策略选项、相关的逻辑顺序,用以指导原型试玩。

试玩时要重点测试游戏逻辑是否合乎常理,是否所有的游戏事件、结算、挑战、平衡以及预先设定好的各种条件、规则、展示信息都能运作良好。在此过程中,可以发现游戏结构性方面的问题,并对发现的问题进行修正,同时应用心流理论,评估并平衡游戏的挑战性。

8. 可用性测试

找一个或若干位朋友对第一个原型进行测试,如果条件允许,可以找最终目标用户进行测试。让测试者完整玩一次游戏,并给出对应的反馈与意见。进入下一阶段前,修正对应的漏洞,并仔细思考评估测试者给出的反馈与意见,以确定要迭代的内容。

9. 开发已有的游戏内容

如果我们最初的想法是做桌游,则跳过这个步骤或者在纸面完成操作,比如飞行棋。但如果是考虑做电子游戏,此时的工作极为重要。第一版本的数字化内容需要尽可能简单,比如美术素材可用很简单的元素进行表达,以在出现问题时将迭代损失降低到最小。

10. 数字化的可用性测试

针对数字化的原型与模拟测试,提出针对性的问题,比如"你觉得这里的交互有什么问题"等。

11. 用户调研报告

当我们完成可用性测试或基于可用性测试完成数字化模型后,需要生成一份用户调研报告。如果我们最初的想法是做桌游,也可以跳过这个步骤。对于电子游戏,则需要对当前版本的电子游戏Demo进行测试,寻找目标用户,并跟踪他们的体验反馈。

12. 修正游戏玩法

仔细阅读用户调研报告,根据需要对游戏进行调整,对存在的问题进行深入分析,如游戏难易度是否合理,是否存在规则漏洞或者逻辑漏洞等。

基于用户测试结果,修正玩法。首先应关注是否存在对游戏玩法、机制等进行彻底翻修的系统性问题,先从大问题开始修正,然后再解决小问题,因为如果大方向错了,对大方向进行调整时,小问题可能会随着大方向的修改而消失。反之,若先解决小问题,当大问题被修正后,原先的小问题可能被自然解决,也可能会出现新的问题,之前所做的工作有可能沦为无用功。

我们可以撰写一份漏洞文档,用以记录测试过程中存在的问题和修复情况,以便进行游戏的循环测试。

四、非数字化原型

做一款游戏看似十分困难,实际上一个策划从原型入手设计一款游戏并不是不可完成的事情。原型可以用棋盘、卡牌、纸和笔等非数字化方式完成,这样的"低还原度"原型可以在游戏制作初期发现和解决许多潜在的问题。即使游戏的有些部分需要大量数字化处理或基于物理模型,我们仍可以用纸质原型还原、测试其他部分。

例如,《暗黑破坏神2》和《魔法门之英雄无敌3》等众多电子游戏都是基于DND桌游及其世界观改编而来。众多游戏界专业学者,包括《屠龙记:创造游戏世界的艺术》一书的作者罗伯特·丹顿·布莱恩特,都建议游戏的设计从非数字化原型入手。归结起来,原因有以下几点。

第一,作为一个游戏策划,非数字化原型是最单纯的原型。这体现在两方面:一是非数字化原型不需要程序或过于复杂的美术就能实现;二是可以排除干扰因素,迅速捕捉到游戏吸引人的核心点。

第二,可以即刻实现。

第三,桌面游戏往往是电子游戏的原型,也是游戏策划用以说服他人的手段。当我们想做出一些有意思的东西,并希望在短期内获得他人的支持或投资时,使用电子原型会耗费较长的时间。

第四,防止游戏策划新手放飞自我。在电子游戏的环境下,策划新手往往会产生一些不切实际的想法,而对于桌面游戏,策划者更易专注于游戏的规则、美学等方面。

接下来,我们以经典桌游飞行棋为例,分析其策划过程。

1. 确定基本规则(开始步骤见上文"工程启动"部分的 1~6)

核心体验:关于竞速的桌面棋类游戏;
主题:飞行;
游戏目标:玩家控制代表飞机的棋子,先到终点的玩家胜利;
年龄段与性别倾向:全年龄,男女不限;
玩家人数:2~4人;
道具:棋子若干和 6 面骰子 1 个;
定位:休闲桌游,适用于聚会、家庭场景;
游戏时长:30~60 分钟。

2. 分析游戏定位

已明确游戏是一款休闲桌游,适用于家庭、聚会场景,接下来对其进行更深入的分析。家庭由父母和孩子组成;聚会由各种不同类型的玩家,如硬核玩家、游戏小白等组成。

对于年纪较小的儿童或者初心者玩家,需要用简单的策略吸引他们,太难的策略会导致其失去耐心,不再尝试;对于父母或者熟练玩家,需要发挥他们的技能,使其获得成就感。

通过分析发现,初心者玩家倾向于运气,熟练玩家倾向于策略,我们需要平衡策略与运气的比例。考虑到家庭游戏有陪伴性质,以及聚会游戏具有普适性,可以适当增大运气玩法比例,加以简单的策略,使游戏符合家庭、朋友聚会的场景。

3. 确定核心体验和玩法

已明确游戏的核心是竞速,并且又有较大的运气玩法,因此采用骰子、回合制的游戏方法:每一轮玩家依次掷骰子,玩家根据骰子点数在棋盘上移动对应格数,先到终点的玩家获胜。

接下来考虑游戏空间的设计。空间是游戏发生地,也是游戏的载体,很大程度上影响游戏可玩性和规则。可供选择的有直线、S型、首尾环接、螺旋、网状等。考虑到桌游纸张利用率以及玩家操作的便捷性,我们选择正方形的纸张和螺旋的方式。

五、螺旋迭代

螺旋迭代中,每次新增内容都需要对以下步骤进行循环(设计游戏原型—自己试玩—可用性测试—开发已有的游戏内容[如有必要]—数字化的可用性测试[如有必要]—用户调研报告—修正游戏玩法),直到游戏设计者和用户都基本满意为止。

需要注意的是,每次迭代的内容只能有一项,类似生物学实验中的控制变量,否则我们将无法将迭代对游戏产生的影响准确归因到某一个变量,而这可能会导致我们选择错误的游戏元素。

下面继续以飞行棋为例(见图 6-6)进行说明。

图 6-6 飞行棋

1. 第一次螺旋迭代

玩家每一局能够移动的格数是 1~6,期望为 3.5,现有飞行棋有 55 个格子。平均一个玩家 16 轮到达终点,每次投骰子 8 秒,4 位玩家轮流投掷,理想状态下,游戏 8 分钟结束。

选取 24 位玩家测试,分六组,各自按照当前规则把游戏玩完,提交反馈意见。

结果表明,玩家感觉单调无聊,完全依赖运气,6 组玩家平均用时 5~7 分钟。

因此,我们需要加入更多元素。为解决游戏时间太短的问题,添加一条新的规则:当骰子被掷出 6 时,玩家的棋子才可以起飞。

2. 第二次螺旋迭代

迭代内容:投掷出 6 时才可以起飞。
测试过程:选取 24 个玩家测试,分六组,各自按照当前规则把游戏玩完,提交反馈意见。
测试反馈:
①添加该规则后,游戏平均时长提高到 10~20 分钟;
②玩家开始时对投掷到 6 十分在意,增强了赌博感、紧张感。

分析：
①玩家对能否起飞无法事先判断，具有面临未知的紧张和恐惧；
②仅仅起飞阶段变得有趣，后面的步骤和第一次迭代没有区别。
改进：引入行走过程中的对抗机制。
①破坏是人的天性；
②"撞子"规则，棋子在行进中遇到停留的其他玩家棋子，将其撞回基地。

3. 第三次螺旋迭代

迭代内容：撞子规则测试。
测试过程：选取 24 个玩家测试，分六组，各自按照当前规则把游戏玩完，提交反馈意见。
测试反馈：
①添加该规则后，被撞的玩家紧张感极度增强；
②发生概率太低，事实上不太容易发生。
分析：需要提高撞子事件的发生概率。
改进：每位玩家引入更多的棋子。
①提高"撞子"概率；
②延长游戏时间——理想时间是 30～60 分钟，是目前 10～20 分钟的 1.5～6 倍；
③我们选取 4 作为倍率。

4. 第四次螺旋迭代

迭代内容：其他规则不变，每位玩家可控棋子数为 4。
测试过程：选取 24 个玩家测试，分六组，各自按照当前规则把游戏玩完，提交反馈意见。
测试反馈：
①撞子概率大幅度提高；
②游戏时长明显延长至 30～40 分钟。
分析：
①撞子的不确定性让玩家觉得更加刺激，撞子系统保留；
②依旧有玩家在概率上不会遇到撞子事件，对于这部分玩家，仍须提升游戏的趣味性。
改进："飞行棋"加入飞行元素。
①玩家有四种颜色，那么我们可以利用颜色将棋盘着色；
②当棋子落到对应的颜色格子中时，可以跳到下一个同色格子中；
③增加极速传送路径，加大移动的不确定性。
在本次迭代中，游戏增加了更多策略选项，如当掷出 6 时，玩家可能面临以下几种选择：棋子 A 走 6 步到达终点；棋子 B 走 6 步将其他玩家的棋子撞回基地；棋子 C 从基地起飞；棋子 D 同色传送或极速传送。

5. 第五次螺旋迭代

迭代内容：跳子规则测试。
测试过程：选取 24 个玩家测试，分六组，各自按照当前规则把游戏玩完，提交反馈意见。
测试反馈：
①游戏可玩性大幅度提升；
②玩家除了运气之外，需要思考移动 4 个棋子中的哪个棋子才能达到利益最大化；
③游戏时长明显延长至 40～60 分钟。
分析：
①利用策略分析进行跳子，会让玩家获得极强的成就感，思考策略可以延长游戏时间并且使技术型玩家（家庭中的父母、聚会里的熟练玩家）获得参与感；
②保留该设定。
至此，游戏满足了我们最初的期望与需求，用户也感到满意，飞行棋诞生！
接下来我们思考：飞行棋可以变得"高大上"吗？
核心体验：将"关于竞速的桌面棋类游戏"修改为"关于竞速的电子主机游戏"。
主题：将"飞行"修改为"竞速"。
游戏目标：将"玩家控制代表飞机的棋子，先到终点的玩家胜利"修改为"玩家控制赛车，先到终点的玩家胜利"。
年龄段与性别倾向：全年龄，男女不限——此条不变。
玩家人数：2～4 人——此条不变。
道具：将"棋子若干和 6 面骰子 1 个"修改为"手柄"。
定位：休闲桌游，适用于聚会、家庭场景——此条不变。
游戏时长：30～60 分钟——此条不变。
于是，你会发现——我们从《飞行棋》得到了《马里奥赛车 8》（见图 6-7）！

图 6-7 《马里奥赛车 8》

6. 关于游戏原型

游戏迭代中,原型是重要的一环,它可以简化游戏的呈现形式,也让设计师更加清楚地看到想法的优缺点,同时让团队成员更加了解游戏策划的意图,以低风险、低成本改进游戏。

游戏的每一个存在元素都可以被利用。比如飞行棋有四个颜色的棋子,颜色就是可以利用的元素之一。充分利用每个元素的价值,会让游戏变得更加有趣。

一般来说,游戏原型有以下三种:一是实物模型,模型材料随手可得,方便易用,如桌游永远是原型的最好选择;二是利用关卡编辑器或者引擎,其优点是更方便、直观地实现游戏;三是实景游戏原型,其优点是测试更加精确,缺点是成本投入高,比如真人CS。

六、打磨

1. 打磨游戏

虽然在产品迭代过程中我们修正过很多问题,但是依旧有很多琐碎的小问题之前未来得及进行修正,所以我们需要进行以下四个步骤。

一是仔细检查产品细枝末节上的琐碎问题,如规则上的漏洞,逐一对其进行修复。这一点将会在后续章节详细说明。

二是提升游戏美术素材的表现品质,包含所有的材质、图像、人物形象、动画效果、UI美术等。

三是检查游戏中所有文字的拼写和语法,确保其适合用户的阅读与理解水平,如《三国杀》中的"使用"与"打出"的含义是不同的。

四是打磨核心元素,使核心元素表现得更好。

2. 继续打磨

在这一步继续重复以下三个步骤。

一是找一些和这个游戏完全没有利益关系的人,或者不常玩游戏的人,看看对于他们来说,游戏是否有不合理以及难以理解的地方。当然,他们的意见如果过于离谱,可以选择无视。

二是把自己当作一个新手,以新手视角进行一次游戏,思考游戏中哪些内容合理,哪些内容不合理还需要打磨修改。

三是制作并检查游戏说明书。

3. 再三打磨直到出类拔萃

实际上,到这一步时,游戏已经达到了十分优秀的水平。我们可以用新用户的视角,或某位特定人物的视角重新审视和打磨游戏。再三的打磨能让一个"不错"的游戏变得"优秀"。直至我们看到这个游戏就产生"厌倦"之感,它就具有了被拿出来给更多用户玩的资格。

当然,若是作为爱好者,则不一定非要走到这一步;但对于商业化游戏的设计开发者来说,这是必经之路。

4. 完整版 Beta 测试

到此,游戏进入公测的阶段。我们需要找一批与自己不相关的实际目标用户,将游戏完整地提供给他们,并准备好调研问卷,发放给这些用户以获得及时反馈。

关于问卷,有以下两点建议:问卷问题不要太多,尽量不超过 20 个,避免用户厌烦,或使自己抓不住重点;问卷可以包含若干个易用性问题,若干个可玩性问题,若干个系统、内容方面的问题。

5. 修正与发布

修正遗留的漏洞和故障,微调提升游戏玩法。到了这一步,我们应该已极尽所能地做到了最好,可以发布完整版本的游戏了,同时还应着手进行调研。

6. 打磨与补丁

完整版也会面临各类玩家反馈的问题。我们无法预判玩家会进行哪些操作。后续应不断地根据调研反馈,给游戏打补丁,从 1.00 到 1.01,到 x.xx……必要时准备 DLC (Downloadable Content) 与资料片。

七、章节总结

(1) 工程思路分为面向过程的瀑布模型和面向对象的螺旋模型,在信息工程领域,能使用面向对象的螺旋模型就使用螺旋模型。

(2) 工程准备阶段分为 5 个步骤,分别为需求分析、定义目标、头脑风暴、确定游戏形式、确定游戏开发工具。

(3) 工程初期执行阶段,具体包括创建动作清单、确定核心规则、确定用户的入门等级、确定游戏决策路径、设计叙事内容。

(4)工程螺旋迭代中期执行阶段,具体包括设计一个游戏原型、自己试玩、可用性测试、开发已有的游戏内容、数字化的可用性测试(如有必要)、用户调研报告、修正游戏玩法。该阶段视情况会重复 N 次。

(5)如果是商业游戏,还需要经历打磨阶段。具体包括打磨游戏、继续打磨、再三打磨直至出类拔萃、完整版 Beta 测试、修正与发布、打磨与补丁。

(6)即便是简单的游戏,电子化后修改几个目标也可以产生复杂的作品。

 推荐阅读

[1]　海瑟·麦克斯韦·钱德勒.游戏制作的本质[M].3 版.腾讯游戏,译.北京:电子工业出版社,2017.

[2]　欧内斯特·亚当斯.游戏设计基础[M].3 版.江涛,译.北京:机械工业出版社,2017.

 课后作业

1. 完成设计一款桌游或者纸面原型,注意按照螺旋路径进行迭代。
2. 有条件的话,在 1 的基础上完成数字化原型。

第7章 游戏的文案与故事设定

学习目标与要求

1. 理解游戏文案策划的工作。
2. 掌握引导故事主题的方法。
3. 熟练掌握人物设定和定位。
4. 理解游戏世界观的设定方式。

一、游戏的文案策划

在介绍分层四元法时我们提到,叙事是游戏这道"菜"里面无可替代的调味品,而强叙事型的要素就是"咖喱"。哪怕是一个新手烹饪者,也可以轻松使用咖喱,配上杂乱的食材,做出美味的料理。一个好的故事可以直接把玩家黏住,而且有些用户本身对游戏兴趣不大,但是他们喜欢各种故事,也没有人会拒绝故事。另外本章节会涉及一些作品的剧透,剧透前将会有提示。

在本章的开始,还是请读者思考几个问题。

①如果你是吴承恩,需要在取经团队里再加一个角色,你会做怎样的设定?

②如果你是《哆啦A梦》制作者,要在主角团队里增删人物,你会如何考虑?删除出木杉英才如何或者哆啦美如何?类似地,《名侦探柯南》的少年侦探团如何加入新角色?

③四大名著的角色塑造按照文学性应如何排列?

④如果让你设定一个虚拟的国家,你会如何入手?

游戏的文案策划简单来说可以分为两个阶段,如图7-1所示。第一个阶段被称为策划阶段,该阶段中的策划并不等同于整个游戏的策划,而仅仅是整个游戏策划分支下文案策划内的一个阶段。在这个阶段之中,策划者往往会把自己脑中较为抽象的想法、点子、故事,构建成游戏中较为具体的主题、目的、角色、世界,并依据这四个要素确定故事的走向,从而确定策划阶段的五个核心要素。

当策划阶段大致确定了游戏内容之后,文案策划流程就到了第二个阶段——剧本创作阶段。而在该阶段中,在策划阶段确定的五个要素就像是料理的食材,需要通过某些方法、步骤、工具将它们组成一道"菜",从而创作出游戏的情节、结构与文本。最后各个部分之间互相参照,创作出游戏剧本。

在本章中,我们将主要讨论策划阶段中的相关问题。

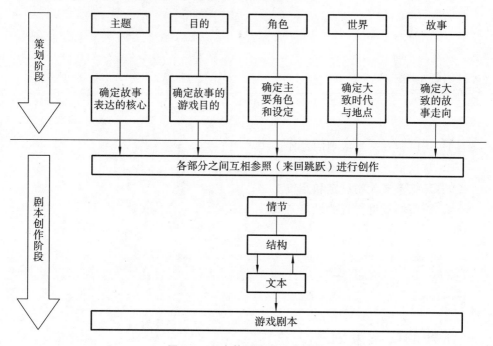

图 7-1　文案策划流程两个阶段

二、叙事的主题

如果一个故事在创作之初没有确定好主题,那么到最后,故事就会偏离创作者的企划与想法。因为主题相当于一个故事的主干与经络,在创作伊始就需要确定下来以确保故事不偏离方向。同样,在游戏的文案策划中,确定好主题能够给予玩家一定的印象并为游戏赋予一定的方向。

1. 主题的类型

根据表达方式的不同,主题可以分为用一个词来表达的主题和用一个长句来表达的主题两类。

第一种主题往往可以用一个词,准确地来说是一个抽象的词来表达故事的主题,比如"友情""纯爱""复仇""推理"等。这些抽象的词可以确定整个剧本大致发散的范围与方向,从而让游戏带给玩家一定的印象,推动他们去探索更多的游戏内容。

第二种主题往往使用一个长句,尤其是疑问句来进行描述。比如《刺客信条2》的主题是纨绔富二代为复仇变成刺客的话会怎么样,Hades的主题是冥界之子扎格列欧斯为了见到母亲的话会怎么样;《逆转裁判》的主题是"主人公是菜鸟辩护律师的话会怎么样?"。在面对疑问句的时候,玩家就会很自然地开始尝试思考答案,使得游戏能够很方便地引导出一些具体的设定与故事。

下面以《西游记》为例说明主题的设定。如图7-2所示,流程的第一步必然是"设定主题",即确定剧本的主题是什么,假设《西游记》的主题就是"RPG(角色扮演游戏)四人升级打怪"(当然这是极为肤浅的看法)。设定主题之后,第二步就需要去确认"主题中是否包含游戏目的",倘若主题中并不包含游戏目的,那么就需要"把游戏目的与主题联系起来",这将在下面单独举例来讲。很明显,《西游记》的主题中包含着游戏目的——升级打怪闯关,那么第三步就需要解决"主题是否足以创造故事"的问题。有些主题比较薄弱、不够充实,用一个词来表达明显不够,那么就需要扩充主题,将其从一个词扩充为一个疑问句来描述这个主题,并从中抽出元素来丰富整体的故事;有些主题已经足够丰富了,让人一看就能补充出故事来,那么就可以直接以主题(角色、世界)为基础去创作故事。

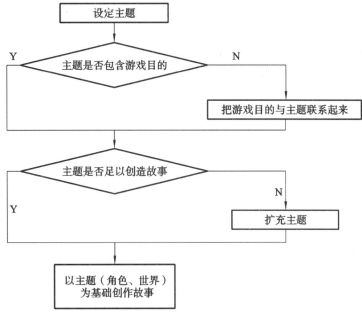

图 7-2　主题的设定

2. 把游戏目的与主题联系起来

前面提到,当主题中不包含游戏目的时,就需要把游戏目的与主题联系起来,现在我们来谈谈如何将这两者联系起来。有时游戏目的与主题关联度比较高,比如某款游戏的主题只是一个词——"射击",而游戏的目的是"消灭敌人,完成目标",那么很容易让玩家将该目的和主题联系起来,想到 CS、《使命召唤》,或者《半条命》(其实这个游戏的正确翻译是《半衰期》)。而有时候游戏目的与主题关联度很低,甚至毫无关联,比如游戏的主题依旧是一个词——"失恋",而游戏的目的是"向地底深处挖掘,躲避敌人,寻找地底宝藏"。很明显,主题并没有包含目的。但实际上,将这两者"强行"连接在一起,也会获得不小的乐趣。例如,我们可以这样尝试连接目的与主题(但是这必然不是唯一解,只是个人的看法而已)。游戏中的男主有一个深爱他的女友,但有一天女主给男主发了条短信之后失踪了。男主很伤心,一直尝试联系女友,可是女友一直没有回复。之后男主收到一个神秘来电,说:"你的女友被绑架了,假如你想找到她的话,你就必须去××地找到地底里的宝藏,这样我们才会将女友交还给你。"

将其简单概括一下,游戏的目的就变成了"女友被敌人抢走,男主为了救回女友,去向地底深处挖掘,寻找地底里的宝藏,躲避守卫宝藏的敌人,从而找到宝藏救回女友"。当然这只是一家之言,我们可以将不同的目的与主题联系在一起,甚至可以设想失恋的背后有个阴谋等。

在尝试使用不同的方式联系两者的过程中,会诞生不一样的故事,游戏的类型也会有很大的区别,这其实就是挖掘两者之间联系过程中的乐趣。不过,在这个享受乐趣的过程中,最终目的仍是将主题和游戏目的紧紧联系在一起,帮助创作,这会让不相干的目的与主题相互碰撞,进而创作出很棒的叙事。"射击"和"消灭敌人",两者很容易就会联系起来,但是假如将"校园生活"与"找出最终的黑幕"两个看似不太相干的主体放在一起并强行用一个故事联系两者,反而会使游戏更为精彩(例如《弹丸论破》)。因此在设定主题的阶段,一定要将主题和游戏目的紧紧联系在一起,而给主题添加词语,也能更好地帮助我们创作故事。

3. 从主题导出故事

除了给主题添加词语外,长句也可以很好地帮助我们从主题里导出故事,即从主题出发,发挥一连串想象,从而引出整个故事。

以 Capcom 的《生化危机》游戏为例,假设用疑问句"能逃出丧尸横行的洋馆么"来概括这款游戏的主题,那么非常自然地,我们会从其中的一些关键词来发散思维:由"丧尸"一词会引导出"为什么洋馆里有丧尸"这个问题,进而再由这个问题引导出"有人在做病毒实验,原本是作为兵器使用的,但是感染了正常人,引发了生物灾害"的答案,确定了游戏的背景设定;而由"逃出"一词就会引导出"主角为什么在洋馆,又为什么要逃出"的疑问,进而引导出主角进入洋馆的动机——"要探查丧尸出现的原因"。那么,主角又为什么要探查这个原因呢? 浣熊市的山上又为什么有一个洋馆呢?……以此类推,就可以导出一连串的故事。因此,从主题出发,发挥一连串的想象,就可以从中引出整个故事。

4. 创作故事的材料

在游戏开发过程中,如果我们从零开始创作游戏故事不知从何下手,就可以通过查询资料来获取灵感。资料主要分为话题库/创意库、借鉴原型、角色和世界的设定三种。

(1) 话题库/创意库。

话题库/创意库主要取决于平时的积累,需要使用者随身携带一个话题笔记本(当然也可以用手机来替代)。在日常闲聊的过程中,人们可能经常会聊到一些八卦、灵异事件,或者段子一样有意思的话题,时常留心周围这些能用的话题,将有趣的事情立刻记下来,这样就可以慢慢累积一个话题库/创意库。

(2) 借鉴原型。

借鉴原型也是一个很好用的方法。我们可以从图书、游戏、电影、报纸、杂志等媒体的报道中寻找一些有意思的创意，也可以从一些新闻或者百科里面寻找创意，很多媒体上面的故事都可以变成游戏剧本。当然，借鉴原型需要注意区分致敬和抄袭的界线，需要游戏创作者把控好度。比如莎士比亚就曾经以亚瑟·布鲁克创作的叙事长诗《罗梅乌斯与朱丽叶的悲剧史》为原型，创作了《罗密欧与朱丽叶》。

(3) 角色和世界的设定。

创作故事除了可以从主题出发，还可以从角色和世界的设定入手。例如复杂一些的，设定某一个角色是不死人——他背负着不死的诅咒，附带着黑暗之环，人性日益流逝。虽然不会彻底死亡，但是每次经历死亡事件时，不死人的人性就会流逝，当他的人性流逝殆尽时，他就会变成一个"活尸"。这个角色设定就可以帮助开发者创作出《黑暗之魂》的故事。

5. 如何表现主题

表现主题时有很重要的一点需要注意，即主题最好不要写在剧本里，特别是不要突兀刻意地写在台词中。具体一点，很多家人主题的游戏中可能会有"爸爸，家人是宝贵的，我们要珍爱家人"的台词，而不少纯爱主题的剧本里也会出现女主对男主说"我喜欢纯爱"的桥段，这种刻意用台词表现主题的方式，很容易让表达显得干涩、尴尬，同时浇灭玩家的游戏热情。所以，除非角色是"中二病"的人设，不然主题应当用故事体现，而不要让主角挂在嘴边，然后结尾时可以在适当的时候非直接地进行点题，以表现主题。

既然用台词刻意地表现主题会影响表达的效果，那么用什么方法表现主题才能更为自然呢？主要有两种方法：一是通过角色的选择与行为表现主题；二是通过故事的发展表现主题。

其实，说是两种方法，实际上在玩家"替"角色进行选择与行动的时候，故事就已经有了发展，因此主题是在这两者的协同下共同表现出来的。还是以一个具体的游戏为例，游戏《潜伏之赤途》的主题为"潜伏"。在游戏中，开发者设置了诸多N难选择，让玩家在选择"潜伏与否"的问题上万分纠结。比如，在主角见到第二号、康兴、陆梦茵要处决张晓梦时，玩家面临两个选择。

选项1：其实我就是"海蛇"（即找回自己的名誉和身份）。

选项2：我是汉奸，也是张晓梦的露水情人（即继续潜伏，把名誉留给其他人）。

在这个时候，玩家要么选择牺牲掉曾经帮助过自己的张晓梦，享受名誉和身份回到组织，进入"美丽世界线"，这说明主角为了求生，放弃了"潜伏"，乃至牺牲了人性，最终自然也会导入黑暗的坏结局；要么在组织的同志面前依旧说自己是汉奸，把生存希望留给张晓梦，自己忍辱负重更深入地潜伏，进入"红色芳华线"，获得真结局。在《潜伏之赤途》中，还有很多需要玩家做出的有关"潜伏"决定的选择，这些都会让玩家体会到"潜伏"的艰辛，也会对玩家心中的良心、正义进行考验。因此，这种通过角色的选择与行为来表现主题的方法，能够给予玩家更为深刻的游戏体验。

三、角色设定

1. 角色的定义

近年来,角色文化已经成为一种日常,泛化在世界的所有地方。从角色周边到角色衍生品再到角色主题,无一不是角色文化的产物。劳拉(游戏《古墓丽影》中的角色)、马里奥(游戏《超级马里奥》中的角色)、林克(游戏《塞尔达传说》中的角色)这些角色的形象都深入人心,作为经典角色的他们无疑拥有了一人撑起一个世界的魔力。那么,究竟什么是角色呢?

一般认为,角色的概念是"拥有个性、目的、意志、情感并依此生活、思考和行动的个体"。同时,角色的意志、目的、情感、行动是推动故事发展的原动力,游戏剧本不能停滞不前,因此开发者经常会使用角色的这些要素去推动故事发展。而如何才能从角色方面来考察编剧水平呢?一是看编剧能否着重表现"角色的目的和意志",二是看编剧如何表现"角色向着目标奋勇前进"的过程。

2. 角色设定表

游戏策划不需要亲自去画出角色的样子,但是他需要帮助游戏的原画师去设计角色的形象,而游戏策划能给予原画师的"素材",就是有关角色一些细节的角色设定表。

角色设定表能够很好地帮助原画师有方向地设计角色形象,帮助原画师在即使没有通读剧本的情况下,也能获得设计角色形象的绝大部分信息,并且根据自己的理解,画出最接近游戏策划描述的角色形象。因此,这也是游戏策划要与游戏美术建立良好关系的原因:在实际的游戏策划中,原画师开始工作的时候,游戏是几乎没有完整的剧本的,如果游戏策划要确保角色形象符合自己的预想,就需要积极与游戏美术进行沟通。

当角色经过原画师的努力实现"可视化"之后,编剧就可以透过成型的角色重新审视故事,从而激发灵感,为游戏的故事添加更为丰富的内容。

不同的游戏或者角色对角色设定表内需要填写的细节的要求不同,不过表 7-1 所示的这 12 点,是一些较为基本的角色细节,我们将逐一展开说明。

表 7-1 角色设定表一些基本角色细节

1. 名字:	7. 性格:
2. 年龄:	8. 特技:
3. 职业	9. 弱点:
4. 相貌	10. 口吻:
5. 头发	11. 服装:
6. 体格:	12. 剧本的设定:

(1) 名字。

我们常说"人如其名",有时候名字确实能够非常有效地体现角色的特征,我们能够通过名字大致地判断对方是什么样的人。此外,发音也是决定角色印象的重要因素之一(中文和日文中还会加入字形)。比如《仙剑奇侠传4》游戏中有两名女性角色,分别叫"韩菱纱"和"柳梦璃",其中一位留着长发,身着蓝衣,看起来很温柔,另一位留着短发,身穿红衣,看起来很淘气。即使并没有玩过这部游戏或者不知道这两个角色,玩家也会很自然地把"柳梦璃"和温柔的蓝衣女性联系起来,而将"韩菱纱"和活泼的红色女性相关联,这就是角色名字的魔力。

除了让名字和角色的形象相贴合,在角色的名字中适当玩梗也可以让角色形象更加深入人心。比如,《逆转裁判》系列游戏中,既是律师又是侦探的角色"成步堂龙一"日文名是"なるほどう りゅういち",其中"なるほど"翻译过来就是"原来如此"的意思;平日里迷迷糊糊的角色"绫里真宵"的日文名字是"あやさと まよい",其中"まよい"翻译后就是"迷糊"的意思。这些"梗"不仅强化了角色在玩家心中的印象,更是让角色的名字与性格特征牢牢联系在一起。

(2) 年龄。

角色的年龄有两个用途:一是表现角色之间的关系,二是赋予角色与年龄相符的印象。

先谈表现角色之间的关系。比如游戏中有两对兄弟,一对年龄相差1岁,另一对年龄相差15岁。那么自然而然地,这两对兄弟之间的关系肯定是不同的:年龄相差1岁的兄弟在很多行为、性格以及认知上可能比较接近;而相差15岁的兄弟,哥哥性格可能比较稳重,而弟弟的性格就比较冲动鲁莽。

再谈赋予角色与年龄相符的印象。每个人生活至今,对不同年龄段的人都会有自己的认知,因此,主角年龄的变化可以让角色发生细微的变化。比如,叙事长诗《罗梅乌斯与朱丽叶的悲剧史》中的朱丽叶本来是17岁,但是莎士比亚改编的《罗密欧与朱丽叶》之中,朱丽叶的年龄变成了13岁左右。因为莎士比亚笔下的朱丽叶的诸多行为不成熟、幼稚且荒唐,放在17岁的年龄有些违背正常人的认知,而放在13岁才更加符合朱丽叶的人物设定,因此更改年龄就显得合情合理了。

另外,还有很多情况下,仅仅1岁的年龄差也能让角色给人的印象大相径庭。比如主角从17岁到18岁,在很多国家的法律体系里面,涉及主角的剧情可以完全不一样——18岁角色涉及的剧情如果放在17岁的角色身上可能就会触犯一些国家的法律,最后导致游戏被封禁或者分级被改变。还有,你可能觉得63岁与64岁之间没有什么区别,但是59岁与60岁之间的区别就大多了:因为在我国60岁是法定退休年龄,所以这导致很多时候59岁的角色是一个年龄较大的中年人,而60岁的角色则是一个老头。

因此,年龄设定的不同是会影响到玩家对于角色形象的认知的。

(3) 职业。

很多游戏中会有这样的角色:他是一个放荡不羁的花花公子,平时看钱办事,关键时刻重感情,有些玩世不恭,但该认真的时候认真,头脑灵活,有远大梦想。具有这种性格的角色,适合什么职业呢?可能是现代的私家侦探,也可能是中世纪特立独行的盗贼等。为什么有了角色的性格之后,我们会对角色的职业有所预料或者预估呢?职业本身会带给人一种明显的印象或者先入为主的观念,所以角色的职业设定就要利用人们的既有印象和先入为主的观念。如果某一个角色的职业是一个为大家所熟知的职业,那么大家就会很容易地将这个职业在自己心中的认知套在角色的身上,从而粗略地对角色有一个印象。

因此,我们可以顺着角色的性格设定去设计他的职业,当然,也可以制造一些职业反差,即反着角色的性格去设计其职业,从而给玩家带去更为深刻的印象——《无间道》中行事不择手段的警察陈永仁,或者暗中成为杀手的医生都是典型的例子。当职业带来的先入为主的印象存在的时候,游戏策划反其道而行之,推翻这个印象,反而会让角色本身增添魅力,更容易让人们觉得新鲜、印象深刻。

(4) 相貌、体格与头发。

相貌、体格与头发都是通过改变角色的外在形象来对角色设定产生影响的,因此在这里我们将这三者合并起来探讨。

相貌与体格对角色设定的影响较为简单。相貌方面:年幼孩子的角色往往眼睛占脸的比例要大一些,而大人的角色其眼睛占脸的比例就会相对较小;描绘性感角色时,嘴唇可以略厚一些,嘴角或者眼角可以放一颗痣等。而体格对于角色形象的影响就更为直接了:弯腰驼背的是老人,女性挺着大肚子是孕妇,挺直腰板的人是军人或者某个领域的高手等。总体来说,角色的相貌与体格都能直观地体现角色的性格,因此原画师能够根据角色的性格,去设计符合角色设定的相貌与体格了。

可能很多人在看到角色设定表内的"头发"一栏时会很奇怪,头发对角色有什么太大的影响吗?有重要到需要将其纳入角色设定表的 12 个基本细节之中吗?但事实上,头发的地位举足轻重,对于游戏策划来说,角色头发的作用甚至比相貌与体格更为重要。一般来说,角色的相貌与体格是和故事的画风等因素相关的,而头发(实际上还包括胡子和体毛)这种装饰性毛发会带给角色类似于缪勒-莱尔错觉(见图 7-3)的影响,大大改变玩家对某个角色的看法。

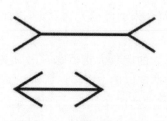

图 7-3 缪勒-莱尔错觉

这也就是漫画中经常出现相貌一样但是发型不同的角色,但是读者却很难察觉的原因。比如《灌篮高手》种,混混时期和篮球队时期的三井寿除了发型不同,其他的所有元素都是相同的,但是给人的感觉却是截然不同的:长发的三井寿眼神里是悲伤和憔悴;短发的三井寿眼神里是坚毅和坚定。

不光是三井寿,《灌篮高手》中的樱木花道也从原来的"飞机头"变成了后来的"板寸",彰显了其从"混混"到"坚毅可靠的男人"的转变。而《龙珠》里的孙悟空变身超级赛亚人之后,其头发也会从原来的黑色变成亮金色,这就是策划通过改变角色的发色将故事/剧情的发展结合在一起的表现。

(5) 性格。

角色的性格有很多种,比如温柔、易怒、开朗等,它能够很好地表现角色情感或行为的倾向。当游戏策划需要给角色设定一种性格的时候,他需要去考虑"性格是如何产生的"这个问题,毕竟无论是人还是角色,其性格的形成都不是一蹴而就的。因此,考虑性格的成因可以有助于创作故事,丰富角色在形成设定性格前的经历与内容。

比如,对于一个"圣母"角色,假如只是简单地赋予其"圣母"的性格而不考虑性格成因,那这个角色就很容易引起玩家的反感;但假如告诉玩家,该角色是因为"信仰",或者特定的"遭遇"和"环境"而形成"圣母"性格的,那么玩家会更容易接受这样一个有血有肉的角色,甚至喜欢这个角色。

在性格设定中,定位型性格相当好用。所谓定位型性格,是指那些某集团内特定立场赋予角色的固有印象。比如《龙珠》里悟空"弟弟般的性格",《航海王》里艾斯"哥哥般的性格",这些可以概括为"××般的性格"的设定就被称为定位型性格。它不仅可以迅速地让玩家形成对角色的性格认知,甚至可以让玩家据此了解角色的人际关系。

另外,利用定位型性格的变化可以阐明角色的立场,直观地体现出角色的成长与变化。还是举例来具体说明:《刺客信条2》中的艾吉奥原来是"纨绔的富二代性格",而到了续作《刺客信条·兄弟会》中,艾吉奥变成了"有担当的统帅性格",最后到了《刺客信条·启示录》里,艾吉奥成为"追求真理的贤者性格"。即使没有玩过《刺客信条》系列游戏的朋友们也不难发现,艾吉奥在刺客信条的故事中是不断成长的,经历了"纨绔的富二代"变成"追求真理的贤者"的过程。可见,定位型性格的变化是很好地体现角色成长与变化的一种手段。

最后要注意,严格地按照角色定位套用定位型性格会使角色和故事本身显得老套,有时候通过刻意安排错位性格去打破人们的固有印象,可以让故事更有魅力,拥有更多的可能性。所以,定位型性格的使用还是需要具体情况具体分析。

(6)特技、弱点与口吻。

特技可以凸显角色与其他人的不同,并且有助于故事创作。这里所说的特技不一定是拥有某种超能力,而可以是该角色不同于其他角色的特别突出的亮点。比如,某个角色的特技是"在音乐上有不同寻常的天赋",音乐才能就是他区别于其他普通角色的亮点,而后续故事则可以围绕着该特技去展开;如果到后续故事中发现这个特技已经没什么用途了,删掉就行。

弱点实际上是用来让玩家代入自己情感的。什么是弱点?就是人或者角色的短板、禁区或者恐惧的东西等。每个人都有弱点,都有自己不擅长或者害怕的东西,所以假如世界上或者游戏中出现了一个完美无缺的人,那么人们自然会与其产生距离感,认为 TA 毫无真实感。只有当角色的弱点和玩家相似的时候,才可以大大地拉近角色与玩家之间的距离,增强玩家对角色的亲近感。比如《逆转裁判》游戏中的系列主角成步堂龙一,作为律师的他头脑风暴能力极强但逻辑相对欠缺,并且由于律师的身份,无法拿到一些检方的信息,存在天然的信息弱势;而他的对手御剑怜侍作为检察官,逻辑能力极强但缺乏脑洞想象力,经常会错过一些案件的细节,两个人的都存在弱点且互补,让玩家津津乐道。

口吻可以直接体现角色的个性,也是确认各个角色之间区别的"石蕊试纸",所以即使它很不起眼,但仍在角色设定表内。比如,不同的角色以不同的口吻表达"要把对方杀死",就可以有"我……不得不……杀了你""哇哈哈哈,去死吧!""对、对不起,让、让我杀了你吧"等多种表达方式,这就可以看出角色无奈、疯狂或者惭愧的心理,区别他们的不同态度。日语中的口癖与口吻更为丰富,细小的差异都能体现角色的区别,比如《真·三国无双》与《战国无双》系列中各个角色讨取敌将后的配音都是略有不同的。

(7)服装。

服装与头发一样,在角色设计中发挥着巨大的作用。服装不仅能体现角色的年龄与性别,还能体现角色的背景、兴趣甚至思维方式。比如,《刺客信条》系列中,三部游戏里的艾吉奥的服装就有所不同。图7-4中最左边的就是一开始《刺客信条2》中的"纨绔富二代",相较于其他两者,显得更为轻浮;中间的形象就是《刺客信条·兄弟会》中的艾吉奥,他变成了"一个有担当的刺客大师";而最右边则是《刺客信条·启示录》里的艾吉奥,晚年的他成了一名殉道者,在追求真理。服装在角色设定上对角色的影响由此可见。

图7-4 《刺客信条》中艾吉奥的服装变化

(8)剧本的设定。

剧本的设定是可以进一步强化角色的形象与性格变化的。虽然上面的11个要素看起来已经足够原画师去设计角色了,但是游戏毕竟还是有剧情的,而角色则是生活在剧情里面的人物,所以剧情还是会在一定程度上影响到角色的变化。即使在一开始,游戏策划无法做到在设计角色阶段给游戏美术一个完整的剧本,那么也至少需要提供一个剧本大纲以便原画师参考。

比如,用一个简单的剧本来描述《魔兽世界》中的阿尔萨斯:一开始他是洛丹伦高贵的王子、王位继承人与圣骑士;后来为了防止瘟疫蔓延不得不屠城,老师和女友纷纷背弃自己;然后他为了报散播瘟疫的仇,决意追杀恐惧魔王梅尔甘尼斯;结果在报仇的过程中,被仇恨冲昏头脑,背叛了雇佣兵;他不听穆拉丁劝阻,拔出霜之哀伤;接着从圣骑士变成了死亡骑士,洛丹伦由此毁灭;最后,他孤独一人走上冰封王座,戴上耐奥祖的头盔,与巫妖王合体,变成二代巫妖王。

有了这样的剧本大纲,游戏美术才可以看到更加有血有肉的角色,了解游戏策划的意图,在绘制角色形象时更贴合游戏策划的想法。

四、角色定位

1. 角色定位的定义

单单有角色设定并不能让角色在剧本中活过来。角色需要定位,需要游戏策划给他们分配一个立场。

这里拿一碗咖喱菜举例。假设我们做了一碗咖喱,我们选择了鸡肉、土豆、胡萝卜、洋葱和茄子作为材料,这相当于是角色设定,而我们要以哪份材料为主,是将这碗咖喱叫作"鸡肉咖喱"还是"土豆咖喱"或者是"胡萝卜咖喱"呢?这就相当于角色定位,以谁为主角取决于我们对五种食材不同角色的定位。

2. 五种角色定位

角色定位主要分为五种:与系统直接关联的定位(如主人公、待攻克角色、系统角色),敌人的定位(如敌人角色、恶人角色、敌对角色、难关角色、竞争角色),与主角同阵营的定位(如情侣角色、伙伴角色、家人角色),关键定位(如契机角色、救星角色、叛徒角色、贤者角色),补充和强化故事的定位(如缓冲角色、深论角色、动物角色、闲杂角色)。在进行角色定位的时候,可以参考上面的五种分类,看看哪些角色定位是有所空缺的,然后适当补充。

另外,角色定位也并非一成不变的,随着故事的发展,角色定位可以发生变化。比如,《魔兽世界》里的阿尔萨斯就是从原来的主人公,变成了敌对角色,又变成契机角色,最后在巫妖王之怒的资料片里成为待攻克角色。

(1)与系统直接关联的定位。

①主人公。

主人公的定位是以玩家的视角推动故事发展,因此玩家更容易代入情感。绝大多数情况下,玩家操控的角色都是主人公,因此主人公的行动和选择必须尽量尊重玩家的意志,从而帮助玩家更好地代入主人公的视角。

主人公也有两种类型:换位型主人公与角色扮演型主人公。

换位型主人公一般是不露脸的,即使露脸也会给玩家提供以捏脸的方式创作角色形象的空间。比如《战地》或者《使命召唤》两款游戏中,主人公都是不露脸的;《黑暗之魂》虽然露脸,但采用的是玩家自己捏脸的方式。换位型主人公一般要求角色尽可能朴素,刻画时不过于体现个性,增加玩家选择的余地。这种类型的主人公主要适用于高自由度,或者代入性极强、玩家选择余地极大的情况。

角色扮演型主人公更接近于电影、电视剧,往往有明确的剧本设定。这种类型的主人公适用于剧情流程较为固定、需要明确渲染角色的情况,比如《英雄传说·空之轨迹》系列、《最终幻想》系列游戏等大部分角色扮演类游戏,其中的主人公都是角色扮演型主人公。虽然玩家和这种主人公之间距离感较大,但还是会存在一些容易使玩家失去热情的设定,比如完美无缺的性格与外貌,性格奇葩或者变态等。这些过于完美或者在现实生活中容易引起人反感的角色,很容易使玩家失去操控角色的欲望。

②待攻克角色。

待攻克角色体现着游戏的目的:恋爱游戏的待攻克角色是恋爱对象;侦探游戏的待攻克角色是凶手与黑幕;剧情游戏的待攻克角色是最终 Boss。因此,在剧本的同一时期里,游戏中一定不要出现过多的待攻克角色对象,不同的待攻克角色会让玩家面对着不同的游戏目的,过多目标反而会使得玩家失去目标,进而失去游戏热情。

待攻克角色有时候可以是敌人,有时候可以是同阵营角色,而他们的角色设定应该更为细致,描写要更有魅力一些,这样玩家的攻克欲望才会更强烈。

③系统角色。

系统角色是负责让玩家与游戏系统进行交互的角色,比如各种网游新手村里面的引导员、DOTA2 里面的神秘商人。这种角色其实不大受剧情左右,但是他们是游戏系统与玩家之间的纽带,可以保证玩家顺畅地玩游戏。

但这并不是说系统角色对剧情毫无作用,系统角色可以通过一些特殊方式加入故事之中,让游戏拥有更戏剧化的效果。比如,常住旅店的引导员其实是杀手甚至是 Boss,再比如《暗黑破坏神》系列游戏里的前代 NPC(非玩家角色)是后作的 Boss 等。这就利用了人们认为系统角色不会产生变化的惯性思维,给玩家制造了一些小小的惊喜。但是系统角色的变化也不能滥用,毕竟戏剧化效果过多的话,角色就无法发挥其原有的作用了。

(2) 敌人的定位。

①敌人角色。

敌人角色是指那些妨碍玩家达成游戏目的,从而使故事更加有趣的角色。他们可以通过与主人公对立、阻碍主人公达成游戏目的的方式形成竞争,让游戏更为紧张。而敌人角色阻碍主人公的设定事实上是为了强化主人公与玩家之间达成目的的意志,燃起玩家消灭敌人与玩游戏的热情。同时,敌人角色的描绘方法还将影响到主人公给人的印象,因为人们常常会将敌人角色和主人公摆在一起进行比较(如 X 和 Y 谁更强、谁更帅、谁更聪明……),假如主人公在这样的比较下战胜了很强的敌人,那么这个主人公的角色形象就会更为耀眼,利用敌人反衬角色总是屡试不爽。

②恶人角色。

恶人角色是指那些任何人看了都觉得邪恶的角色,即绝对恶的角色。这种绝对恶的角色自然理所应当地被讨伐,比如《暗黑破坏神》中的迪亚波罗恶魔、《龙珠》里的比克大魔王等。然而,善恶的基准是什么呢?什么角色是绝对的恶人呢?虽然角色存在于游戏中,但是善恶的基准依旧是由现实世界的大价值观来决定的,比如屠城的恶魔、开展生物实验的疯狂科学家在现实中通常被认为是恶人角色,而游戏世界里的价值观和角色设定则对善恶的基准起到一个补充强化的作用。

若是想要强化"绝对恶"的程度,往往会赋予恶人角色一副恐怖的外表,让人一看就知其是恶人角色,再通过剧情丰富角色内容,其恶的程度就会大大提升。和之前一样,丑陋的容貌和恐怖的衣着会让人联想到恶人角色,因此可反其道而行之,给那些有恶人外表的角色安排其他的角色定位,从而创作一个给人带来意外的角色。

③敌对角色。

敌对角色与恶人角色有所不同,他们并非"绝对恶",只是因为做了某些相较于主人公而言的"恶行",产生了与主人公之间的敌对行为,让玩家觉得他们是"恶"的。比如,《火影忍者》里的佐助,《航海王》内的海军大将,这些反英雄并不是绝对的恶人,只是与主角产生了敌对行为成了敌对角色。由于敌对角色本身并不存在"绝对的恶",如果敌对角色刻画得好,其会拥有更大的甚至超过主角的魅力,这就是诸多动漫里面,某些敌对角色的人气比主角的人气更高的原因。

④难关角色与竞争角色。

游戏最终目的的实现一般会有一段较长的发展进程,玩家如果无法克服困难或者打败对手,就无法继续游戏。而这个较长的发展进程中,游戏策划可以安排难关角色在故事的各个关键部分出场,以防止故事成为流水账,同时也缓解玩家腻烦的情绪,重新唤起他们的紧张感与代入感。

另外,很有意思的是,许多游戏中被击败的难关角色会成为伙伴,为什么会出现这种"洗白"的现象呢?因为难关角色的作用是阻碍玩家的游戏进程,但是当他在作为敌人被击败之后,瞬间就失去了身为敌人角色的作用,如果不重新给予他一个新的角色定位,那么这个角色就面临死亡、失踪、突然消失甚至"烂尾"的下场。因此,给他们重新安排一个伙伴的角色定位,可以让这个角色设定不被浪费,继续存在。

竞争角色就是与玩家拥有相同的目的(最终目的或小目的)的队内角色,比如《火影忍者》中的鸣人与佐助,《逆转裁判》里的成步堂龙一与御剑怜侍。他们拥有着相同的目的,但是在整个或者部分的游戏进程中,他们是对立竞争的关系。

(3)与主角同阵营的定位。

①情侣角色。

情侣角色特指伙伴角色中与主人公有恋爱关系,或者有可能发展出恋爱关系的角色。一般来说,情侣角色的颜值都不会太低,因为作为特殊的伙伴角色,情侣角色在故事中的作用是给主人公带去动力,直白些讲,就是提升玩家达到目的的动力,给玩家以恋爱的感觉。

提升情侣角色所带来的游戏动力有三种方法。第一种是给情侣角色安排特殊的境遇,比如情侣角色是身份高贵的公主,她被敌人挟持,主人公需要去寻找宝藏以解救对方。第二种是给情侣角色添加一些特殊的内在设定,比如让情侣角色保守秘密,或者背负着必须完成的使命。第三种是为情侣角色与主人公设定一个特殊的关系,比如青梅竹马或者两人在一起可以触发更强劲的技能等。这几种方法都可以提升玩家对于情侣角色的关注程度,增强互动感,让玩家玩游戏的动力源源不断。

在情侣角色与主人公之间设置障碍也能够提升玩家游戏的动力。人总是存在"越有障碍越想去克服"的心理,因此这种障碍会推动玩家投入游戏。比如,《空之轨迹》中约修亚·布莱特作为情侣角色,与主人公之间的爱情线就与故事的发展串联起来了。

②伙伴角色。

A.伙伴角色的分类。

伙伴角色主要有三种:一是帮助主人公达成目的的"战友";二是让主人公吐露意志或者

感情的"倾听者";三是让主人公更显眼的"衬托"。

作为帮助主人公达成目的的"战友",伙伴角色要拥有主角不具有的能力和特点。因为游戏目的的达成应该是需要诸多能力的,倘若主人公一人就可以达成游戏目的,解决所有的事情,主人公就过于完美了。

而作为让主人公吐露意志或者感情的"倾听者",可以通过与主人公进行对话、互动来自然地让主人公表达自己的感情。游戏中如果让主人公自言自语或者直白地喊出自己的内心感受会显得生硬,而让其对伙伴角色诉说,则不仅自然,还可以加大感情的振幅,加深玩家的理解。

伙伴角色作为与主人公关系较为亲近的角色,还可以用自身的魅力或者与主人公截然相反的性质衬托主人公,成为让主人公更显眼的"衬托",增加主人公的魅力。

B. 创作伙伴角色的方法。

创作伙伴角色的常用方法有两种:一种是让伙伴角色一开始以敌对角色的身份登场,后来被主人公战胜后成为主人公的伙伴,这类似于"废品回收的方式";另外一种是角色成为伙伴角色之前,充分展现其角色本身的魅力,吊起玩家"想收其为伙伴"的胃口。

C. 伙伴角色需要注意的地方。

首先,伙伴角色不应该成为一个只对主人公言听计从的好好先生,而是也应该有自身角色的性格,甚至其性格在某些时候和主人公是对立的。这样在故事面临某些关键选择的时候,可以让故事不会显得过于平淡和顺风顺水,增加意外性可以让游戏更加有趣。

其次,不要让伙伴角色变成失去必要性的死角色。比如《西游记》师徒五人似乎是有些多余的配置,因为白龙马在人设上已经接近于死角色了,它的存在仅仅是为主人公提供功能,赋予它故事与身份的原因只是让"一只从长安跑到印度的马"这一身份能够合情合理一些罢了,如果再加一个伙伴角色就更容易成为死角色。

为了避免死角色的出现,游戏策划可以通过牺牲或者变脸的方法来处理角色。比如通过死亡、负伤等性命攸关的行动来体现角色的存在感,还可以通过突然改变定位(像黑化)来体现角色的存在感。

最后,伙伴角色也可以不是为主人公安排的。有时候给敌人适当地安排伙伴角色,也可以衬托 Boss 的强大,从而反过来作用于主人公。

③家人角色。

家人角色是与主人公有家庭关系或者血缘关系的角色,家人角色的设定一般是基于"家人是好的"这一社会基本观念的。举个例子,《星球大战》中的主人公卢克·天行者与达斯维达是敌对关系,玩家自然而然希望主人公能够打败敌人;但是当玩家知道两者是一对父子的时候,则会希望"父子两人能够和好",这是社会基本观念对人们产生的作用。同时,这种社会基本观念是家人角色区别于伙伴角色和情侣角色的关键,它带来了更好用的"枷锁",即使家人角色与主人公是不同的立场,但是"枷锁"依旧存在(除非敌对关系过于紧张)。除了"更好用的枷锁设置",通过家人角色还能更简单地说明许多繁杂的事物与思想内核,有助于玩家理解剧情。

家人角色的不足之处在于,该角色会面临存在感维持极难的麻烦,如果不刻意地想办法维持它,它的存在感一定会逐渐降低。一个典型的例子就是《真田丸》中的父亲真田昌幸和大哥真田信之在故事前期光芒耀眼,但是描述大阪之阵的时候,所有的光芒与焦点都被弟弟真田幸村给夺走了。

(4)关键定位。

在叙事类游戏中如果不做特别处理,故事就很容易发展成一条直线。一条直线的故事在来龙去脉上虽然没有不合理之处,但往往太过单调,缺乏趣味性。有几种角色可以打破这种倾向,分别是契机角色、救星角色、叛徒角色和贤者角色。

①契机角色。

契机角色的作用是在故事发展上给主人公创造某种契机,让主人公的意志、行动、感情发生变化。一般来讲,契机角色出现的时机非常重要,若契机角色再不出现,故事就没办法合理收场了,如图7-5所示。比如,在《灌篮高手》中,三井率领不良青年和湘北篮球队打架,这个事情本该无法收场,但最后随着安西教练的出现,以及那句著名的"教练,我想打篮球",迅速将局面拉到了合理的方向。

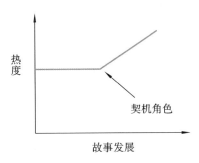

图 7-5 契机角色的作用

②救星角色。

主角团队在达成目的的过程中走投无路时,需要让救星角色登场,推动剧情继续发展(见图7-6)。救星角色是在主人公需要帮助时恰好出现的角色,安排这种定位的角色登场可以有效打破窘境和僵局。但是救星角色不可滥用,否则会变成笑话,比如《闪之轨迹3》因频繁滥用救星角色,使得"没有那个必要"成了一个梗。一般这种救星登场可以产生让人热血沸腾的效果,比如《三国演义》中的诸葛亮,《圣斗士星矢》中的一辉等。

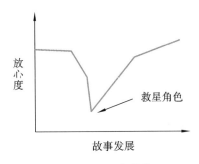

图 7-6 救星角色的作用

③叛徒角色。

叛徒角色一般会给故事带来巨大的转折。在故事中,要想让叛徒的形象成立,首先要将叛徒角色塑造成"怎么看都不像会叛变的角色"。关于这点有个非常好的方法,那就是另外创作一个看上去像叛徒角色的角色来施展障眼法,让这个假叛徒与真正的叛徒对立。另外,还可以让叛徒角色与主人公共同拥有某种特殊的秘密或者计划。这样能让主人公对叛徒角色深信不疑。信赖感越深,背叛的时候冲击感就越强,给玩家心理带来的影响也就越大。比如日本战国时期,织田信长在统一日本之前,被手下军团长明智光秀背叛。

④贤者角色。

贤者角色的作用是给故事增添分量与说服力(见图7-7)。我们在创作故事时,偶尔会感觉到内容欠缺说服力,比如讲述"传说"或"教诲"的场景。这种时候就需要贤者角色登场,用带有分量的发言或行动给故事添加说服力。

有时候创作故事时,你自己都觉得"胡说八道得有点过分了",但是借贤者角色来说,竟然感觉胡扯也有道理了,例如《神雕侠侣》里黄蓉对杨过所做的一番"南海神尼"的论述。有时候主角实力飞升、出现各种奇遇太过分了,但交给贤者角色似乎就变得合理,比如《天龙八部》中虚竹续了无崖子的功力。

贤者角色通常为富有人生经验的长者。其必备的兴致包括:在玩家不知道的事物上具有渊博的知识;知识渊博的同时还虚怀若谷;具有丰富的人生阅历;精通各种事物;德高望重……有了这些性质,贤者角色的语言和行动才会对玩家产生说服力。

另外,贤者角色不亲自行动。贤者角色是一种稳定、静态的角色,不会自主成长、发生变化。相对地,他们拥有促使主人公变化、成长的职责,因为他们是负责传授知识、技能的角色,自己理应登峰造极,早已越过了成长阶段,否则"传授"这一行为将失去说服力。况且,一旦贤者角色积极地采取行动,角色间的关系就会遭到破坏,同时游戏内世界的价值观也将受到影响,让人觉得故事没有章法。

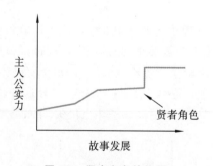

图7-7 贤者角色的作用

(5) 补充和强化故事的定位。

补充和强化故事的定位可以让故事内容更具可信度,更简单易懂。玩家跟不上故事发展时,或者游戏策划希望主题更具说服力时,就要设置补充和强化故事定位的角色。这种定位的角色有缓冲角色、深论角色、动物角色和闲杂角色。

①缓冲角色。

缓冲角色的作用是给故事增添趣味性。缓冲角色作为丑角登场,缓解过度的悲剧性,让跟不上悲剧节奏的玩家找到节奏,发挥一个调节平衡的作用,也可以让主人公兼任缓冲角色,以控制剧本中偏伤感的部分。"感动类"文字冒险游戏的主人公多待人冷淡、不拘礼数,也是有意无意地在追求"让更多玩家跟上剧情"。许多故事中,正儿八经的主人公身旁总会有个吊儿郎当的丑角,这是为了不让故事太过严肃,用缓冲角色加以平衡。例如,《空之轨迹SC》里的凯文·格拉汉姆、《西游记》里的猪八戒、《弹丸论破》系列里的黑白熊,都属于此类。

②深论、动物与闲杂角色

深论、动物与闲杂角色用来从侧面解释一些直接论述显得过于枯燥或者刻意的内容,深论角色类似于相声里的捧哏,看上去意义不大,但是少了他们,游戏往往无法正常进行。所以 ACG 里常常有角色说这样的话:"怎么可能,应该……,难道……"(日语里的"そんなばかな、ありえない、まさか……")

动物角色用来表现原始的好与坏,以及野性,以增强游戏的趣味性和可爱度。闲杂角色是与故事主线发展关系不大的角色,作为支线延长游戏长度。闲杂角色可以作为秘密武器使用,例如长期的闲杂角色变成贤者角色或者 Boss,典型的如《天龙八部》中的扫地僧。

3. 隐藏悬疑

不论是哪种角色,在角色设计好后,要记得将角色身上的元素和故事的设定与主线串联起来,不断地利用和挖掘角色的魅力与特质,只有这样才能够让一个个角色彻底活起来。但是需要记住的一点是,在角色设定上应尽可能将自己的悬疑隐藏起来。

(以下内容涉及剧透)

角色设计是有成本的,所以让大牌演员去演隐藏的反派,或者让大牌声优去配隐藏Boss,或者让某个角色很早就莫名其妙"领便当",基本就是最终的黑幕。

比如游戏《闪之轨迹1》出品于 2013 年,游戏的主角团声优阵容在当时并不算强大,主角配音内山昂辉在当时仅仅是 22 岁的新人;但在一众主角团身边的配角里却出现了与主角团层次格格不入的声优——当年气势如虹的樱井孝宏,而樱井所配的角色,正是《闪之轨迹1》的最终 boss。

再比如《弹丸论破1》,江之岛盾子明明在原画和人设上被制作组倾注了大量心血,却在游戏开始阶段因为一个无厘头的原因暴毙。而正常情况下,美术设计是有成本的,因此这种潦草的暴毙必然代表有问题。事实上,江之岛盾子就是《弹丸论破》整个系列的最大 boss。同理《大逆转裁判》中的亚双义一真,各个方面都是按照主角的资源来打造人设,却在开篇第二话以无厘头的形式暴毙,事实证明他后面还会回来,并且承担重要剧情。

不仅仅是 ACG 等二次元作品,三次元的电影、电视剧也是同理。比如 2010 年的电影《狄仁杰之通天帝国》由刘德华饰演狄仁杰,刘嘉玲饰演武则天。除此之外,剩下三位主演是李冰冰、邓超和梁家辉。考虑到作为一部侦探悬疑片,最终黑幕在电影末尾会有大量和刘德华对戏的场景,所以在 2010 年的时间段,有能力和刘德华对戏的演员——梁家辉,就是黑幕。

再比如 2019 年的悬疑推理日剧《轮到你了》,总策划是秋元康,而西野七濑所扮演的角色并不属于男女主角团队,但是西野七濑曾是 NMB46 成员,联系到秋元康的身份,很容易想到西野所扮演的角色有问题——而事实上也确实如此,她是本剧的最终 boss。

五、世界的设定

什么是世界？世界就是故事发生的背景环境与依托，通常我们从何时、何地两个要素入手来制定世界的规则。规则设定可以超现实，但整个世界有其逻辑，所有的行为要在逻辑下运行。比如《逆转裁判》系列的灵媒在现实世界中不存在，但是其设定在《逆转裁判》的世界里可以自圆其说，被大众所接受。世界的详细规则建立在详细的游戏系统之上，创作游戏剧本时也应先掌握游戏系统。表7-2提供了一个供参考的世界设定表。

表 7-2 世界设定表

时间	什么时代（过去，未来，现在）	世界的状态	和平还是动荡，为什么和平或动荡
	大约××历××年		是否存在国家或者类似概念
	这个时代的主要特征（工业革命，宗教神权）		如果存在国家或者政治实体，有几个，分别是什么国家。
地点	主要舞台是哪儿（日本，艾泽拉斯）		是否存在宗教概念，它们对世界是否有影响，有几种宗教
	什么样的地区		
	这个地方的特征（大都市，森林）		民族有几个，主要民族是什么
社会	什么是政治体制（帝国制，封建制，共和制）	人们的生活	富裕还是贫穷，贫富差别大吗
			衣食住行是怎么样的
	有什么需要说明的政治形势	家族制度	什么样的家族制度（父权，母权）
	是否存在货币和度量衡，单位是什么		是否存在婚姻制度，是怎样的制度
语言	主要语言是什么，有几种语言，发音特征怎样	社会理念	理想的男性女性形象和职业
			是否存在禁忌，有哪些风俗习惯
交通	主要交通手段（马车，车）	世界法则	是否与现代或者现实社会相同
	此外还有什么交通手段		有什么特征（魔法世界，武侠世界）
通信	主要通信手段（信件，电话）	科技	什么科技水平
	此外还有什么通信手段		是否有独特的科技设定（导力，科幻）

事实上，游戏里的很多势力或者世界的设定，都有现实的原型，或者根据现实原型改编而来。

几乎所有的日系RPG里都有一个"帝国"（如加雷马帝国、埃雷波尼亚帝国），其原型通常是德国或者罗马。

如果角色的名字有"盖乌斯"，大部分来源于盖乌斯·尤利乌斯·恺撒。

几乎所有日系RPG里都有一个宗教神权国（如伊修加德、亚尔特里亚法典国），其原型通常是梵蒂冈和历史上的三大骑士团；骑士团通常从属于大陆的教会核心（骑士团通常是12人，因为圆桌骑士有12人）。

几乎所有日系RPG里都有一个小国寡民的王国（如乌尔达哈、利贝尔王国），其原型通常是瑞士这类国家。王国的领导人还是女王,这类小国一般都有独特的技术,夹在大国之间想办法生存。

总之,如果不清楚怎么设定世界的话,就直接在人类历史和现实中寻找原型加以改编,利用人类的历史智慧比架空乱编的效率要高得多,只需将现实元素排列组合一下就足够了。比如科幻游戏《星际争霸》的人类原型来自美国,政治制度借鉴了昂撒人的历史,星灵则借鉴了伊斯兰社会制度和东方的建筑特征,异虫则有高度集权化的帝国制度的影子。

正如第五章节所说的,游戏策划就是游戏世界的上帝。世界没有固定的法则,唯一的要点就是逻辑!

六、章节总结

(1) 游戏如果有叙事,那么在故事的开始就要想好主题。
(2) 把游戏目的与主题联系起来。
(3) 主题可以由关键词和短句引导。
(4) 平时要注意积累故事素材库。
(5) 人物设定大体上有12个属性。
(6) 世界设定可以借鉴世界设定表,同时活用现实的素材。

推荐阅读

[1] 佐佐木智广. 游戏剧本怎么写[M]. 支鹏浩,译. 北京:人民邮电出版社,2018.
[2] Robert Denton Bryant,Keith Giglio K. 屠龙记:创造游戏世界的艺术[M]. 许格格,译. 北京:电子工业出版社,2017.
[3] Crawford C. 游戏大师 Chris Crawford 谈互动叙事[M]. 方舟,译. 北京:人民邮电出版社,2015.

课后作业

1. 为什么动漫和游戏中容易出现"洗白弱三分,黑化强一倍"的现象?
2. 《哆啦A梦》中,为什么出木杉英才和哆啦美不能进入主角团?
3. 描述一个你喜欢的反派角色,并论述其被刻画的特征。

第8章 游戏的叙事结构

> **学习目标与要求**
>
> 1. 理解三段式结构。
> 2. 了解文化策划中的脚本参数。
> 3. 掌握文案交互中的选项设置。

文案策划分为两个阶段。

第七章已经讲了第一个阶段的有关内容。第一个阶段也就是策划阶段——定好主题、定好目的、确定好角色,把世界观树起来,然后去写一个故事。这一章所要讲的是文案策划的第二个阶段,也就是剧本的创作阶段——关于情节、结构、文本三者之间如何反复地进行参照、回跳以进行创作。

其实写好一个剧本是件很难的事情。写个好剧本跟写篇好文章是不一样的,擅长写好文章的人并不一定能写出一个好的剧本,因为两个对象在技术层面上完全不一样。好文章可能更多的是论理、论辞藻,但是好剧本更多的是论角色和结构。有了第七章的基础,就已经有了角色和世界,现在要做的就是合理地构建这些元素。相当于现在买到了好的食材,但还得看如何通过合理的方法来做出一道美味的菜肴。

在第二章中,我们曾探讨游戏作为一种传播媒介与传统的文学或者电影的区别。事实上,游戏和传统的文学或者电影等一样,也是拥有剧本的。

一、结构

1. 什么是结构

和写文章时遇到的问题不同,写剧本时遇到的最大问题在于,开始写的时候以为很容易,但往往很难坚持到最后。比如写到一半,发现文采飞扬,但故事不甚理想,或者突然没了任何兴致,于是剧本就烂尾了,甚至干脆没了下文,这是很常见的情况。

还有一种情况是,剧本写了一半,写手发现有逻辑漏洞,很难自圆其说,自己都不知道怎么继续往下写。不光是一般的写手,甚至有些文学大师也会出现这种情况。为什么说四大名著中,《三国演义》的文学性相对来说是最差的?因为《三国演义》的剧本中一些地方存在逻辑漏洞,不能自圆其说,另外三部名著就很少有这种问题(《红楼梦》至少前八十回是没有这种问题的)。笔者个人觉得,罗贯中在写作时可能受到了一些文学上和历史背景上的限制,但不管出于什么原因,细究他最后呈现出来的故事走向和塑造出来的人物形象,还是有很多纰漏的。拿诸葛亮这个人物举例,前期的诸葛亮神机妙算、足智多谋,表现得十分抢眼,仿佛一切都在他的掌握之中。然而这位凭借自己的天文地理知识"草船借箭"戏耍周瑜的智者,在后半部分的上方谷之战中,本可以用大火将司马懿歼灭在谷中,却功亏一篑,让一场突如其来的大雨挽救了司马懿。倘若诸葛亮真的能准确预测到天气,他又怎会让司马懿侥幸活命?要知道,诸葛亮"草船借箭",是以性命做赌注,可见他对自己天文地理知识的信心。可这样的一个人竟没有预料到会有一场大雨破坏自己的计划,这就是一个无法自圆其说的逻辑矛盾。

所以一般要先确定好结构,再写剧本。当然,有过人天赋的写手另当别论。提前定好结构,可以让文案策划在最开始的阶段看到剧本的整体轮廓,这样就不至于在后半部分出现某些偏差。

2. 音乐结构和剧本结构

首先我们来做一个小游戏。闭上眼睛,然后想一首你喜欢的或者熟悉的歌曲。15秒后睁开眼睛,试着回想下,刚刚在你脑海里响起的旋律是不是这首歌的前奏或者副歌部分?

其实音乐的结构跟剧本的结构是一样的,一首曲子也是在讲一个故事。音乐由前奏、旋律A、旋律B、副歌、尾声等部分组成。剧本是用文字来谱写一个故事,音乐是用音符来谱写一个故事。结构就像乐谱,乐谱本身是不会弹奏音乐的,但是会让我们心里有底。如表8-1所示,音乐的前奏对应剧本的开端,它的旋律A和旋律B对应剧本的陈述和铺展以及通向高潮的过程,副歌对应剧本的高潮部分,尾声对应剧本的结局。所以,音乐虽然没有一个字,它的声音和剧本的文字却是一一对应的。

表8-1 音乐和剧本的对应关系

音乐	剧本
前奏	开端
旋律A	陈述和铺展
旋律B	通往高潮的过程
副歌	高潮
尾声	结局

3. 结构的要素

和音乐一样,我们可以把剧本拆分为三个部分。第一个部分为前奏,也就是开端。刚刚提出的那个小游戏中,大多数人的脑海里浮现的都是一首歌的前奏或者副歌部分,剧本也是一样。剧本的开端和高潮是其最为核心的两个部分。一个好的故事最好在一开始就能抓住玩家的心,如果一个剧本在开始的时候就是无趣的,那它有可能就会让玩家失去动力,所以我们要谨慎地使用慢热叙事。慢热叙事的好处是可以慢慢地铺开,慢慢地成熟,一点一点地引向高潮,但是在这个快节奏的时代,对于一部分没有耐心的玩家来说,可能剧本还没来得及展现自身魅力就被搁置了。笔者就遇到过这种情况。笔者第一次玩《英雄传说6:空之轨迹FC》的时候,就因为故事的节奏特别慢,没能继续玩下去,后面再次下载试玩是因为受到了别人的极力推荐。第二次尝试时,笔者耐心地把游戏玩下去了,发现后面的剧情果然特别精彩。显然,这种慢热叙事是有风险的。

第二个部分就是副歌,即高潮部分。这部分是游戏策划在整个剧本里面最想表达的东西。一般来说,最燃、最感人、最激动人心的部分都是在这个部分表现和完成的。

第三个部分就是主歌(旋律A/B),类似于剧本里面的过程。如果一首歌前奏和副歌惊为天人,但是没有一个好的旋律做衔接,它可能火一时,却很难长盛不衰。作为经典音乐,主歌部分也是很吸引人的,剧本也是一样。我们需要一个优秀的过程来作为重要的润滑剂。

4. 结构的种类

按照上文阐述的思路,基本上每个国家的话剧或者叙事相关的学问,都会把叙事分为多个结构。

在中国,我们将其称为"起承转合"。元代范德玑在《诗格》中说:"作诗有四法:起要平直;承要舂容;转要变化;合要渊永。""起"是起因,是诗文的开篇、文思的开端;"承"是承接,是起句的承接、延续与深化;"转"是转折,是结构的跌宕、思路的起伏;"合"是结句,是文章的收束、情感的凝聚。

在日本,学者称之为"序破急"。与我国"起承转合"将故事切成四段的方式不同,它讲故事分为三段。"序"是开端,是故事的开始;"破"是开端至高潮前,剧情和气氛逐渐向上走;"急"是高潮至结局,在最短的时间内达到高潮,然后高潮过后以最快的速度转入结局。一般来说,"序"要节奏舒缓,波澜不惊;"破"要有所起伏,直切正题;"急"要气势磅礴,一泻千里。

而很多西方国家将其称为"三幕式结构"。"三幕式结构"这个概念发源于舞台戏剧,指的是用三幕呈现最精彩的剧情给观众。三幕篇幅长短不一,通常认为,第一幕,或称开端,占整体的25%;第二幕,或称对抗,是故事的主体部分,占整体的50%;第三幕,或称结局,占整体的25%。然而这并不是必须要严格贯彻执行的"铁"规定,只要每一幕完成各自的使命即可。

其实,不管是起承转合、序破急还是三幕式结构,都有一个类似的模式,即故事都是按照"开端场景开始、开端场景结束—第一幕开始、第一幕结束—第二幕、第三幕直到高潮—高潮结束之后再进行一个结局场景"的顺序进行的,如图8-1所示。

事实上,将日本的序破急和中国的起承转合进行对比可以发现,前者只是把后者的"转"和"合"换成了"急";而西方国家的三幕式结构,就是用"开端"和"第一幕"替换了中国的"起"和日本的"序"。世界各国文明对于剧本创作都会有一个类似的想法,但不管怎么说,最重要

第 8 章 游戏的叙事结构

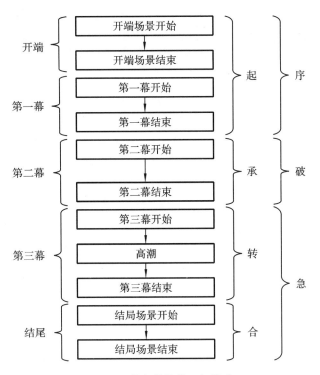

图 8-1 故事结构的一般模式

的都是第三幕,也就是"转"或"急"的这一幕,这是整个故事的高潮。

这里以《隐形守护者》作为一个实际案例来分析故事的结构。

如图8-2所示,如果按照起承转合的这个方式来描述《隐形守护者》,它的"起"是序章和第一幕"太阳之影","承"是"狩猎者""生死途""修罗场"和"菊刀"这几幕。这个故事第一次发生转折是主角去杀自己老师的时候,这个地方对应着故事的"起",算是一个小的高潮。老师被杀后,主角在当时那个阶段算是完成了潜伏任务。主角潜伏真正出现问题是在被上级孙先生背叛的时候。孙先生当着他的面把他作为共产党员的党证给烧了,从此就没有任何证物可以证明他的卧底身份了,这里就是"承"。如果不考虑走"美丽世界"或者"扶桑安魂曲"这两个支线的话,"转"就是主角渐渐找回自己最初的信仰以及和组织断联后的一些坎坷经历。"合"是最后的故事高潮,也即主角最后对抗冯一贤和武藤志雄的经历。整个故事线不管是使用起承转合、序破急还是三幕式结构,都是可以被清晰地描绘出来的。

5. 剧本的前提

一般来说,在构思一个剧本之前要先想好这个剧本的前提:谁是主要角色?谁来充当对手(也就是待攻克角色或敌人角色)?他们之间为什么会发生冲突(这里的冲突是广义上的冲突,既包括剧情和价值观的冲突,也包括行为和立场的冲突)?这样的冲突结果会带来什么样的改变?主角需要采取哪些手段达成这样的改变?

图 8-2　以起承转合方式描述《隐形守护者》

二、开端(起、序、第一幕)

1. 开端的目标

在开端阶段,也就是起、序和第一幕,需要明确几个目标。

第一,传达游戏的目的,即说明这个游戏是干什么的,会讲一个什么样的故事。游戏策划要注意给玩家创造体验这个游戏的动机。

第二,传达游戏的玩法。一个游戏的系统越复杂,新颖创意越多,就越有必要设置教程。一些游戏的新手教程比较枯燥,只是程式化地告诉玩家这一步点这个地方,下一步点那个地方。这是一种比较老套的教程模式。好的教程模式是和叙事捆绑在一起的。比如在《使命召唤 4:现代战争》里面,主角在游戏开端是一个被征召的队员,长官想看他是否有资格进入这个小队,所以他想让主角通过一个考验。这个考验其实就是教程,但是由于它是跟叙事融合在一起的,玩家的代入感会更强一些。

第三,传达这是一个什么样的游戏,即充分展示游戏世界,阐明各角色之间的关系。

2. 开端吸引玩家的方法

开端吸引玩家有几种方法。第一种是受动性的。受动性与主动性、能动性对立,与被动性类似,它是一种非主动、非自由的特性。比如,主角本处于一个寻常世界中,并没有能动地想完成某事,但是因为继承遗产,或者恋人、家人被害,或者国家被灭等一些因素,某些事件就突然发生了。某些事件的发生导致主角不得不去做一些事情,这样的开端就是受动性的。

第二种是开拓性的。一般来说,在这种类型的游戏中,主角一开始就能动地想完成某件具体的事情。这种开端常常用于任务型游戏,比如,在《合金装备》系列里,一开始主角就需要潜伏做些事情;还有就是推理类游戏或者恐怖类游戏,比如,一开始主角就需要去找凶手,或者去寻一个宝藏,或者是想解决某一个生化问题等,这些都是需要玩家去开拓的。

第三种是"救猫咪"法则。"救猫咪"法则是电影编剧大师布莱克·斯奈德提出的。他认为,"不管多么让人难以代入情感的角色,只要让他在开头奋不顾身救下一只即将被车轮碾压的小猫,你就会神奇地发现,他将成为'容易代入感情'的角色"。

受动、开拓和"救猫咪"法则在影视剧和游戏里面都是屡试不爽的小手段和小技巧。

另外,我们还可以在叙事模式上使用一些小技巧。这里举三个例子来具体说明。

第一个案例是《英雄传说:零之轨迹》的开端叙事。游戏开始时什么都没有,主角在奔赴 boss 战的时候,屏幕突然变黑了。然后黑暗中出现了一个声音,主角好像从梦中醒来一样,坐在一列去往自己新上任的警察局的火车上。这样的开头很多玩家会以为是倒叙,但玩到最后会发现开头并不是倒叙。主角一开始确实是在打 boss 战,只不过他们全员阵亡了。事实上,游戏中有类似于时光机一样可以读档的机制,主角在全员阵亡时被另外一个人拯救了,脱险之后又回到了他到警察局上任的第一天,然后重新开始了这个故事。所以玩这个游戏就相当于在玩二周目,主角会在过程中遇到一些人和事,并改变 boss 战结局中的一些状况,以获得最后的胜利。由于一开始的 boss 战场面宏大,游戏就可以在开端处成功吸引玩家;而且这种叙事方式是很有意思的,玩家以为是倒叙,其实这时是一周目;玩家以为故事开始了,其实已经是二周目了。

第二个案例是《幽城幻剑录》,这是我国台湾地区做的一个游戏,也是一个很经典的 RPG 游戏。这个游戏的特点是有很多支线任务,做不同的支线任务会得到不同的结局。游戏的一开始就有一个很小的支线任务,如果玩家不做这个小支线任务,那么任务里的某某人物就会因此得不到救赎,从而导致后面第二个事件做不了、第三个事件也做不了……最后就像蝴蝶效应一样影响到最终结局。所以只要玩家当时不做第一个支线任务,那么就会进入一个坏的结局。当然,做了第一个支线是远远不够的,后面还要达成很多条件才能有好的结局,但至少可以肯定的是,在开端的时候不做这个支线任务,就一定会进入坏的结局。

最后一个案例是《刺客信条1》,它和续作都不一样。《刺客信条1》开始的时候,主角阿泰尔是组织的二号人物,亮相时就全身神装。在开端就全身神装有两点好处。第一点,玩家刚上手一个游戏的时候,操作是比较难的,给了最高级的装备后,操作起来就容易多了,这是与叙事相结合的一种变相教程。第二点,故事是这么往下走的:主角作为二号人物,自恃武功高强,故意违反各种信条,最后导致任务失败;任务失败之后,他被老师剥夺了所有的装备和地位,被迫从零开始。这样的话,开端的神装就让玩家有一种期待感,因为玩家看到了从零开始成长之后的样子,就会有一个具体的努力方向。这也是在开端的时候迅速吸引玩家的一种手段。

三、通往高潮的过程(承、破、第二幕)

通往高潮的过程在"起承转合"中发挥"承"的作用,它意味着故事的剧情从开端向结局的过渡。缺乏铺垫的最终高潮必然是平淡无奇的,就像一首歌如果从主歌转到副歌的过程失去了变奏,将变得干涩、突兀。通往高潮的过程中,剧情节奏往往呈现急速加快的趋势,冲突与冲突之间的接连带动,使通往高潮的过程成为游戏过程的润滑剂,让故事从开端渐渐转入结局。

为了使通往高潮的过程更加吸引玩家,常需要设定游戏失败。玩家玩一场游戏时,如果能够毫无障碍地通过一场游戏的全部过程,或者主角在执行任务的过程中一帆风顺,就说明该游戏在剧情铺陈过程当中存在问题。绝大多数吸引人的故事中,主角都会遭遇挫折,所以这个时候我们需要设定游戏失败。

在设定游戏失败的同时,也需要设定游戏的推进章节。我们通常将游戏中的推进章节分为四种,分别是:达成游戏目的的章节、推进剧本的章节、加深剧本主题的章节和偏离游戏本来目的的额外章节。

设定游戏失败需要合理安排冲突。冲突方式可分为三种:人与人之间的冲突、人与自然之间的冲突、自己与自己内心的冲突。

人与人之间的冲突包括但不限于利害、信念、信仰、性情、是非、善恶、美丑上的冲突,我们需要把这些人与人之间的冲突有条理、有系统、有组织、有因果、有意思地展现给玩家。

人与自然的冲突中的"自然"是指环境、鬼神、宇宙等一切非人为的对抗体,比如,《流浪地球》中人类与宇宙的抗争就属于典型的人与自然的冲突。

自己与自己的内心冲突也很常见,例如良心和欲念的冲突、信仰与信念的冲突等。这类冲突需要主角进行抉择,在抉择过程中推动剧情发展。

在所有的冲突类型当中,人与人之间的冲突最为重要,这是大部分游戏最为核心的关键点。人与人之间的冲突必然有对手,而成为主角对手的,不可以是平凡之辈,不是随便哪种性格都可以担当反派这个重任的。

反派的性格同样要坚强,要感情丰富,要有激烈的情绪,不肯妥协,充满野心。反派要从心理上、行为上绝对反对编剧赋予主角性格的价值思想。比如,主角讲仁义,反派就要讲功利;主角讲仁慈,反派就要讲残忍;主角赞成的,反派必反对等。

反派要有性格,要坚持反派的"道理",并且奋勇地、倾力地、拼命地反对主角。反派并非主角,他的反派性格可以表现得单纯、直接,因为其性格越单纯、直接,来自他的压力、反动力就越强大。

描写反派,一定要把笔墨集中在他的反动势力上。没有像样的敌人,没有势均力敌的对手,主角与反派的斗争就会毫无趣味。反之,反派稍居上风,或者暂时得胜,会使玩家感到主角所受的压力,从而生发同情、怨恨、反抗之心。这种共鸣感,是玩家最高级的享受。例如《隐形守护者》中,武藤志雄是游戏四大反派中塑造得最为完美、生动的角色,以至于制作组不得不关闭了对武藤志雄的鲜花通道(避免玩家给反派 boss 以正面评价)。

四、高潮和结局(转合、急、第三幕)

高潮指达成游戏目的的瞬间,是整个游戏剧情中最为剧烈、让人兴奋的部分,也是纠葛、对立的最高峰。以推理游戏为例，玩家得知嫌疑人身份的瞬间是游戏的高潮；剧情类游戏的高潮则是玩家发现幕后黑手身份的瞬间；战斗类游戏的高潮是玩家与强大敌人开战的瞬间。这些瞬间或让玩家脊背发凉，或使玩家血气上涌，从而让玩家的体验达到整个游戏过程中的巅峰状态。

1. 通往高潮的过程一定要有趣

前文提到的通往高潮的过程是整个游戏剧情的催化剂，催化剂效果的好坏可以直接影响结局的效果。所以说，高潮的成败往往由通往高潮的过程左右，在游戏策划的过程中，通往高潮的过程一定要有趣。

比如在角色扮演类游戏中，在打败最终 boss 之前，可以制造出所有角色总动员的情景，让前面的章节和角色在玩家心中的形象更加鲜明。这个方式虽说俗不可耐，但是非常有用，能够成功地把气氛"炒热"。也可以在最终决战之前，让主角回忆过去游戏过程中的经典场景，制造"回忆杀"，使玩家回忆起之前在游戏中获得的体验与情感，这种心理效果将唤起玩家在高潮阶段应有的感动，从而为后续的结局做铺垫。

2. 结局

高潮之后便是结局，结局是向玩家传达游戏目的达成后产生了什么结果的部分。结局分为三种常见类型。

第一种是完结型结局，例如主人公生活的地方恢复了和平，主人公和旅途中结识的同伴喜结连理、一起幸福地生活下去等，这类结局对于没有规划续作的游戏是一种不错的选择。

第二种是开放型结局。这种类型没有固定的故事结局，作者处理起来更加游刃有余。比如主人公打倒了魔王，但是自己的内心似乎也隐隐受到了影响，不知道未来是否能恢复光明。假设游戏销售情况不佳，开放型结局可以使故事到此为止，剧情顺利结束，故事具有一定的完整性而不至于"烂尾"；假设游戏销量可观，这样的开放型结局可以让作者根据市场情况判断是否编写续作。例如《暗黑破坏神1》的结局中，主人公将大菠萝的灵魂石插入自己脑中，故事戛然而止。当时《暗黑破坏神1》创造了可观的销量，于是暴雪便基于该结局续写了《暗黑破坏神2》，讲述主人公大脑受到大菠萝的灵魂石影响之后发生的故事。

第三种则是续作型结局，即明确地告诉玩家游戏将有续作。例如主人公打倒了魔王，然而魔王二段变身，主人公被虐濒死，危机之中主人公被一个神秘人救走，游戏结束。日系厂商在制作 RPG 类型游戏时，往往喜欢使用该手法，因为续作型结局可以很好地吸引玩家，达到"一份游戏拆成两份卖"的效果。但是过多使用这种类型结局也会引起玩家反感，除此之外，还存在因外界因素造成"烂尾"的可能。

此外，还可以设定游戏结束，例如在某些情况下通知玩家游戏结束，但隐隐暗示玩家并没有看到真正结局，这样可以逼迫玩家打二周目、三周目来发掘真正的结局。这种设定游戏结束的方式是多结局游戏的常用手段。

重玩与游戏结束不同，它强制玩家熟悉游戏规则。例如，在《隐形守护者》的开端，玩家错误的选择可能导致游戏结束,强制玩家重新开始,以调动玩家的积极性和尝试的欲望。同样地,对刚刚接触该款游戏的玩家而言,这是一次很好地快速熟悉游戏规则的方式。

五、表达

有了一个故事,也有了角色和结构,角色便开始需要"说话"。角色如何说话才可以吸引更多的人听,是一件具有艺术性的事情。同一种内容和体验,表达方式不同,给玩家的感受也会完全不同。因此,善于表达是传达游戏感情的必要元素。

1. 表达方式

阅读两段文字。

昨天我和朋友去吃饭
吃到了非常好吃的免费火锅
尽管在店外排队等了很久
但能吃到这么棒的火锅还是太高兴了

昨天我和朋友去吃饭,结果商场里人山人海
我俩在商场里逛了很久,几乎每家好评的门店都排着队
于是商量着,干脆随便在外面找一家吃算了
正回头朝着商场的出口走去
结果就在这瞬间,我手机上显示我之前心仪的火锅店抽中了霸王餐福利!
我赶忙告诉朋友,拉着他一起回到火锅店门口
火锅店排着长队,约摸估计着要花不少时间
这时店员走过来告诉我,排队的都是四人桌,两人桌正好有个空位
于是我和朋友没怎么耽误时间,就进去美美享受了一顿火锅霸王餐!

上边和下边的两个表达相比,显而易见下边的更好。这就是不善表达者和善于表达者的区别,该区别主要在于以下两点。一是阐述结论的时机不同。从两个描述来看,上边的文字在叙事的开头便告诉读者"吃到了非常好吃的免费火锅"的结局,这让读者在开头便看到了结局,容易读者失去继续阅读的兴趣;而下边的文字选择了循序渐进的方式,到最后才告诉读者结局。

二是语言长度不同。,不善表达的人类似于新闻描述,而善于表达的人则类似于新闻报道中的某种"具有相声天赋的热心市民 X 先生、Y 女士"。他们更加善于心理描写,使得整个故事充满情绪上的变化。剧本的目的是追求感动与共鸣,是通过文字描述去触动人的感觉、

内心和感情感。所以善于表达的人说话方式更加细腻,更加接近剧本的需求。以下边的描述为例,作者通过对当时情形的细致描述(正回头朝着商场的出口走去),以及当时心境的表述(干脆随便在外面找一家吃算了等),这样善于表达的人能够让听众感同身受地去体验这次吃火锅的经历。

2. 传达过程

剧本中说话人向对方传达完聊天目的之后,便意味着对话的开始。不善表达的人会直接说"钓大鱼"的"结局",善于表达的人在讲"特别难钓""开始收拾钓具"这样的"过程"。所以在传达过程中,需要考虑好传达信息的顺序,这也是善于表达的人与不善表达的人的重要区别。

可以将游戏过程中的信息传递用流程图的方式呈现,如图8-3所示。体验是游戏策划想让玩家感受到的效果,不善表达者选择把体验和故事通过自己的表达传递给听众/观众,而善于表达者则像是化学反应中的催化剂,在体验与听众/观众之间起中介作用,他们可以将客观发生的体验让听众/观众感同身受。所以在写剧本的过程中,游戏策划为了让玩家切身地体验到自己想要表达的情绪,往往选择第二种方式,这需要在表达过程中尽可能做得细腻,同时还可以卖关子,使剧本充满趣味。

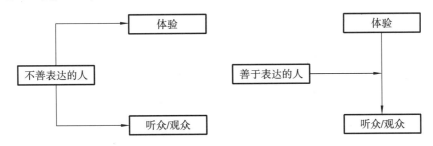

图8-3 不善表达者与善于表达者传达信息的不同顺序

3. 文字表达的细节

尽管《三国演义》因为结构、历史背景、大量借鉴《三国志》和《资治通鉴》等问题而存在争议,但是不可否认的是,其在文字表达上的细节值得品味。比如以下节选片段中的"玄德点头"。

方操送宫下楼时,布告玄德曰:"公为坐上客,布为阶下囚,何不发一言而相宽乎?"玄德点头。及操上楼来,布叫曰:"明公所患,不过于布;布今已服矣。公为大将,布副之,天下不难定也。"操回顾玄德曰:"何如?"玄德答曰:"公不见丁建阳、董卓之事乎?"布目视玄德曰:"是儿最无信者!"操令牵下楼缢之。布回顾玄德曰:"大耳儿!不记辕门射戟时耶?"

——《三国演义》第十九回《下邳城曹操鏖兵 白门楼吕布殒命》

吕布向刘备求情时,刘备并没有直接答应,而是通过点头这样一个动作细节,表示若有所思。换一种场景来理解,假设有名学生总是不按时交作业、上课出勤率低,最后期末挂科找到任课老师求情。这个时候老师有两种选择,一种是答应他,另一种是拒绝并且请他出去。不过这两种方式的表达都过于直接,如果此时老师仅仅是点了下头,表达就比较含蓄,既可以表示同意,也可以表示若有所思。回到《三国演义》,如果作者将"点头"这样一个动作改为答应或者大骂,其效果远远不如"点头"对刘备隐忍的形象刻画来得生动。通过这样一个细节,作者便将人物形象活灵活现地呈现了出来。

4. 游戏文本

在游戏中同样有文本的操作和标记。游戏文本不同于文章,它由台词、旁白和指示三部分构成。游戏文本需要将台词、旁白和指示标记出来,以让游戏策划更加方便地与游戏美术等进行沟通,让游戏美术更加明确地理解哪些是台词和旁白,哪些是需要构建的场景,哪些是需要设计的动作等。

简单来说,台词是对话或者独白,它用来表达感情、推进故事、说明情况。

旁白则是客观阐述发生的事实,它可以表现心理或感情,也可以表现物理上的东西,还可以表现时间,起推进故事发展的作用。游戏有其特有的旁白表达方式,比如游戏中需要描述"某人口出惊人,众人无语"的情形时,可以用省略号来表现所有人的情绪,但这种表达方式在游戏之外的其他艺术媒介形式中基本无法使用。

指示需要用具体编号来指定游戏背景和角色,指定编号的目的在于当后期游戏角色过多时,可以更加清晰、便利地让程序员、游戏美术分辨当前角色。例如,在前文《三国演义》中,可以指定背景 BG01——曹操相府的庭院,指定角色 CH01——曹操、CH02——刘备。并且需要在角色显示与退出时,明确将其告知游戏美术,以提升画面表达能力。比如曹操说话的时候"曹操开始显示",轮到刘备说话的时候,提示游戏美术给刘备特写"曹操退出显示,刘备开始显示""曹操重新显示"等。指示还可以指定时间、BGM、情况(例如某音乐仅可在特定时刻使用)、事件、分镜等。

同样以《三国演义》为例,可以把台词、指示和旁白清晰地标记出来,如下所示。

*背景:随至小亭,已设樽俎;盘置青梅,一樽煮酒(指示)

*显示:二人对坐,开怀畅饮。酒至半酣,忽阴云漠漠,聚雨将至(指示)

操:"使君知龙之变化否?"(台词)

备:"未知其详。"(台词)

操:"龙能大能小,能升能隐;大则兴云吐雾,小则隐介藏形;升则飞腾于宇宙之间,隐则潜伏于波涛之内。方今春深,龙乘时变化,犹人得志而纵横四海。龙之为物,可比世之英雄。玄德久历四方,必知当世英雄。请试指言之。"(台词)

备:……(台词)

操:……(台词)

操:"今天下英雄,惟使君与操耳!"(台词)

玄德闻言,吃了一惊,手中所执匙箸,不觉落于地下。(旁白)

实际上这部分的内容并不完全属于游戏学的范畴，更多的是从电影和话剧当中引申而来，是游戏学中的叙事流派存留下来的有用技巧和知识。游戏策划在电影和话剧中可以更加深入地了解游戏叙事的技巧，并借鉴使用其中的很多方法，例如台词的细节、支线故事的设置（这是游戏比话剧和电影有优势的地方）、伏笔（在结局用一根线将所有的伏笔串起来，会带给玩家峰回路转的体验）、谜团的制作、预告、假动作、回想等。

六、选项

在涉及选项之前，本章的内容主要为游戏剧本的创作步骤，它本质上和话剧、电影没有太大差异。游戏之所以是游戏，就因为它的交互性。回想第一章中介绍的游戏三要素——规则、博弈和可量化的不确定性，其中很重要的一个要素便是可量化的不确定性，而决定游戏不确定性的便是玩家的选择，所以说游戏文本的最大特征是选项。

1. 交互与选项

玩家与游戏之间的交互，即玩家积极地参与到游戏内容之中是游戏区别于电影等传统媒体的最大特点。传统媒体中，作品与观众之间的关系是单向的，观众并没有向作品做出实质性的动作，也就是没有产生行动上的交互。选项是让游戏产生交互性的最佳策略，它成功地使得动作在游戏和玩家两个主体身上交替地发生，即游戏和玩家成为两个活跃的主题，二者之间的动作不断交替循环。玩家与游戏之间互相影响，这是选项赋予游戏交互性的主要原因。

游戏中的选项通常是指游戏策划为玩家可能想到的问题或者游戏画面上显示的问题准备的两个或者两个以上的答案。尽管游戏相较于电影、话剧等传统媒体具有更强的交互性，但是游戏选项仍然存在局限性，毕竟游戏选项是由游戏策划给出的，玩家自由度再高也无法跳脱游戏策划的限制。

2. 选项的重要性

选项的存在能够将玩家拉入游戏世界，因为一旦玩家在游戏中触发了选项，如果玩家不做出选择，游戏的进程便会一直停滞。前面章节中提到 UDP 协议与 TCP 协议的区别，即 UDP 协议接收信息的时候，可以选择忽略传输的内容，但是 TCP 协议必须进行交互才可以进行下去。

这就反映出人们对参与性的重视，以及人们希望通过自己的行为改变某个事情而获得满足感。在游戏中，玩家自己做出选择、自己承担未知的后果和责任，这种对未知的恐惧感是选项赋予玩家的，也是游戏的快乐源泉之一。

3. 选项与分支

互动叙事不能只提供圆满结局这一个选择,需要允许玩家做出可能导致各种结果发生的选择,并且不同选择的组合最终可能会带领玩家走向不同的结局。因此,游戏策划往往在叙事类游戏中策划大量的选项与分支,通过设置不同的路线,实现游戏的多结局结构,玩家可以循环进行游戏以通达他们心中最满意的结局,如图8-4所示。

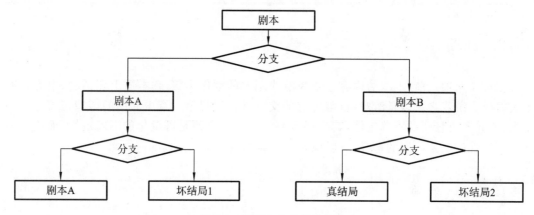

图 8-4　选项与分支示意图

当然,也有叙事游戏厂商在多结局叙事类游戏中将最终的结局差异最小化。这是因为,对于部分需要消耗大量时间的游戏而言,部分玩家不想再次花费相同的时间多次寻找最满意的结局。因此,游戏策划会将最终的结局设计得大同小异,让那些不愿意继续寻找新结局的玩家获得足够的满足感。

4. 选项的种类

选项的种类通常有两种:一种是与故事发展相关的选项,另一种是与参数相关的选项。与故事发展相关的选项会根据玩家的选择呈现不同的剧本内容与情节,而与参数相关的选项可能无法直接影响到剧情,但是可以通过对玩家角色的判定间接改变剧情走向。例如当对玩家好感度大于10时,经参数判定,玩家可进去剧本 A,反之则进入剧本 B,如图 8-5 所示。

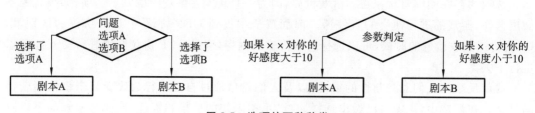

图 8-5　选项的两种种类

除了以上两种选项,在叙事游戏中还存在一类有意义的无意义(不发挥作用)选项。之所以说它有意义,是因为它起到了为剧情服务的作用,可以丰富角色的形象,但这种选项在游戏交互上往往不发挥作用。例如,《隐形守护者》中设置了许多无意义选项,长官高源问主角肖途如何花费手中的大笔资产时,给出了四个选项"买房子""买车子""找娘子""和高处长一起花",玩家基于剧情会选择"和高处长一起花",显然这是一个在交互上没有意义的选项,但是在剧情上是有意义的,因为这段剧情的目的在于展现肖途进入美丽世界这条故事线之后的人性渐渐被磨损的过程。当然也可能存在与剧情无关的真正的无意义选项,这类选项需要避免。

5. 选项与世界

选项应该符合正常世界人类基本的价值观,避免存在太多无意义选项。当玩家处于定时炸弹即将在 10 秒后爆炸的场景时,下面第一组给出的三个选项,是符合现实世界场景的,并且玩家的选择具有意义。而在第二组选项中,选项 F 使得前五个选项都是无意义的,因为正常人必定会选择使用急冻液。这样的选项无法为剧情服务,也无法展现人物的心境变化,是在游戏策划过程当中需要避免的。

(1) 定时炸弹离爆炸还剩下 10 秒,这时你要?
A. 剪断红线
B. 剪断蓝线
C. 抱着炸弹跳海
(2) 定时炸弹离爆炸还剩下 10 秒,这时你要?
A. 剪断红线
B. 剪断蓝线
C. 剪断绿线
D. 剪断黄线
E. 抱着炸弹跳海
F. 使用急冻液

6. 选项设计

选项设计需要明确选择的基准,设计出具有合理性、值得思考的选项。第一组选项中,"蹦蹦跳跳去学校"和"晃晃悠悠去学校"两者没有什么区别,所以这样的选项是没有思考性的,也是不合理的选项设置。在第二组选项中,主角可以走路也可以坐车,主角做出的动作是不同的,这样的选项是有意义的。在第三组选项中,当主角和女主之间的关系已经很好时,在现实生活中所有的人都会选择 B 选项,所以 A 选项是不合理的选项。

(1) 新学期开学第一天,你是……

A. 蹦蹦跳跳去学校

B. 晃晃悠悠去学校

(2) 新学期开学第一天,你是……

A. 蹦蹦跳跳去学校

B. 坐车去学校

(3) 面对女主你决定说……

A. 我们做一辈子的朋友吧!

B. 做我的女朋友吧!

此外,在插入选项时,可以根据结构进行,也可以根据主人公的情感变化进行。根据结构进行时,选项通常在剧情出现重大转折或者变化的地方插入,例如起承转合这四个阶段的衔接之处。根据主人公的情感变化插入选项则可以增强玩家的情感代入感。

除此之外,在选项设计过程中还需要注意选项的功能性意义和可见的完备性。所谓功能性意义,是指选项能够在多大程度上满足用户的需求和欲望,即选项是否能给玩家带来精神上实质性的满足。例如,虽然一款游戏设计了许多选项,但是整个游戏世界毫无趣味,那玩家即使可以做出足够多的选择,也不能激发兴致,这样的选项就是缺乏功能性意义的。而选项的完备性所指涉的是选项与玩家预期的可能性之间的差异。选项的完备性是相对的,并不是越高越好,因为对于不同类型的选项,完备性的判定标准有所不同。假设游戏高潮中,主角面临危险,必须在战斗和家庭之间做出选择,这时无论是选择战斗还是选择家庭,玩家都能收获良好的互动体验。虽然只有两个选择,但是并没有削弱互动效果,玩家也很难想到除此之外的其他选项。

7. 标志

与指示、旁白相同,游戏策划可以使用标志控制剧本发展,方便程序员和游戏美术构造、了解剧本逻辑。标志对游戏的管理可以用图8-6中的流程图来描述。游戏开始时向玩家输出任意信息,通过标志判定玩家是否看过一次结局:如果看过则显示新选项,剧本继续;如果没看过,则玩家将看到结局,并立起表示玩家已经看过结局的标志,游戏重新进入循环。

在实际应用过程中,为了让游戏美术和程序员更加清晰地看到标志所代表的意义,通常使用表8-2所示的标志管理表。

表8-2 标志管理表

标志	意义
F01	选择选项1
F02	选择选项2
F03	小游戏1成功
END_F01	通关游戏1次

续表

标志	意义
END_F02	通关游戏 2 次
END_F03	通关游戏 3 次

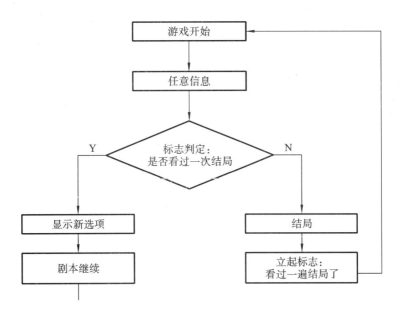

图 8-6　标志对游戏的管理

七、角色的纠葛

1. 角色的微观纠葛

角色纠葛是强烈体现角色意志、目的和情感的有效手段。现有三国题材的游戏，在下面的情形中，玩家通常在选项 1 和选项 3 之间纠结，选项 2 按照关羽的性格，是无意义选项。只要是听说过关羽名字，哪怕没看过三国原著的玩家，也不会选择选项 2。

曹操攻徐州，刘备败走投袁绍，张飞失踪，孤身一人的关羽在屯土山被曹军团团围住，危在旦夕。这时，关羽发现一人突然只身进入营中，乃是故交张辽。

＜关羽＞：文远欲来相敌耶？
＜张辽＞：非也。想故人旧日之情，特来相见。
＜关羽＞：文远莫非说关某乎？
＜张辽＞：不然。昔日蒙兄救弟，今日弟安得不救兄？
＜关羽＞：然则文远将欲助我乎？

    〈张辽〉：亦非也。
    〈关羽〉：既不助我,来此何干?
    〈张辽〉：玄德不知存亡,翼德未知生死,云长何不投降?
    选项1：城若破,有死而已.玉可碎而不可改其白,竹可焚而不可毁其节,身虽殒,名可垂于竹帛也.汝勿多言,速请出城。
    选项2：向曹军投降。
    选项3：立刻绑了张辽,以张辽为人质,带残军杀出重围。

为了让选项2变得有意义,下面在剧本中加入一个事件——张辽点出关羽贸然死亡对于刘备的问题,导致选项1、2、3的意义发生改变。

    〈关羽〉：文远莫非说关某乎?
    〈张辽〉：玄德不知存亡,翼德未知生死,云长何不投降?
    〈关羽〉：吾今虽处绝地,视死如归。汝当速去,吾即下山迎战。
    〈张辽〉：兄今即死,其罪有三。当初刘使君与兄结义之时,誓同生死;今使君方败,而兄即战死,倘使君复出,欲求兄相助,而不可复得,岂不负当年之盟誓乎?其罪一也。刘使君以家眷付托于兄,兄今战死,二夫人无所依赖,负却使君依托之重。其罪二也。兄武艺超群,兼通经史,不思共使君匡扶汉室,徒欲赴汤蹈火,以成匹夫之勇,安得为义?其罪三也。兄有此三罪,弟不得不告。

张辽更多的言语,使得剧本中矛盾冲突因素增加,从而全部选项发生纠葛。关羽投降的意义发生了改变,玩家纠结的内容也发生了改变。从而游戏去掉了冗余纠葛。陷入高度剧情冲突中。所以在设置选项中,要尽可能让所有选项对角色产生纠葛,删去没有意义的选项条目。

2. 角色的宏观纠葛

前文所说的是玩家在台词上的微观纠葛,在游戏中同样包括游戏各个层面上制造的宏观纠葛。例如,以前的玩家在玩《英雄联盟》时需要选择天赋,在旧版本中天赋之间不可以共存的情况下,玩家做出选择时是需要慎重考虑的。每个人都会在生活中遇到选择困难的情形,游戏可以利用玩家的选择困难和角色、选项之间的纠葛,有效地提升玩家的代入感和交互体验。

本章主要讲述了文案策划和叙事方面的核心内容。当然,光有这些是远远不够的,有意义地多写故事或者游戏策划档案才是提升能力的最佳方式。叙事的魅力与技巧远远不止这些,打通第九艺术与前八种艺术的边界,融会贯通,才是游戏文案策划的奥义。另外,本书纯文科的内容就到此为止了,从下章起,开始享受理学的世界。

八、章节总结

（1）不论用哪种结构，都需要规划好故事的大纲，且最重要的部分都是高潮。

（2）通往高潮的过程一定要有趣。

（3）善于表达者像是化学反应中的催化剂，在体验与听众/观众之间起到中介作用，他们可以将客观发生的体验让听众/观众感同身受。

（4）选项要有意义，起码要让玩家思考。

（5）角色纠葛是强烈体现角色意志、目的和感情的有效手段。

推荐阅读

[1] 周振甫.《中国历代诗话选》序[J]. 文学评论,1984(3):103-107.

[2] 王馨一. 中国古代诗歌与音乐起承转合结构研究[J]. 音乐创作,2019(5):99-106.

[3] 悉德·菲尔德. 电影剧本写作基础[M]. 鲍玉珩,钟大丰,译. 北京:中国电影出版社,2002.

[4] 布莱克·斯奈德. 救猫咪[M]. 3版. 韩程,李晋林,译. 杭州:浙江大学出版社,2013.

[5] 佐佐木智广. 游戏剧本怎么写[M]. 支鹏浩,译. 北京:人民邮电出版社,2018.

[6] Bryant R D,Giglio K. 屠龙记:创造游戏世界的艺术[M]. 许格格,译. 北京:电子工业出版社,2017.

[7] Chris Crawford. 游戏大师 Chris Crawford 谈互动叙事[M]. 方舟,译. 北京:人民邮电出版社,2015.

课后作业

购买任何一种你喜欢的叙事类交互游戏并体验，并结合本章内容分析其在结构和选项设置上的优缺点。

第 9 章 游戏规则与博弈论

> **学习目标与要求**
>
> 1. 理解博弈论的概念和前提。
> 2. 熟练掌握完全信息静态博弈在游戏中的应用。
> 3. 掌握完全信息动态博弈。
> 4. 熟练掌握游戏系统策划的责任和意识。

在之前的章节里我们已经知道,从内嵌机制到动态机制,很多事情会发生质的变化。规则并不等同于机制,那么到底如何制定规则而尽可能保证机制少出问题呢?本章节将会涉及"游戏"这个词最原本的含义——博弈,所有的博弈都是在既定规则下执行的,换言之,规则是引导优质博弈的前提。游戏目的生成游戏规则,游戏规则引导游戏博弈,而游戏博弈又具体体现了游戏目的。

一、博弈论的概念和历史

1. 博弈论的定义

"博"在古代指的是赌博,而"弈"则是下棋或者围棋。博弈的观点经常出现在我们的生活中,那么究竟何为博弈?博弈对于我们的生活又会产生怎样的影响呢?通俗意义上讲,博弈可以被看作"游戏"。简单来说,博弈指的是一个组织或者个人,甚至一个团体,根据自身所掌握的信息,在一定的大环境以及约束条件下,同时或有先后之分地从符合规则的行为以及策略中做出抉择,并且加以实施,最后根据自己的决策从中获得某种收益或者结果。在博弈中,参与者会受到特定条件的制约,且都希望自身得到的利益最大化。参与者往往会根据对手的策略来实施对应的策略。从这个意义上来看,博弈论又可以称为对策论,同时它还有一个较为通俗的名字,即赛局理论。博弈涉及斗争性和竞争性现象,而博弈论所研究的就是这类现象的理论和方法。博弈论中总是会运用到数学知识,所以它也被看作应用数学的一个分支,或者是运筹学的一门重要学科。游戏和博弈中的结构之间存在激烈的相互作用,而博弈论正是用数学的方法来研究这种相互作用的。

博弈论的前提是人性的逐利,博弈论中的利益参与者全部属于拥有绝对理性的个体角色,所有的角色均以实现自己长远利益最大化为优先策略;如果伤害他人为利益最大化的前提条件,那么模型上的参与者就会损人利己;一旦博弈规则里存在对参与者有利的漏洞,那么一定有参与者利用此漏洞。实际上,在一个社会群体样本足够大的情况下,一定存在无法被道德束缚的恶行个体,甚至是无法被法律束缚的恶性个体。

由此可以引出游戏中的第一条博弈论定理:如果一个系统(游戏)存在规则乃至机制漏洞,那么必定有用户(玩家)利用该规则或者机制漏洞为自己获取最大利益。

博弈行为通常是竞争性行为,这种行为往往会表现出对抗的性质。参与这类行为的人一般具有不同的目标或利益。在博弈过程中,人人都会向着自己的目标努力,他们会充分考虑对手可能采取的行动方案,并制定自己的合理方案,从而使自身的利益获得保障。我们在日常生活中进行的游戏,如下棋、打牌等都属于博弈行为。事实上,博弈论就是站在研究者的角度,充分考虑博弈各方所有可能的行动方案,并运用数学方法找出最合理的行动方案的一种理论或方法。由于它的主要工具是数学,严格来说,它是一种数学理论或数学方法。

博弈论是建立在众多现实博弈案例之上的。而博弈这一现象具备一定的要素,主要包括五个方面:局中人、策略、得失、次序、均衡。

(1) 局中人。

局中人是博弈的参与者,每个参与者都能就自身策略进行决策,但不能改变别人的决策。若博弈中的局中人只有两个,这种博弈便称为"两人博弈";若博弈中的局中人超过两个,则这种博弈是"多人博弈"。

(2) 策略。

策略是博弈过程中局中人所做出的实际可行的行动方案。局中人的策略不是指他所采取的某一阶段的行动方案,而是指他在整个博弈过程中自始至终采用的一个行动方案。根据可能采取的策略的有限性或无限性,博弈可分为有限博弈和无限博弈。在有限博弈中,局中人的策略是有限的;在无限博弈中,局中人的策略则是无限的。

(3) 得失。

每场博弈中,局中人最后的结果都有得有失,因此人们将每局博弈的结果称为得失。局中人博弈的得失与两个因素相关:一是其自身所选定的策略,二是其他局中人所选定的策略。每个局中人在博弈结束时的得失可根据所有局中人选定的一组策略函数来判定,人们把这个函数称为支付函数。

(4) 次序。

局中人的决策总是有先有后的,与此同时,每个局中人都可能要做多个决策选择,这些选择也是有先后顺序的,博弈的次序能决定博弈的结果。在其他要素相同的情况下,若局中人决策和选择的次序不同,博弈结果也会不同。

(5) 均衡。

每场博弈都会涉及均衡问题。所谓均衡,即平衡,或者说相关量处于一个稳定值。这是经济学中的常用术语。例如,若商场里某一商品的价格使得人们想买这种商品就能买到,想卖这种商品就能卖出,那么这个商品的价格就是这里的均衡值。有了这个价格做保障,商品的供求就能达到均衡状态。纳什均衡就是这样的一个稳定的博弈结果。

什么是纳什均衡呢？纳什均衡是一个策略集合，其中每个参与人都没有动机去单方面改变自己的行动，任何一个人改变策略都会获得更少的利益。纳什均衡的重要性在于，它规定了任何"合理"结果都要满足的条件——所有的参与人都没有动机改变策略，且所有的参与人获得的利益都是不变的。如果当某一个参与人发现他单方面改变策略可以获取更多时，他会毫不犹豫地改变自己的战略，博弈自然就没有达到均衡。

由此得到游戏中的第二条博弈论定理：如果一种游戏系统的规则以及机制安排要发生效力，该游戏必须能达到纳什均衡，否则，这种制度安排就没有效力。

这也可以解释为什么现在的三国杀游戏又被称为"反贼杀"，为什么里面会出现赵云、夏侯惇这种有较强的自保能力，但当反贼没输出时杀不了主、忠臣没配合时救不了主的低级技能武将。因为三国杀实际上是三国版本的狼人杀，像狼人杀分为城镇居民阵营和狼人阵营一样，这款游戏引入主公忠臣阵营、反贼阵营和内奸阵营，三方混战；且除了主公之外，他们互相不知道身份，可以像狼人杀一样有推理要素，玩家之间尔虞我诈，可以隐藏自己的身份斗到最后，直至杀死主公或者杀死全部内奸反贼。设计者想的是所有玩家隐藏身份，但实际的纳什均衡却是：忠臣会主动向所有人暴露身份，而反贼也会直接攻击主公，因为通过数学分析得出，隐藏身份的行为只能带来负收益，而直接暴露身份的胜率是最高的。因此，现在的三国杀在一轮之后，四个反贼、两个忠臣、一个内奸的身份就都水落石出了。

2. 博弈论的历史

最早开始研究博弈论的是恩斯特·策梅洛和埃米尔·博雷尔。策梅洛的研究是用数学方法研究博弈现象的第一次尝试，博雷尔为博弈论的发展起到了巨大的推动作用，之后美国著名数学家约翰·冯·诺伊曼和经济学家奥斯卡·摩根斯坦第一次对博弈论进行了系统化和形式化的研究。20世纪20年代，约翰·冯·诺伊曼正式创立了现代博弈理论。1944年，现代系统博弈理论初步形成，其标志是约翰·冯·诺伊曼与奥斯卡·摩根斯坦合著的《博弈论与经济行为》一书的成功发行。此后，约翰·福布斯·纳什提出"纳什均衡"的概念，他认定博弈中存在着均衡点，并运用不动定理成功证明了该点的存在，这一重要的研究为博弈论的普遍化奠定了重要的基础。

除了上述这些学者之外，对博弈论的发展做出推动性贡献的还有赛尔顿和哈桑尼等人。塞尔顿完善了纳什均衡理论，他剔除了一些不合理的均衡点，形成了两个精练的均衡新概念，即子博弈完全均衡和颤抖之手完美均衡。时至今日，博弈论已经发展成一门相对成熟和完善的学科。目前，博弈论在多个学科和领域获得了广泛的应用，其中在生物学、经济学、计算机科学、数学、政治学、军事学等学科和领域的表现尤为出色。

一般来说，博弈论引入经济学是由约翰·冯·诺伊曼和奥斯卡·摩根斯坦在20世纪50年代率先实现的。之后现代经济博弈论成为经济分析的主要工具，它极大地促进了经济理论的发展，特别是对信息经济学、委托代理理论和产业组织理论做出了重要贡献。1994年和1996年，以约翰·福布斯·纳什为代表的多位从事博弈论研究和应用的经济学家凭借他们在经济领域所做出的突出贡献成功获得诺贝尔经济学奖。在博弈论被应用在经济领域之前,传统经济学分析的思路较为狭隘,而博弈论的引入清晰地呈现出经济主体之间的辩证关系,使得经济学的分析有了新的思路,这不仅与现实市场竞争十分贴近,还为现代微观经济学和宏观经济学奠定了基础。

3. 博弈的分类

博弈根据不同的标准可以分为多种类型。若根据博弈中的参与者是否达成一个具有约束力的协议来划分,博弈可被分成合作博弈和非合作博弈。具体来说,如果相互作用的局中人就博弈过程制定了一个具有约束力的协议,这个博弈就是合作博弈;如果局中人之间没有制定这项协议,那么该博弈就是非合作博弈。

若根据局中人行为的时间序列性来划分,博弈也可分为两类,即静态博弈和动态博弈。所谓静态博弈,指的是局中人同时选择要采取何种行动的博弈,或者在博弈过程中后做出选择的人不清楚先做出选择的人的策略而做出行动的博弈。所谓动态博弈,指的是局中人的行动有先后顺序,且后做出选择的人知道先做出选择之人的行动。著名的"囚徒困境"中,局中人的选择是同时进行的,或在相互不知道对方策略的情况下进行的,所以它属于典型的静态博弈。而我们常玩的棋牌类游戏中,后行者总是知道先行者选择的行动,所以它属于动态博弈。

若根据局中人对彼此的了解程度来划分,博弈同样能分为两类:一类是完全信息博弈,在这类博弈中,每位参与者都能准确地知道所有其他参与者的信息,包括个人特征、收益函数、策略空间等;另一类是不完全信息博弈,在这类博弈中,每位参与者对所有其他参与者的信息不够了解,或者无法对其他每一位参与者的信息都有准确了解。

在经济领域,人们谈论最多的博弈是非合作博弈。一般来说,非合作博弈比合作博弈简单,所以其理论远比合作博弈成熟。根据复合特征来划分,非合作博弈可分为四类,分别是完全信息静态博弈、不完全信息静态博弈、完全信息动态博弈、不完全信息动态博弈。其中完全信息静态博弈对应的均衡概念是纳什均衡,完全信息动态博弈对应的均衡概念是子博弈精炼纳什均衡,不完全信息静态博弈对应的均衡概念是贝叶斯纳什均衡,不完全信息动态博弈对应的均衡概念是精炼贝叶斯纳什均衡。

此外,根据局中人的策略是有限的还是无限的,或者根据博弈进行的次数是有限次还是无限次,又或者根据博弈持续的时间是有限时间还是无限时间,博弈又可被分为有限博弈和无限博弈。若根据博弈的表现形式来划分,博弈还可被分为战略型博弈和展开型博弈。

4. 博弈论在游戏中的重要性

那么,为什么游戏策划一定要学习博弈论呢?首先,博弈是游戏存在的基础;博弈论也是一种思维方式,可以运用于生活或学习的方方面面(比如经济、管理等);设计游戏的过程中,博弈论是系统策划在制定规则时的基本保障,也是玩家在游戏中迅速找到解的核心;同时,博弈论也是游戏人工智能的基础之一,包括对游戏拟人化和游戏 AI 强度的研究。甚至人大代表在立法时也会应用博弈论的知识考虑以下几个方面的问题:第一,法律是否有漏洞;第二,法律是否存在矛盾;第三,法律机制上是否有问题;第四,法律能否被执行;第五,将制定的法律是否与现有法律冲突;第六,民众是否能接受这部法律,法律是否符合国家利益等。博弈论促进了社会生活中各种规则的设立与执行。其次,不熟悉博弈论会导致系统中存在大量可被执行的漏洞,还会导致设计者与玩家对同一游戏的认知有所出入。这里我们回忆下游戏受众的四大特征:游戏用户数量巨大;游戏用户分散;游戏用户成分复杂;用户相对于游戏设计者来说是隐匿的。

而且,相较于现实世界存在的伦理、道德、法治,游戏是一个不必过于在乎道德的环境,因此得到定理1。

定理1: 如果一个系统(游戏)存在规则乃至机制的漏洞,那么必定有用户(玩家)利用该规则或者机制的漏洞为自己获取最大利益。

图9-1是一个真实发生过的例子,曾经的国际象棋规则是:当本方任何一个兵直进达对方底线时,即可升变为除"王"和"兵"以外的任何一种棋子。读者可以试着思考下,如何按照这个描述,将死黑方的王?

图9-1 存在规则漏洞的国际象棋

而现今的国际象棋规则是这样的——当本方任何一个兵直进达对方底线时,即可升变为除"王"和"兵"以外的任何一种己方棋子。因为曾经有选手在比赛上面对此残局时,将他白色的兵向前进一步晋升为黑色的马,卡死了对方黑色的王。这就是被抓住了规则的漏洞,尽管对手表示抗议,但是在当时的规则语境下,裁判表示这并没有任何问题。

5. 博弈论的前提

在使用博弈论之前,我们都需要考虑人性的逐利特征。博弈论中所有的利益参与者,全部属于拥有绝对理性的个体角色,所有的角色以实现自己长远利益最大化为优先策略。根据纳什均衡的原则和定理1,我们可以得到定理2。

定理2: 如果一种游戏系统的规则以及机制安排要发生效力,该游戏必须能达到纳什均衡,否则,这种制度安排就没有效力。

二、完全信息静态博弈

在完全信息静态博弈中,每位参与者都能准确地知道所有其他参与者的信息,包括个人特征、收益函数、策略空间等。也就是说,博弈各参与方同时行动,且对博弈相关信息完全了解。该模型常常用于设计即时类游戏。完全信息静态博弈包含以下类型:囚徒博弈、猎鹿博弈、智猪博弈、性别博弈、斗鸡博弈、混合战略纳什均衡。

1. 囚徒博弈

(1) 囚徒博弈的介绍。

什么是囚徒博弈?囚徒困境是博弈论和非零和博弈中最经典的一个例子,表现了个人理性和团体理性的冲突:它表示在某种情况下,那些有利于个人利益的选择,相对于团体而言并非有益。简单来说,囚徒困境就是两个被捕的囚徒之间进行的一场特殊博弈。当这两个囚徒想要建立合作关系、互相帮助时,便能够让双方获得利益,而想要保持这种合作是十分困难的。这种困难看似只是一种模型,实际上在我们的生活中有很多鲜活的例子。诸如价格的竞争、环境保护,甚至我们所面临的社交问题,都存在不同程度的囚徒困境。

20世纪50年代,囚徒困境首次被美国的梅里尔·弗勒德和梅尔文·德雷希尔提出,他们还拟定了关于这类困境的理论。随后,美国兰德公司的顾问艾伯特·塔克正式用"囚徒"的形式将其表述出来,而且正式将其命名为"囚徒困境"。

简言之,当两个共谋犯同时被抓捕入狱,而且不能互相交流时,若是这两个人互不揭发对方,法官便会由于缺乏完整、确切的证据,只能根据有限的证据判处两人同样的较轻罪行,假设判处2年有期徒刑。但是,若其中的一方选择揭发对方的罪行,同时另外一方选择沉默,法官可能会将揭发者从轻处置或者立刻释放,而沉默的一方则会由于不配合警方的调查、有揭发者提供的确凿信息而被立案,假设被判处10年有期徒刑。还有一种情况便是共谋犯互相揭发、指证,那么便会提供完整的证据,最后双方都被判处5年有期徒刑。最终的结果往往更加偏向于最后一种,即由于无法交流、互不信任,最后互相揭发(见表9-1)。这种情况,恰好印证了约翰·纳什的非合作博弈理论。

表9-1 囚徒困境分析[①]

		嫌疑人2	
		坦白	不坦白
嫌疑人1	坦白	(5,5)	(0,10)
	不坦白	(10,0)	(2,2)

---

① 表中数值均代表拟定的预期收益,下表同。

事实上,囚徒困境仅发生一次和发生多次的结果是不同的。假设囚徒困境是重复进行的,那么博弈便会在其中不断重复进行,这时所有的参与者都可以做出决策去"惩罚"前面那些不愿意参与到合作中的人。在这种情况下,便会产生所有参与者都想要合作的局面。那些参与此种重复博弈的人,便会主动放弃自身欺骗的动机或者行为,导致所有的参与者的决策都向合作靠拢,最终经过反复博弈后,所有的参与者从最初的互相猜忌转变为相互信任。

在囚徒困境中,虽然所有的囚徒选择合作,不向警察或者法官说出事实时,可以为其他人带来利益,让所有人都减少惩罚,但是当对方的合作意图并不是非常明显,或者无法确认时,出卖自己的同伙便能够让自己减刑或者立即释放,而且同伙可能也会为了自身的利益而招供自己,这种情况下,出卖自己的同伙是能够让自身的利益最大化的。当然,现实中,那些执法机构并不会用这种博弈的形式诱导罪犯说出作案的信息,这主要是由于罪犯不仅会考虑自身的利益,还会考虑其他的因素,比如揭发对方之后,很有可能会遭到不同形式的报复,而且他们无法将那些执法者所设定的利益作为自己是否揭发对方的考量标准。

类似的囚徒困境案例还有很多,比如美苏在冷战时期的军备竞赛,理论上来讲,双方都不进行军备竞赛将会获得正收益,达成双赢,但事实上却做不到。因为站在美国的角度来看,不论苏联是进行军备竞赛还是放弃,只要美国进行军备竞赛,就可以获得更高的利益——苏联也是这么想的(见表9-2)。同理,囚徒困境也可以解释为什么路上交通总是出现恶意加塞情况(见表9-3)。

表 9-2 对美苏军备竞赛的囚徒困境分析

美国	苏联	
	不扩军备战	扩军备战
不扩军备战	(10,10)	(−100,100)
扩军备战	(100,−100)	(0,0)

表 9-3 对路上交通恶意加塞的囚徒困境分析

汽车1	汽车2	
	不恶意加塞	恶意加塞
不恶意加塞	(10,10)	(−10,20)
恶意加塞	(20,−10)	(−5,−5)

囚徒困境的本质是个人理性与集体理性的冲突,每一个参与人都追求利己行为而导致的最终结局是一个纳什均衡。囚徒困境中的纳什均衡一般是对所有人都不利的结局,即从利己目的出发,结果损人不利己。合作是有利的"利己策略",但它必须符合以下黄金律:按照你愿意别人对你的方式来对别人,且别人也按同样方式行事才行,也就是"己所不欲勿施于人"。

所以我们在生活中常常会遇到莫名其妙的堵车事件,或者看到一个本来秩序井然的地方,因为两三个不守规矩的人而乱套。面对这种情况,唯有对游戏规则进行修改:修改博弈中的利益值,以破坏旧的纳什均衡,从而促进新的纳什均衡的诞生。这便是立法和修法的意义。

(2) 囚徒困境的应用。

在学生的很多作业和报告中,存在字数攀比现象,导致原本只需要 3000 字的报告,有人甚至提交了 30000 字(见表 9-4)。

表 9-4 字数攀比的囚徒困境

学生 A		学生 B	
		字数攀比	写正常的字数
	字数攀比	(80,80)	(90,70)
	写正常的字数	(70,90)	(80,80)

这时候,只要对报告做出字数和纸张页数限制,就能在很大程度上规避字数攀比的囚徒困境。这也是很多期刊,特别是工科类英文刊物,禁止投稿超过 6 页或者 8 页的文章的核心原因。读者在这里不妨反向思考一个问题:如何在游戏中鼓励囚徒博弈?应在什么时候鼓励囚徒博弈?

定理 3:在游戏规则的制定中,利用纳什均衡能保证系统和谐稳定,如果鼓励玩家合作,则需要避免囚徒博弈,并修改规则使之倾向于猎鹿博弈。反之,游戏不鼓励合作,则应尽可能设置囚徒博弈。

(3) 避免囚徒博弈:MOBA 机制的演化。

早在 2004—2007 年,《魔兽争霸 3》依靠地图编辑器所建立的各种 RPG 地图中,有一款非常流行的游戏叫 3C,但现在已经无人问津了。那为什么 3C 的玩家会流失?这里面原因很复杂,此处仅仅围绕博弈或者说囚徒困境展开。值得注意的是,在 3C 中有一些英雄总是没人选,而他们的共同特征是都为辅助型英雄,游戏体验感不如恶魔猎手、剑圣之类的英雄。这就导致人人都选"大哥",出现"大哥对大哥"的局面。然而"大哥"是需要吃资源的,但游戏在固定时间内资源有限,最终就导致队伍内部资源分配不均,然后整体队伍的利益过低。

但 DOTA 中,英雄演化出了不同的身份:Carry, Mid, Offlane, Ganker, Supporter;进一步演化为 LOL 的 ADC、中单、上单、打野、辅助;最后演化到《风暴英雄》时甚至到了这种地步,队伍如果不按照暴雪设计的规则进行纳什均衡操作,就没法赢。在这样的逐步演化中,不同的英雄,哪怕是打辅助,也能给予玩家一定的游戏体验,产生不同的正收益。其设计的核心就在于平衡有限的资源与角色的分工,让每个人有参与性,但同时保有可能性,在自由度中间寻找平衡(见图 9-2)。

当然,从 3C 到《风暴英雄》还是有一些启示的——这两个游戏都出了问题。3C 的失败在于所有人都会冲着去做"大哥",进入囚徒困境,最后谁都不是"大哥"。《风暴英雄》的问题在于,暴雪教玩家玩游戏,告诉玩家必须"怎么做",否则就赢不了。因此一款设计良好的游戏,应能够平衡有限的资源与角色的分工,让每个人有参与性,但同时保有可能性。

自由度高　　　　　　　　平衡点　　　　　　　　自由度低

图 9-2 自由度的平衡

(4) 鼓励囚徒：打击 PUBG"非法组队"。

实际上，所谓的"非法组队"，就是玩家利用游戏漏洞的一种表现：逐利的玩家会发现，在吃鸡类游戏中"非法组队"可以更高效地打击其他落单玩家。而称之为"非法"主要是因为这会极大地影响其他落单玩家的游戏体验。

毫无疑问，PUBG 类游戏某种意义上就是希望玩家没有队友，互相残杀，这个设计可玩性强，也很恶趣味，比如《大逃杀》与《弹丸论破》。而非法组队的实质是"合作"，因为纳什均衡理论，玩家选择合作。

在这样的情形下，我们就需要利用囚徒博弈破坏合作意愿，比如开车加塞，比如囚徒背叛。要如何鼓励囚徒博弈呢？举报是最低级的手段，高明的手段永远是利用博弈论与逐利的人性。在现实生活中，我们不愿意或者不敢背叛的原因就是背叛的代价大，那么如果我们能在游戏中设计一种机制来减轻背叛的代价，这个问题就迎刃而解了。比如每局游戏玩家可以随机使用不同名字与形象，这样即便是打黑枪，也无从查起，玩家和玩家之间的信任将会分崩离析。

2. 猎鹿博弈

猎鹿博弈这个概念最早出现在法国启蒙思想家卢梭的《论人类不平等的起源和基础》一书中，它又被称为安全博弈、协调博弈或者猎鹿模型。

猎鹿博弈源自一则故事。在古代的一座村庄里，住着两个猎人。而这个村子里主要有两种猎物：鹿和兔子。假设一个猎人单独外出捕猎，只能捕到 3 只兔子；如果两个猎人同时出动且合作，就能捕到 1 只鹿。而站在填饱肚子的角度看，一个猎人所捕到的这 3 只兔子能够成为他 3 天的食物，但是 1 只鹿足以让两个人在 6 天内都不用外出捕猎。由此一来，这两个猎人的行动策略就会产生两种博弈结局：第一种就是单独行动，不建立合作，那么每个人可以获得 3 只兔子；第二种是建立合作，共同外出捕鹿，则会获得 1 只鹿，保证两个猎人 6 天不用外出捕猎。因此，在这两种情况下便会出现两个纳什均衡点，即两个猎人单独行动，每个人获得 3 只兔子，并且每人能够吃饱 3 天；或者两个猎人建立合作，那么每个人可以吃饱 6 天。另外，如果一个猎人单独外出铁了心要捕鹿的话，他将一无所获。

猎鹿博弈分析如表 9-5 所示。显而易见，两个猎人建立合作获得的最终收益远远超过单独行动的收益，但是这需要两个猎人在合作的过程中，个人的能力和付出是相等的。假设两个人中有一个人捕猎能力较强，那么他便会要求分得更多的利益，同时这会使另外一个猎人因考虑到自身的利益，而不愿意合作。虽然我们都非常清楚合作双赢是更优的选择，但是考虑到实际情况时，并不那么容易实施。若想在博弈中建立合作，便需要参与博弈的双方主动学会与对手建立良好的共赢关系，在保证自身利益的同时，也要考虑对方的利益。

简单概括一下猎鹿模型，当这两个猎人中的任何一个人有足够的信心确定对方一定会捕捉鹿时，那么最好的捕猎策略就是去捕捉鹿，在这种情形下没有任何理由去捕捉兔子。除非这个猎人没有足够的信心，不确定另一个人的做法。这就是信心博弈，但是两个猎人都会面临极大的信任危机。所以便会出现两个纳什均衡点，简单来说就是两种不同的结果，而这是无法用纳什均衡点进行衡量的。

表 9-5 猎鹿博弈分析

猎人 A		猎人 B	
		猎兔	猎鹿
	猎兔	(3,3)	(3,0)
	猎鹿	(0,3)	(6,6)

实际上,猎鹿博弈可以算一种反向的囚徒博弈。在 MOBA 类游戏中就经常利用猎鹿博弈来鼓励玩家开团参团(暂不考虑边路带球的打法)。团队玩家有一个共同的大目标需要合作,但是中途会有玩家因为一些小目标分心。如果你作为电竞观众,肯定不希望 10 个人在野区和线上打单机;而当你作为玩家时,如果该参团时你不参团,你固然有打野的钱,但是如果你的队友被团灭,那么你离回血泉也就不远了,如表 9-6 所示。

表 9-6 游戏中的猎鹿博弈

玩家 A		玩家 B	
		打野带线	开团
	打野带线	(3,3)	(3,0)
	开团	(0,3)	(6,6)

3. 智猪博弈

(1) 智猪博弈分析。

什么是智猪博弈?智猪博弈是纳什理论中的一个经典例子,它是在 20 世纪 50 年代由约翰·纳什提出的。若一个猪圈里有一头大猪,还有一头小猪,在猪圈的一边有一个投放饲料的猪槽,与猪槽相对的另外一边则安放着一个可以控制猪槽投食量的按钮,假设按一下这个投食按钮,猪槽内便会出现 10 个单位的猪食,但是想要按这个按钮,则需要拿出 2 个单位的猪食作为成本。在此种情况下,假设大猪先走到猪槽边,它跟小猪的进食量之比为 9∶(−1);假设大猪和小猪同时到达猪槽,它们的进食量之比则为 5∶1;若是小猪先走到猪槽,那么它们的进食量之比则为 4∶4。若是两头猪都非常有智慧,那么小猪便会在猪槽边等待着(见表 9-7)。

表 9-7 智猪博弈分析

大猪		小猪	
		按开关	等待
	按开关	(5,1)	(4,4)
	等待	(9,−1)	(0,0)

其实,小猪选择在猪槽边等待,让大猪去按下食物投放按钮的答案一目了然。即当大猪去按下按钮时,小猪在猪槽边会获得 4 个单位的猪食,当大猪走到猪槽边时看到还有 6 个单位的猪食,实际上扣除按按钮所需要的 2 个单位的猪食,大猪最终得到的只有 4 个单位的猪

食。若是小猪和大猪同时出发,同时到达猪槽,那么它们所获得猪食的比例为1∶5。若是小猪选择按投食开关,大猪在猪槽边等待,那么当小猪达到猪槽边时,大猪已经吃下了9个单位的猪食,小猪只能获得1个单位的猪食,所以小猪最终的收益明显小于它选择行动的成本,这样计算得出小猪最后的净收益为−1单位的猪食。假设小猪也选择在猪槽边等待,那么小猪的纯收益将为0,而且小猪选择等待的成本也是0。由此看来,不论大猪是选择主动行动还是等待,小猪选择等待的收益都要高于选择行动所获得的利益,这便是小猪在此次博弈中的占优策略。

我们可以将小猪的这种方法称为"坐船",或者"搭便车",这暗示人们在某些情况下,选择等待时机将是一种明智之举,即不为才能有所为。智猪博弈告诉人们,当在博弈赛局中处于弱势时,应该学会选择等待这种占优策略。不论是在竞争中,还是博弈中,参与的双方都在绞尽脑汁让自己获得最大的收益。

(2)RPG里的等级经验惩罚。

众所周知,RPG里,由于打低等级怪物获得的经验太少,且经验值会有一部分衰减,高等级玩家通常不会选择浪费时间打低等级怪物来升级,几乎所有的游戏都这么做。

但是如果高等级玩家和低等级玩家组队去刷高等级的怪物呢?如果你作为游戏策划不希望玩家搞"老司机带带我"的把戏而跳过你辛辛苦苦写的剧情,这时候设定相应规则来破解智猪博弈就显得尤为重要。在《暗黑破坏神2》中,游戏策划就设定了如下规则来规避这种情况发生:低等级玩家打高等级怪物同样面临经验值大幅度衰减。

当然除了等级经验惩罚,还有其他可行的方法:可置信威胁;日式霸凌;任务量可视化;系统自主判定;减少团队成员数量并明确分工。

可置信威胁是什么?假设一个博弈过程中,有两个参与人A、B,若A选择一个战略,该战略减少B的支付却不减少A自身的支付,则称该战略对B来讲是可置信的威胁;反之,则称其为不可置信的威胁。一个博弈树中,在某路径上参与人A对参与人B实施可置信的威胁时,因该威胁而引起B的支付的减少额称为对B的威胁力度。这里用生活中的实例来说明:在各大学的计算机学院,有一门必修实验课叫"组成原理课程设计",此课几乎是所有计算机学院学生的噩梦,挂科率在计算机学院的课程内名列前茅。此课两人一组,一人设计,另一人操作。学渣小明幸运地和学霸小强分为一组,如果小明独自做而小强不做,两人是不可能通过考试的,最多拿到30分(当然,对于小强而言这种结局绝对无法接受);如果小明和小强一起做,小强能拿100分,小明也可以顺利地拿到70分;如果小强独自做的话,小强也能拿到80分,但是什么也没干的小明也会搭便车拿到80分;如果两个人都不干活,自然双方各拿0分。假设小强警告小明如果小明什么也不干,那么自己也不会干,最后两人将一起挂科。如果小明相信小强确实会这样干,那么,这就是一个可置信威胁。

日式霸凌指的是,群体故意忽视被霸凌者的一切行为,甚至是他的存在,被霸凌者就像空气一般不被任何人所看见。

任务可视化是指,在需要协作的情形下,用可视化的技术将每个参与者的贡献程度公之于众,现在较为常见的协作工具Overleaf、石墨文档就有这样的功能,作者名称会显示在文本区域,一眼可知每个参与者的编辑状态,从而提醒和刺激所有任务参与者尽职尽责地完成自己应该承担的任务。

电子游戏中比较常用系统自主判定,团队中付出更多的玩家会长更多经验,也更容易获得高质量的装备。

减少团队成员数量并明确分工在 MOBA 游戏中运用得比较多。MOBA 的游戏分工如果很清晰,就不仅可以破除囚徒博弈,而且也可以打压智猪博弈。在人员数量少且分工明确的情形下,智猪将很难生存。所以在智猪博弈中蕴含着第四条游戏博弈论定理。

定理 4:在团队游戏规则的制定中,如果较弱的用户能够通过智猪博弈绑架其他用户获得正收益,则必有玩家永远选择利益绑架。智猪博弈是团队规则与合作的天敌,团队个体数量越多,智猪隐蔽性越强。

4. 性别博弈

(1) 性别博弈分析。

性别博弈中双方存在一定的共同利益,但是在共同利益的基础上又有一定冲突。在对方不会拆台的情况下,双方有共同争取的目标,成功达到纳什均衡的关键因素是次序(或强势),即谁先采取行动(或者谁比较强势),谁就能够占领先机,获得优势。换言之,性别博弈将达成两个纳什均衡点。

比如,在表 9-8 中,到了难得的周末时间,一对情侣希望两人能够一起活动。但到底是一起看球还是一起逛街呢? 如果一起看球,男生更开心;如果一起逛街,女生更开心;如果两个人都只想做自己喜欢的事,会导致难得的周末被浪费掉,均为负收益。因此在这个博弈矩阵中,右下角和左上角均为纳什均衡,性别博弈有两个纳什均衡点,但实际情况会落到哪里,取决于谁"先下手"。

表 9-8 性别博弈分析

		女生	
		看足球	逛街买衣服
男生	看足球	(10,2)	(-1,-1)
	逛街买衣服	(-1,-1)	(2,10)

(2) 性别博弈在游戏中的应用。

在 MOBA 游戏中,野排玩家因为不信任路人,都想打 Carry(指在游戏中带动胜利节奏),纷纷先下手为强,谁先抢到,谁就能打 Carry,剩下的人如果足够理智,要避免负收益,就只能打 Supporter,具体如表 9-9 所示。

《魔兽争霸3》和日本将棋中,为了防止"憋憋乐",会在数值策划上给予主动进攻的一方部分优势,以逼迫所有玩家主动进攻。例如,《魔兽争霸3》里"憋憋乐"有维修费惩罚,且不进攻的一方难以获取英雄经验;而在日本将棋中,"憋憋乐"会被将棋的"俘虏规则"给滚雪球换死(例如拿步吃掉对方的桂马,再用俘虏的桂马打入战场,去吃掉对面的飞车,不断用小代价交换对方高价值棋子,直到换死对方),这一结果已被 AI 模拟证明。此外,在所有的

MOBA 游戏中,First Blood(第一滴血)都将获得额外奖励,以此来鼓励玩家主动出击。在性别博弈中蕴含着第五条游戏博弈论定理。

表 9-9 性别博弈在游戏中的应用

玩家 A		玩家 B	
		Supporter	Carry
	Carry	(10,2)	(−1,−1)
	Supporter	(−1,−1)	(2,10)

定理 5:如果设定的游戏机制有明显的僵局,那么调整博弈收益使其符合性别博弈,可以有效地挑动玩家主动参与,且在即时战略游戏里会擦出美妙的火花。

5. 斗鸡博弈

(1) 斗鸡博弈分析。

斗鸡博弈(Chicken Game)这个名称其实是翻译失误的产物,在美国口语中 Chicken 代表"懦夫",因此,它实质上应该是"懦夫博弈",但是这种翻译的失误并不影响我们对它的理解。我们生活中提倡"退一步海阔天空",但是如果一个人一直退的话,他就会成为懦夫。斗鸡博弈潜在地鼓励对方更加暴力。

我们设定一个情景,即两个人狭路相逢。若是其中的一人一直主动攻击对方,而另外一方则选择后退让路,在这种情况下,选择主动行动的一方便会获得胜利,即获得最大的收益,对方则成为失败的一方。若是双方都选择退让,那么可以称为平局。还有一种情况就是,双方都选择前进,结果便是两败俱伤。相较这些不同的选择来看,最好的结果便是双方都选择退让,这样既不会两败俱伤,又不会让其中的某一方丢了颜面。比如,现有甲乙两人相对而行,均试图通过一座独木桥,但独木桥仅能容纳一人通行,得到如表 9-10 所示的博弈矩阵。

表 9-10 斗鸡博弈分析

甲		乙	
		前进	退让
	前进	(−10,−10)	(20,0)
	退让	(0,20)	(0,0)

事实上,在这个博弈中,参与博弈的双方都是平等的主体。假设双方都选择主动行动,他们就处于相互威胁的状态。此博弈包含两个纯策略的纳什均衡原理,即其中的一方选择主动前进,另一方则后退;或者其中的一方选择后退,另一方则主动前进。只是在这两种决策中,我们不清楚哪一方会选择进或者退。简言之,双方的选择都是随机的,其中的所有选择背后的风险都是无法预料的。

其实,斗鸡博弈除了纯策略均衡外,还包含混合策略均衡,即参与者的所有选择都是随机的,可能是进,也可能是退。但是,我们对于这类博弈更加关注其中的纯策略均衡。任何一个博弈,若只有一个纳什均衡点,那么我们便能够轻易地预测出此博弈的结果,因为这个纳什均衡点就是最终的博弈结果。反之,当一个博弈有多个纳什均衡点时,想要对博弈的结果做出预测,便需要了解其中的所有细节信息,诸如参与者中究竟哪一方选择了进,哪一方选择了退。只有根据这些额外的信息,我们才能对博弈结果做出判断。

斗鸡博弈的核心是退一步海阔天空,但是这会成为懦夫(故该博弈又称为胆小鬼/懦夫博弈),并且潜在地鼓励对方更加暴力。尽管博弈论以绝对理性人为研究前提,但理性的人在这种博弈中反而不可能获胜。所以在制定现实(日常)游戏规则时,应当避免出现斗鸡博弈,如果不得已出现,应当用合作思维去引导。

(2)斗鸡博弈在游戏中的使用。

中美贸易/科技/舆论战就是典型的斗鸡博弈。为什么中国反应这么强硬?因为只有正面出击才能最大程度地保障我国利益,只要有一次退让,那么接下来就会有无数次的利益被侵害。

游戏中的斗鸡博弈应用分为正面应用和反面应用。正面应用里,游戏运营者通过设立排行榜,鼓励斗鸡,让玩家投入更多的金钱和精力。这个正面应用对应"一美元拍卖陷阱","一美元拍卖陷阱"是1971年美国耶鲁大学经济学教授马丁·舒比克设计的一个拍卖游戏。与通常的拍卖不同的是,出价最高者以自己的出价赢得一美元,但出价次高者也要支付自己的出价且一无所得。这使得二人落入相互抬价的陷阱,双方的损失都不断扩大。最后一美元常常能拍卖到几十美元。一美元拍卖陷阱体现了人的逐利心理、好胜心理,以及面对沉没成本不能理性止损的心理弱点,并且隐喻了现实生活中的许多类似情景。

在负面应用中,游戏策划者鼓励理性、退让与奉献,对于理性、退让与奉献的玩家,给予一定的奖励与回报,以提升其游戏体验。反向的斗鸡博弈对应着志愿者困境,威廉·庞士东用如下场景来描述该博弈:有一个社区停电了,社区里所有居民都知道,只要有一个人花钱给电力公司打电话,电力公司就会修复这个问题;但是如果没有志愿者,所有人都面临一直没电的情况;如果有一个人决定做志愿者,其他人都会不劳而获。MOBA里的Supporter就是这样的"志愿者","包鸡包眼包雾",让出兵线经济给Carry,替Carry挡刀送死,这样的情形有点像群体性的智猪博弈,但志愿者愿意做大猪。由此引出第六条游戏中的博弈论定理。

定理6:斗鸡博弈中理性玩家无法获得最后的胜利,斗鸡博弈要避免在团队规则中出现,但鼓励在对抗规则中使用。消除斗鸡博弈与志愿者困境,可以给理性退让者对应的收益。

6. 混合战略纳什均衡

(1)混合战略纳什均衡分析。

最后一种博弈类型被称作"混合战略纳什均衡"。与之相对的是纯战略,纯战略是指参与人在每一个给定信息的情况下只选择一个特定的行动,纯战略多数情况下可以发展出唯一的纳什均衡,它一般是用来达成游戏群体内部(或者说合作者间)规则的和谐,比如猎鹿博弈。而混合战略是指参与人在每一个给定信息的情况下以某种概率分布形式随机地选择不同的行动。

表9-11是一个典型的混合战略的例子。在欧洲政府和中东难民的问题中,政府的收益与难民是否是个"良民"有关,如果难民选择找工作而政府不救济的话,政府将是负收益;而

如果难民选择吃福利游荡,这时政府不救济则是最优选择。也就是说,在这样的博弈模型中不存在唯一的纳什均衡。

表 9-11　混合战略纳什均衡

		难民	
		找工作	吃福利游荡
政府	救济	(3,2)	(−1,3)
	不救济	(−1,1)	(0,0)

游戏策划制定规则的时候,如果能让双方陷入混合战略,并且无法达成唯一的纳什均衡,那么就会挑动起所有参与者的心理战,增强游戏乐趣。这是因为纳什均衡的存在性定理:如果博弈参与者为有限个,而且每个博弈参与者所能选择的策略也是有限个,则该博弈至少存在一个纳什均衡(纯策略均衡或者混合策略均衡)。

那么,我们如何预估混合战略纳什均衡下各方做出某一策略的概率呢?这里选择一个保安和小偷的博弈为例,如表 9-12 所示。

表 9-12　一个保安和小偷的博弈矩阵

		小偷	
		偷	不偷
保安	睡觉	(−5,5)	(0,0)
	警戒	(10,−10)	(−2,0)

如果保安选择睡觉,那么小偷的最佳策略是"偷";如果保安选择警戒,那么小偷的最佳策略是"不偷"。如果小偷选择了"偷",那么保安的最佳策略是"警戒";如果小偷选择不偷,保安的最佳策略则是"睡觉"。假设保安选择睡觉的概率为 p_m,选择警戒的概率为 p_n,则 $p_m + p_n = 1$;小偷的盗窃收益为 $V_s = 5 \times p_m + (-10) \times p_n$,小偷的不偷收益为 $V_w = 0 \times p_m + 0 \times p_n = 0$;保安通过睡觉和警戒的选择切换导致小偷的策略收益无差异,即 $V_s = 0$,故有方程组:$5 \times p_m + (-10) \times p_n = 0, p_m + p_n = 1$。根据方程组我们可以得到 $p_m = 2/3, p_n = 1/3$。类似地,我们设置小偷选择偷的概率为 p_s,不偷的概率为 p_w,则 $p_s + p_w = 1$,得到方程组:$(-5) \times p_s + 0 \times p_w = 10 \times p_s + (-2) \times p_w, p_s + p_w = 1$。根据方程组我们可以得到 $p_s = 2/17, p_w = 15/17$。当然,保安和小偷在游戏里不是一个好例子。

策略游戏的最优设计方式,是尽可能让所有混合战略纳什均衡被选择的可能概率接近,这样才能增强游戏的可玩性、可重复性与博弈性。例如,虽然"石头剪刀布"是一个简单的模型,但是在游戏里却屡试不爽,但石头剪刀布属于不完全信息静态博弈,与之相对的另一个极端是完全信息动态博弈。RTS 游戏(即时战略游戏)里的设计就是充分利用混合战略纳什均衡,强迫玩家打信息战。

(2) 避免严格的上位优势策略。

我们已知"石头剪刀布"游戏是一个混合战略纳什均衡,为了改进这个游戏,我们新加入一个拳型"壶",壶的策略如下:

①石头胜过剪刀,败于布和壶;

② 剪刀胜过布,败于石头和壶;
③ 布胜过壶和石头,败于剪刀;
④ 壶胜过石头和剪刀,败于布。

但事实上这个规则改进得不好,因为里面存在无意义的策略。如表 9-13 所示。

表 9-13 "石头剪刀布壶"游戏的博弈矩阵表

	石头	剪刀	布	壶
石头	0	1	-1	-1
剪刀	-1	0	1	-1
布	1	-1	0	-1
壶	1	1	-1	0

两个框内的矩阵完全相同,也就是说,石头和壶在与剪刀、布对战时结果一致,而壶一定能赢过石头。那么壶就是石头的上位策略,石头成了无意义的策略,这在游戏设计中是需要极力避免的问题。由此得到游戏中的第七条博弈论定理。

定理 7(纳什均衡存在性定理):如果博弈参与者为有限个,而且每个博弈参与者所能选择的策略也是有限个,则该博弈至少存在一个纳什均衡(纯策略均衡或者混合策略均衡)。

三、完全信息动态博弈

完全信息是指博弈各参与方按照顺序行动,且对博弈相关信息完全了解。而动静态指的是局中人采取决策的时机。静态博弈是指所有局中人同时行动,或行动虽有先后但没有人在自己行动之前观测到别人的行动。而动态博弈是指局中人分先后行动,后行动者的决策依赖于先行动者,先行动者的决策会考虑其对后行动者的影响。需要注意的是,这种先后顺序的动态指的是信息上的先后,而非时间上的先后。

围棋和象棋属于典型的完全信息动态博弈。象棋交予电脑后并不好玩,目前 AI 已经攻克了象棋,所以这类游戏又称为 solved game(已解游戏)。围棋因其策略的复杂性暂时还未被穷尽,但迟早也会成为 solved game,这些棋类被解的方法会在后面有关人工智能的章节中细说。人类觉得象棋、围棋好玩,那是因为我们的大脑在短时间内,往往很难找到唯一的纳什均衡,但是游戏初期,我们还是能轻易找到唯一的纳什均衡的(见图 9-3)。换言之,在人工智能的时代,尽量避免做完全信息动态博弈的游戏;如果一定要做,就把游戏限制在桌游平台上,保证游戏玩家对未知结局具有好奇心。

(1) 静态博弈的问题。

静态博弈存在多个解,混合战略纳什均衡最终会使游戏变成完全的心理战,当然在电子游戏里鼓励这一点。静态博弈的纳什均衡,不考虑自己的选择如何影响对手的策略。但事实上,有些问题局中人行动有先后。一人行动在先,另一人在后,则后者会根据前者的行动调整自己的策略,而前者自然会理性地预期到这一点,故不可能不考虑自己的选择如何影响对手的策略。

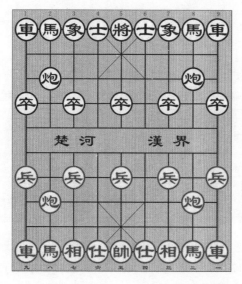

图 9-3　象棋中的纳什均衡

　　另外,静态博弈的纳什均衡允许不可置信威胁的存在,例如在智猪博弈中,学渣和学霸组队完成任务,学渣什么都不想做,于是学霸很不开心,对学渣发出"你不跟我们一起做,那你别想要挟我,大不了我们就一起挂科"的威胁。事实上,静态博弈中这种不可置信威胁往往不会被执行,因为学霸不敢赌。

　　(2) 不可置信威胁:市场进入阻扰。

　　不可置信威胁是博弈论里的一个概念,是指在动态博弈中求出的纳什均衡有的其实是不可能达到的,因为在参与者都是理性的情况下,如果参与者1为了使得参与者2的收益减小,从而选择了某个策略,比如策略a,但他选择b的话,收益会大于选择a的收益,这时候选择a就是一个不可置信威胁。

　　不可置信威胁的策略可以用于以下情况:博弈中双方存在一定的共同利益,但是共同利益的不同结果又相对冲突。如表 9-14 所示,若潜在进入者 A 真的进入,在位者 B 的最优行动是"默许"。虽然这种情况下,斗争可以让 A 受到更大的打击,但是在考虑自己利益优先的前提下,B 依然会做出妥协而"默许"。所以"斗争"是一种不可置信的威胁(即使 B 摆出一副"你进入我就斗争"的架势,A 也不会被吓到)。而静态博弈承认这种不可置信的威胁,使不进入/斗争成为一个纳什均衡。

表 9-14　不可置信威胁的矩阵分析

		在位者 B	
		斗争	默许
潜在进入者 A	进入	(−10,−10)	(5,5)
	不进入	(0,15)	(0,15)

　　(3) 承诺行动。

　　承诺行动使不可置信威胁变为可置信威胁,否则当事人将为自己的"失信"付出代价。如果在上边的例子中加入股东 C,在位者 B 向股东 C 保证,如果潜在进入者进入后我不与其斗争,那么我就对你做出补偿,这时的斗争就成为可置信威胁。因为如果 A 进入后,B 选择默许,B 的收益将更小。注意:一般有了这个承诺,A 就不敢进入了,而实际上,B 无须兑现承诺。

(4) 动态博弈的博弈树。

博弈树是一种特殊的根树,它是人工智能领域一个重要的研究课题。博弈树可以表示两名游戏参与者之间的一场博弈(游戏),他们交替行棋,试图获胜。还是以上边的例子来说明。如果潜在进入者 A 为先手,将得到如图 9-4 所示的博弈树。但是如果在位者 B 是先手呢?读者可以试着画出新的博弈树,你会发现斗争的威胁将会变得可信。

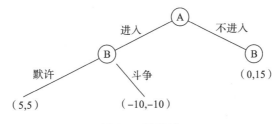

图 9-4 博弈树

博弈树有优点也有缺点。博弈树的优点有:可描述多人对策问题;便于描述行动的次序;可以形成动态博弈独有的子博弈精炼纳什均衡,比如难民博弈。而博弈树的缺点是只能描述有限策略集。

那博弈树如何应用呢?这里依旧以学霸、学渣的智猪博弈为例。如果现在有一个项目任务要求三人一组,任课老师分步骤进行考核,然后安排学渣为第一步执行人。此时的智猪博弈就成为动态博弈,画出动态博弈的博弈树,你会发现有些学渣对学霸的绑架型策略无法得到使用。

(5) 子博弈精炼纳什均衡。

静态博弈与动态博弈对于策略威胁的纳什均衡可能存在变化。信息透明的前提条件下,动态博弈可以有效地精炼同等条件下静态博弈产生的混合战略纳什均衡。

动态博弈可能存在多个纳什均衡,如果某种情况不可能出现(如不可置信威胁),则可剔除之。精炼,也就是缩小了"解"的个数。如果是动态博弈,则每一个行动选择从开始到结束也构成一个博弈,即"子博弈"。子博弈精炼纳什均衡是指参与人的战略在每一个子博弈中都构成纳什均衡。例如借助侦查获取信息后的《星际争霸 2》战术螺旋平衡,《魔兽争霸 3》的首发英雄选择,象棋的人工智能策略树等,都属于子博弈精炼纳什均衡。具体的子博弈精炼纳什均衡在算法上的执行,我们将在第 11 章中详细说明。

定理 8:静态博弈与动态博弈对于策略威胁的纳什均衡可能存在变化,完全信息的前提条件下,动态博弈可以有效地精炼同等条件下静态博弈产生的混合战略纳什均衡。

(6) 逆向归纳法。

求解完全信息动态博弈的重要方法之一是逆向归纳法。逆向归纳法就是从动态博弈的最后一个阶段或最后一个子博弈开始,逐步向前倒推以求解动态博弈的方法。

以经典的海盗分金币为例:5 个海盗抢得 100 枚金币,他们按抽签的顺序依次提方案:首先由 1 号提出分配方案,然后 5 人表决,超过半数同意,方案才会通过,如果方案未通过,1 号将被扔入大海喂鲨鱼,依此类推。那么最后5个海盗分得的金币数为多少?

1号海盗提出的分配方案需要满足两个条件:一是保证过半海盗同意(加自己至少3票)分配方案;二是1号海盗利益最大化。但如果直接从1号海盗入手,问题会非常复杂,这时我们选择逆向归纳法。

当只有5号海盗时,5号不需要进行决策分析,只需尽享100枚金币。因此只剩4号和5号的情况下,5号必然否决4号的一切方案,哪怕4号一个金币都不要,5号也会出于自身利益考虑去否决4号的方案。

因此3号不论提出什么方案,4号为了保命都必然同意。也就是说,在只剩3号、4号和5号海盗的情况下,3号海盗必然独吞100金币,4号拿不到金币但是为了保命会同意3号的方案,5号这时就算不同意也没有用。那么我们按照这种思路,继续归纳2号、1号的策略,得到表9-15。

表9-15 海盗分金币分析

轮　　次	方案提出者	分配方案
最后一轮	5号	(0,0,0,0,100)
倒数第二轮	4号	必死,没有讨论的意义
倒数第三轮	3号	(0,0,100,0,0)
倒数第四轮	2号	(0,98,0,1,1)
倒数第五轮	1号	(98,0,1,2,0)或者(97,0,1,0,2)

(7) 重复博弈。

什么是重复博弈?相同结构的博弈G重复多次,且在每次重复G之前,所有局中人都能观测到以前的结果(即历史),这称为重复博弈。其中的每次博弈称为阶段博弈,每个阶段博弈既可以是静态博弈,也可以是动态博弈。

为什么要研究重复博弈呢?一个很重要的原因是,人们之间的长期关系与短期关系之间有重要的性质差别,人们对待与其有长期关系的人与对待那些以后不再交往的人可能会有非常不同的行为。重复博弈中,局中人可能会为了长远利益,而牺牲眼前利益。有限次重复博弈记为$G(T)$,其中T为重复次数,G称为$G(T)$博弈的原博弈;无限次重复博弈则记为$G(\infty)$。

$G(T)$重复次数较少时,可暂不考虑贴现问题。在重复博弈的长期关系中,有可能形成默契的合作关系,或通过报复、制裁的威胁相互约束行为。因此,重复博弈中,人们在考虑当前利益的同时,还要兼顾未来利益。

但在零和博弈(seesaw game/zero-sum game)中,由于零和游戏不可能存在任何合作,最优策略即为原博弈G的均衡解重复T次,如齐王赛马的重复博弈,又比如Deep Blue在已解国际象棋的情况下,不管对抗人类多少局,都是一样的重复博弈。在非零和博弈问题如囚徒困境中,我们可以运用逆向归纳法求解:设置$T=2$,先考虑第二阶段。此时无后续阶段,因此双方均以自身利益最大化为决策原则,得到唯一均衡。再考虑第一阶段。理性的双方均预测到,无论该阶段选择什么策略,均无法影响后阶段的结果,因此双方仍类似于一次博弈,跟上一步做一样的选择。上述方法可以推广至$T=3,4,\cdots,n$的情形。

所以博弈论的研究者容易形成"法家思想",制定规则的时候不再"信任"玩家。

（8）连锁超市悖论。

如果阶段博弈 G 有唯一的纳什均衡,那么任意有限次重复博弈 G(T) 有唯一的子博弈精炼纳什均衡结果——G 的纳什均衡重复 T 次,除非引入外力因子破坏纳什均衡。

假设市场中有一个连锁超市,记为参与者 A,该超市在 20 个城市有自己的店面,我们将这 20 个店进行编号,记为 $1, 2, 3, \cdots, 20$。同时每个城市都有一个潜在进入者,每个潜在进入者需要积累资本到一定程度时才可能进入市场。总共 20 个城市的潜在进入者,分别记为 $k_1, k_2, k_3, \cdots, k_{20}$。因此该博弈一共有 21 个参与者,即连锁超市 A 和 20 个潜在进入者。

初始时,20 个潜在进入者都没有足够资本进入市场,但随着时间推移,他们的实力逐渐增强。假设 k_1 实力最早得到提升,接着是 k_2,以此类推,一直到最后的 k_{20}。对于他们而言,即便实力强了,但如果胆子小选择不进入,博弈也就结束了;如果胆子大,打算和 A 正面抗衡,那么 A 有两个策略——斗争或者默许。即如果潜在进入者 k 相信 A 会铁了心积极反击,那么对于任意一个 k 来说,还是不进入市场为好。根据这一观点,连锁超市 A 最佳的策略是宣布对所有的 k 进行积极反击。但子博弈精炼的结果为进入者 k 在每一个市场都选择进入,而在位者 A 总是选择默许,最终 A 会默许 20 个 k 全部来侵夺自己的市场,TikTok 在海外市场面临的就是这个局面。

定理 9：如果阶段博弈 G 有唯一的纳什均衡,那么任意有限次重复博弈 G(T) 有唯一的子博弈精炼纳什均衡结果——G 的纳什均衡重复 T 次,除非引入外力因子破坏纳什均衡。

（8）无限博弈的求解。

那么,如何走出囚徒困境呢？其实除了法律和各种规则外,提供长期利益也是有效手段之一。具体方法就是引入重复博弈,并且给定时间价值和贴现系数。参与者选择冷酷战略,即一开始选择合作,一直到有一方选择背叛,然后永远选择背叛。这里我们给出一个博弈矩阵,如表 9-16 所示。其中 R 代表合作收益,T 代表首次背叛收益,S 代表首次被对方背叛收益,P 代表双方合作破裂收益,而 δ 代表博弈方的贴现因子,也代表了对时间的偏好。

表 9-16 无限博弈的求解分析

		参与者 B	
		合作	背叛
参与者 A	合作	$R=-1, R=-1$	$S=-10, T=0$
	背叛	$T=0, S=-10$	$P=-8, P=-8$

总是合作的期望收益计算公式如下：

$$\pi_1 = R + \delta \cdot R + \delta^2 \cdot R + \cdots = \frac{R}{1-\delta}$$

首先不合作的期望收益计算公式如下：

$$\pi_2 = T + \delta \cdot P + \delta^2 \cdot P + \cdots = T + \frac{\delta P}{1-\delta}$$

当 π_1 始终大于 π_2 的时候,双方就不会出现背叛行为。当然,如果对方背叛不合作,自己也放弃合作。这里可以得到 δ。

$$\delta > \frac{T-R}{T-P}$$

δ反映了人们对未来收益的看法,δ的值越大,说明未来收益越重要。δ也表示了博弈双方再次相遇的可能性,这种可能性越大,δ的值就越大。δ也可代表耐心程度,δ=0表示没有耐心。

由此我们可以得到最后一条定理。

定理 10:如果博弈重复无穷次,且每个人有足够的耐心,则任何短期的机会主义行为的所得都是微不足道的。参与人会积极地为自己打造一个乐于合作的声誉,同时也会积极地惩罚对方的机会主义行为,所以制定合理的游戏规则可以从长远收益入手。

(9)不完全信息与贝叶斯纳什均衡。

事实上,游戏中常常遇到的状况为,信息是不完全的,例如《星际争霸》和DOTA的战争迷雾、扑克牌游戏、麻将、买卖交易,甚至是两个陌生人第一次交往。如果博弈的过程中存在不完全信息,我们也称之为贝叶斯博弈(概率),而不完全信息博弈的均衡点则被称为贝叶斯纳什均衡。

其实杀人游戏和狼人游戏都属于典型的不完全信息静态博弈,以杀人游戏为例,杀手和医生都存在贝叶斯纳什均衡或纳什均衡,游戏里的每个角色都有自己最优的行动解。然而贝叶斯纳什均衡也只是帮助我们分析博弈结果的概率,由于篇幅限制,本节不对此进行深入探讨。

总之,博弈论的哲学思想不仅仅是我们成为优秀的游戏策划的基础、学习游戏人工智能的基础,而且能够帮助我们在日常生活中做出合理的决策,成为优秀的规则制定者。

四、章节总结

(1)作为游戏设计者,博弈论可以帮助你做出更好玩的游戏;作为玩家,博弈论会让游戏变得越来越不好玩,甚至在最后变成已解游戏。

(2)博弈论的前提是人性的逐利,博弈论中的利益参与者全部属于拥有绝对理性的个体角色,所有的角色都以实现自己长远利益最大化为优先策略。

(3)如果一个系统(游戏)存在规则乃至机制漏洞,那么必定有用户(玩家)利用该规则或者机制漏洞为自己获取最大利益。

(4)如果一种游戏系统的规则以及机制安排要发生效力,该游戏必须能达到纳什均衡,否则这种制度安排就没有效力。

(5)在游戏规则的制定中,利用纳什均衡能保证系统和谐稳定。如果鼓励玩家合作,则需要避免囚徒博弈,并修改规则使之倾向于猎鹿博弈;反之,游戏不鼓励合作,则尽可能设置囚徒博弈。

(6)在团队游戏规则的制定中,如果较弱的用户能够通过智猪博弈"绑架"其他用户获得正收益,则必有玩家永远选择利益绑架。智猪博弈是团队规则与合作的天敌,团队个体数量越多,智猪隐蔽性越强。

(7)如果设定的游戏机制有明显的僵局,那么调整博弈收益使其符合性别博弈,可以有效地挑动玩家主动参与,且在即时战略游戏里会擦出美妙的火花。

(8) 斗鸡博弈中理性玩家无法获得最后的胜利,斗鸡博弈要避免在团队规则中出现,但鼓励在对抗规则中使用。消除斗鸡博弈与志愿者困境,可以给理性退让者对应的收益。

(9) 如果博弈参与者为有限个,而且每个博弈参与者所能选择的策略也是有限个,则该博弈至少存在一个纳什均衡。

(10) 静态博弈与动态博弈对于策略威胁的纳什均衡可能存在变化,完全信息前提条件下,动态博弈可以有效地精炼同等条件下静态博弈产生的混合战略纳什均衡。

(11) 如果阶段博弈 G 有唯一的纳什均衡,那么任意有限次重复博弈 $G(T)$ 有唯一的子博弈精炼纳什均衡结果——G 的纳什均衡重复 T 次,除非引入外力因子破坏纳什均衡。

(12) 如果博弈重复无穷次,且每个人都有足够的耐心,则任何短期的机会主义行为的所得都是微不足道的。参与人会积极地为自己打造一个乐于合作的声誉,同时也会积极地惩罚对方的机会主义行为,所以制定合理的游戏规则可以从长远收益入手。

推荐阅读

[1] 罗伯特·吉本斯.博弈论基础[M].高峰,译.北京:中国社会科学出版社,1999.

[2] 汤姆·齐格弗里德.纳什均衡博弈论:纳什博弈论及对自然法则的研究[M].洪雷,陈玮,彭工,译.北京:化学工业出版社,2011.

[3] 冯·诺伊曼,摩根斯坦.博弈论与经济行为[M].王建华,顾玮琳,译.北京:北京大学出版社,2018.

课后作业

1. 用博弈论理论、模型去分析解释生活中你觉得规则不合理的某些现象,可能的话,试着提出改进方法。

2. 手机下载《信任的进化》游戏,体验博弈论在人际中的应用(破解无限博弈与囚徒困境)。

第 10 章 游戏数值之美

> **学习目标与要求**
>
> 1. 理解数值策划的专业需求。
> 2. 理解数值策划的基础。
> 3. 增强数值敏感能力。
> 4. 熟练掌握编程处理数学问题。

一、数值策划的概念

游戏策划环节还有最后一个问题——数值。数值,即数学的应用,某种意义上,它在游戏规则、博弈,以及游戏人工智能中起着承上启下的作用。事实上,如果游戏在除开一切剧情和系统的因素后,还能让玩家觉得很开心的话,背后都直接或间接地有数学应用的原因。上一节所介绍的博弈论的背后,本质上也是数值的权衡与计算。比如,面对囚徒博弈,或者智猪博弈如何去破除已有的纳什均衡?无非就是修改规则,对奖惩和收益进行修改,从而打破已有的纳什均衡。

但游戏数值这个话题范围非常广,每种游戏都会有其对应的数值系统,而且其中涉及很多的数学模型和公式,真正讲清楚需要很长的篇幅。本章节属于科普性质,旨在提高读者对数字和公式的敏感程度。如果读者能从中悟出一些哲学思想当然更好;如果有看不懂的公式,可以直接忽略,只需要记住基本的原理和结论。作为游戏策划,在制定规则和数值时,千万不能相信人性背后的控制力,因为有时候这种控制力是完全不受控制的。

关于数值策划,某种意义上是中国游戏的一个特色产物。海外大部分的主流公司(比如暴雪)并不会专门设置数值策划职位,数值工作通常由系统策划或文案策划兼任。而中国的电子游戏起步晚,游戏策划中途会遇到一系列问题,一个策划无法应对所有的事情,因此数值部分被单独拆分出来。另外,我国的民众,尤其是对游戏不甚了解的人,对游戏的理解存在较多偏见和误解,比如将网络游戏与氪金和运营等词语等同,因为国内很多游戏的数值设计是基于氪金和运营的态度进行的。真正意义上需要专业数值策划的游戏,往往涉及平衡性对抗问题,需要更完备的数学体系和数值设计。

那么如何做数值策划？通常我们可以从基础的模型入手，培养对数字的感觉。其实数值策划的难度并没有人们想象的那么高。如果说电子时代之前这还是个问题的话，有了编程后完全不用担心，因为可以用仿真模拟替代很多数学解析程序；如果说以前还担心玩家行为超出规则预期控制，现在有后台数据，也不是问题了，比如天美工作室可以很轻松地了解到《王者荣耀》中每个英雄的使用率和胜率，并且根据数值进行调整。

二、数值基础篇

1. 数值策划需要的基本能力

对于大多数游戏来说，游戏过程是最重要、最基本的数学模型。在游戏中我们可以见到各种各样的战斗，方式林林总总，数值名目繁多，过程千变万化，然而让人眼花缭乱的过程背后有一定的规律。

游戏过程中的各种问题，都可以找到一种定量的方法来处理，使我们对游戏过程的设计更加丰富，对平衡性的把握更加准确，这种方法就是数值策划。

所谓数值策划，就是利用各种数学工具和方法，创造一系列可以表达游戏意图的数据模型以控制游戏节奏，比如英雄的攻击力与敌人属性的关系、经验值与成长曲线、卡牌游戏中规则的设定等。

数值策划所需的基本能力其实很简单，毕竟在这个时代，几乎没有程序解决不了的问题。基于此逻辑，我们在策划游戏时需要有基础的数学知识（包括四则运算、幂函数、正态分布、微积分和概率论等），缜密的思维和对数字的敏锐度。其中重点在于以下几点：一是能够准确地发现所设计的数学模型中，哪些环节是不可控的；二是能够发现数值导致的机制漏洞；三是具有较好的直觉和经验，包括游戏经验、数学经验和拆解钻研游戏数值的兴趣。

关于计算机工具的操作，最重要的是 Excel 和编程。Excel 及其相关软件能够方便地帮助我们分析数值问题、计算权值；编程语言可以处理一些较为麻烦的问题，比如概率论、微分方程等问题。只有在拥有用编程解决问题的能力之后，数值策划的数学能力才能有效施展。

最后，数据还需要一次又一次地调整，很少有人能够一次成功，即便是熟练的数值分析师也要不断地迭代和测试，因此数值策划还需要足够的耐心

2. 数值平衡要基于玩家关系

前面的章节介绍过游戏框架，事实上所有的规则都是基于玩家关系来产生、定义的，因此玩家交互模式确定了数值的设计方式。玩家交互模式均指向非模拟向游戏，而模拟向游戏更为特殊，是不需要进行数值平衡的。模拟游戏更追求真实性的模拟，比如在《实况足球》和 FIFA 系列中，你不可能追求中国队和法国队的平衡。具体来说，数值平衡和玩家关系的要点如下。

(1) 单人对抗游戏——开心即合理。体验上的数值感受模拟最为重要,比如《马里奥》系列,其中有很多不同的角色可供选择,事实上这些角色在数值平衡上是有问题的,但是玩家并不关心,在游戏过程中感到开心就好,因此游戏策划没必要刻意地追求数值平衡。

(2) 多人对抗游戏和合作游戏——存在即合理。比如《魔兽世界》等 MMORPG(大型多人在线角色扮演游戏),《星际争霸2》中的合作模式,需要在玩家的存在感上做到数值平衡。比如五六个人下副本,有人抗伤害,有人是主力 DPS,有人是法师,有人是牧师(回血),有人辅助。保证团队中所有人的数值平衡是没有必要的,在团队合作中,保证每个人的存在感最重要。在现实生活中也是如此。假设一个班级中,要使每个人的成绩都达到优秀是不大现实的,而让每一位同学都体验到在班级中的存在感才是最重要的,而这种存在感不一定是因为取得了第一名的成绩,而是来自在集体之中的参与感。

(3) 玩家对玩家——绝对平衡是基石。比如国际象棋、中国象棋、围棋,必须保证游戏双方环境、规则的一致性。国际象棋中,黑白双方棋子分布及棋子的走法都是完全相同的(但即便如此,先手的优势依然非常大,甚至用计算机模拟可以发现先手必胜)。更为典型的是五子棋,五子棋具有绝对的先手优势,游戏难度过低,没有做到绝对的数值平衡。

(4) 多方竞赛——开心即合理。比如《绝地求生》,活到最后往往不是因为装备,游戏过程中让玩家在体验上感到开心就好。

(5) 单方竞赛——开心即合理。这类游戏难以做到绝对的数值平衡,比如在狼人杀中,1 头狼究竟等同于多少平民是单方竞赛下很核心的一个数值问题。此类数值问题基本上都需要进行深入的研究,因此在设计过程中只要做到相对平衡,并在这种平衡的基础上让玩家感到开心就好,不要将某个角色设计得太强以至让玩家失去游戏参与感。

(6) 团队对抗游戏——存在即合理。比如,《英雄联盟》《王者荣耀》这样的 MOBA 类游戏(多人在线战术竞技场游戏),在宏观上需要做到绝对的数值平衡,而在微观的体验感和存在感上只需要做到相对数值平衡就可以了。因为 ADC 和辅助无法在战斗数值上做到平衡,但至少要保证 ADC 和辅助在参与游戏过程中做到体验上的平衡。

总之,玩家关系和角色由目标定义。而游戏的核心机制与规则,又由玩家关系定义。注意不要陷入为了平衡而平衡的困境,玩家的体验感最重要。

当然,无论怎样设置数值,都需要遵循一个原则,即下边的原则1。

原则 1:不论数值是否在规则与机制上合理(偏弱或偏强),其在数学逻辑上都要是体系化的(即可以用一套或多套公式描述这个设定),否则会造成数值设定系统的崩溃与无限螺旋迭代。换言之,这是个哲学问题,也就是说当我们为某个游戏进行数值策划时,要有自己的一套哲学体系,并且谨遵这套哲学体系。

三、在游戏设计中常用的数学方法

1. 四则运算

四则运算为线性公式,变化稳定,比较容易找到规律。以伤害公式为例,伤害公式常常会用到减法公式,减法公式的游戏系统重视防御,通常形式为:伤害=攻击力－防御力。

实际伤害=攻击力－防御力＋攻击力×k_1。其中,k_1是调整系数,给攻击力一个保底值。例如在《星际争霸2》中,攻击力小于防御力时,攻击力的保底值系数不低于0.5。

而乘法公式的游戏系统重视攻击,通常形式为:伤害=攻击力×(1－伤害减免百分比)。而伤害减免百分比=防御/[防御＋人物等级×($k_1＋k_2$)]。其中k_1、k_2是调整系数。

除法公式则是在乘法公式的基础上进化而来的,通常形式为:伤害=攻击力×[攻击力/(攻击力＋防御力)]。

该模式解决了减法公式中,防御力大于攻击力的问题,而不需要额外添加条件函数;同时可以加入参数使之更灵活。四则运算中,加减运算最为直观,一眼就可以发现规律,乘除运算容易对已有数据进行跳跃性操作,因此混合运用时,可以实现很多有特色的功能。

(1)战斗力。

接下来介绍一个四则运算最基础的模型:一个有100点血的战士出城,看到了一只有90点血的野猪,战士上去砍野猪,野猪同时开始反击。战士每秒输出的伤害是20,野猪每秒输出的伤害为10。请问,战士在不回血的情况下可以连续砍死多少头野猪?

正常情况下,当战斗进行4.5秒时,野猪被杀死。在此期间野猪对战士进行了总量为45的伤害,战士还剩下55点血。这是一个基础的加减计算问题,在这个过程中,我们也得到了一个最简单的结论——战斗的结果取决于一个值:

$$\frac{h_X}{\mathrm{d}pt_Y} - \frac{h_Y}{\mathrm{d}pt_X}$$

其中h_X和h_Y分别为玩家和怪物的生命值,单位为点。$\mathrm{d}pt_X$和$\mathrm{d}pt_Y$分别为玩家和怪物的单位时间输出伤害,单位为点/单位时间。单位时间一般是秒,但是在很多游戏中,并不一定以秒为单位时间,比如ARPG里常用的单位是帧(1秒=12帧)。

从公式看,这个值大于0,说明战士可以消灭野猪。也就是说,玩家要战胜怪物,只需要这个值大于0即可。

$$\frac{h_X}{\mathrm{d}pt_Y} - \frac{h_Y}{\mathrm{d}pt_X} > 0$$

我们可以将玩家的$h_X \times \mathrm{d}pt_X$定义成玩家的战斗力,记为FC(fighting capacity)。那么我们就有了一个用以衡量角色的战斗能力和战斗过程的标准,其实就是一个FC相减的过程,要预估战斗的结果,只需要用$FC_X－FC_Y$即可,我们不仅仅可以判定战斗的胜利者,还可以计算双方的战斗力比例和胜者剩余的战斗力。

在这里我们可以计算出,战士的战斗力为2000,而野猪为900。在战胜了第二只野猪后,战士战斗力还剩下200。这个战士就必须进行打坐、吃面包、缠绷带、喝药、治疗等补给措施了,因为他的实力已经不足以再战胜下一头野猪。通过这个战斗力的计算方式可以直观地了解游戏中各个战斗结束后玩家的剩余战斗力以及下一阶段的补给调整策略。

(2)战斗力与职业平衡。

游戏策划需要根据战斗力设计职业平衡。在ARPG或MMORPG中,不同的职业在设计时只需要保证各职业的生命值与其单位时间输出的乘积相等就可以(存在即合理)。即,"职业1生命值×职业1单位时间输出=职业2生命值×职业2单位时间输出"。以下是一些常见的模型设计。

①基础模型。

战士:生命1000,输出30,攻击间隔3秒,FC=10000。

战士通常也是这类游戏的标杆职业,或者称为标杆数值,当我们确认标杆职业的战斗力初始值为10000时,就可以很轻松地定义出第二个职业,且尽可能维持平衡。于是我们得到刺客的数据。

刺客:生命500,输出20,攻击间隔1秒,算出来的FC同样为10000。这样就达成了战士和刺客的职业平衡,且职业在流程路径上有较大的差异。

②进阶模型。

基于基础模型的思路,我们可以拓展一个进阶模型——为简单的加减乘除添加一些有意思的设定操作,以增加职业特色。

还是以战士为标杆职业。

战士:生命1000,输出30,攻击间隔3秒,FC=10000。

这里我们给战士增加一个坦克的属性——近战减伤20%,那么近战状态下,战士会得到修正FC=12500。

类似地,我们给刺客加入职业特色,并且试图将刺客的FC也修正到12500左右,这里增加了暴击率和暴击伤害。

刺客:生命500,输出20,攻击间隔1秒,FC=10000。

暴击率20%,暴击增加伤害100%,修正FC=500×20×(0.8+0.2×2)=12000。

虽然看上去似乎比战士战斗力低了一点,但是只要有任何一件装备配合刺客的暴击率,或者暴击伤害,立刻会让刺客打出更多的输出,这也是后期职业的一种定义方式。

接着这个思路,我们可以继续定义一个新职业猎人。

猎人:生命700,输出15,攻击间隔1秒,FC=10500。

看上去猎人的FC低于战士和刺客,但是猎人加入了射程要素,可以无伤打怪,所以可以根据猎人的射程参数进行测试。另外猎人的远程能力很容易衍化成全屏的AOE伤害。

同理还可以定义法师职业,考虑到技能的AOE和MP对于技能的施放限制,也需要对FC进行修正。但在修正过程中,不需要进行绝对的数值平衡,毕竟存在即合理。

(3) 四则运算模型中需要注意的点。

我们设计了两个戒指,一个是伤害加10,一个是攻击速度加10%,那么我们可以将伤害转化成百分比进行计算。如果这10点造成的伤害加成大于10%,即玩家在没有佩戴戒指的时候单次伤害低于10点,那么前一个戒指是更有作用的;反之,则是后者更有作用。每次10点伤害是这两个道具的平衡点。

所以前期道具一般用具体数值,后期道具酌情考虑使用百分比。事实上DOTA2和《英雄联盟》都遵循了这套逻辑。

最后一点是,尽量不要使用小数字系统。记住,1到2不是增长1,而是增长100%,关于这一点,我们会在后续的小节"数值敏感"中进一步讨论。四则运算只适合做线性的设计,在战斗中只能应对简单情况,复杂情况需要用到微积分(可以用程序模拟)。

2. 幂函数

非线性模型通常需要用到幂函数。假设以 i 为指数,前期容易后期难是普遍的等级与时间递加设计原则。$i<1$ 时具有这种特性,而当 $i>1$ 时会形成连锁递增效应,可以用作奖励。如图 10-1 所示。某些需要积累到一定程度才能体现出优越性的属性设定,往往要用到幂函数先缓后急的特性。

需要注意的有以下三点:一是幂函数的计算相对复杂,不适合做心跳计算;二是幂函数和对应的思路适合做非线性设计;三是指数函数极少被应用。

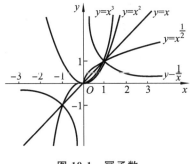

图 10-1　幂函数

下面看一些实例。

① 升级经验＝ceiling(1000×等级的 0.66 次幂)

我们会发现等级的升级先快后缓慢。

② 消除类游戏(如宝石迷阵)

COMBO 得分＝100×本次宝石数量×2×COMOBO 次数

如果用四则运算,得分增加不明显,玩家会感到枯燥,而采用幂函数计算,玩家体验会更好。

③ 魔法攻击＝智力值＋[int(智力值/10)]^2(int 表示向下取整)

这个可以很好地定义"法核"类职业。

④ $f(x)=1/x$ 的应用:攻击速度＝50/{200－[(250－敏捷－灵巧/4)/50×(200－基本速度)]};命中率＝100/[1+(150－敏捷)]。

⑤ 魔法回复＝2+(2+精神/50)^2,单位为点/秒。

3. 线性与非线性的性价比问题

关于四则运算与幂函数在游戏中的对比,往往会涉及性价比的话题,这里我们以 DOTA2 的道具和技能为例进行说明。

通过图 10-2 可以看到,随着属性加成越来越多,装备的性价比越来越低,这是一个典型的幂函数,因为"格子"也是资源。而图 10-3 中三个不同的英雄,在 1～4 级时,攻击速度、魔法消耗等属性数值的变化,都是满足等差数列的。这里便出现了一个很有意思的问题:为什么装备的属性加成是非线性的,而英雄的技能属性增长是线性的?

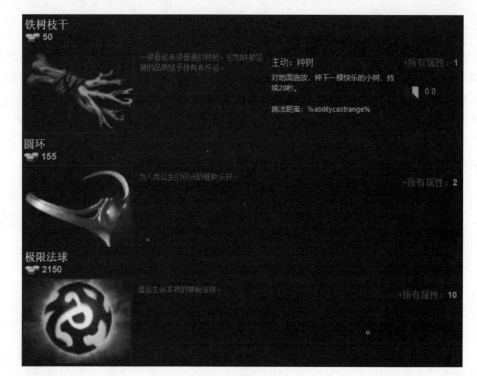

图 10-2　属性和性价比

请读者思考一下,装备是刚需吗?英雄的技能和等级是刚需吗?

事实上,装备并不是刚需,但英雄的技能和等级是刚需,至少在 DOTA2 中,如果游戏时长足够,可以把英雄升级到相应的等级,但是不能保证所有英雄都能拿到相应的金币。举一个现实中的案例,房子和车相比,房子是刚需,而车子不是,因此在同一时间同一地段内房子的价格是随着面积数线性增加的,然而车却不是,200 万的车与 50 万的车在性能上并没有很明显的差距,但其附加价值是无法用性能的提升来衡量的。

由此可以得到数值策划的原则 2。

原则 2:一般而言,刚需元素应尽可能采取线性模型进行设置,以减少平衡性设置的难度;同时,非刚需元素可以采取非线性规则,对性价比曲线采取幂函数控制,实现越高级的东西性价比越低。

4. 随机数与正态分布

电子游戏里的各类概率是如何判定的呢?事实上,相较于桌游使用真实的骰子,电子游戏因为可以随意定义 n 面骰子,而使得随机性更灵活。随机数在策划方案中通常用 Random[] 来表示,Random[Integer,{1,100}] 即表示在 [1,100] 上随机取整数。

1d8＝Random[Integer,{1,8}],表示投一次 8 面骰;

2d4＝Random[Integer,{1,4}]＋Random[Integer,{1,4}],表示投 2 次 4 面骰;

图 10-3　三个英雄属性数值的变化

$xdy = \text{Random}[\text{Integer}, \{1,y\}] + \text{Random}[\text{Integer}, \{1,y\}] + \cdots$，表示投 x 次 y 面骰。

这里我们看一个 RPG 中常常出现的格挡和闪躲案例。

情况 1：某盗贼的闪躲率为 20%，系统如何判定其是否能闪躲成功呢？

当敌方英雄攻击时，系统进行一次投骰子操作。当 $\text{Random}[\text{Integer}, \{1, 100\}] \leqslant 20$ 时，系统判定闪躲成功，否则判定闪躲失败。

情况 2：某盗贼的闪躲率为 20%，格挡率为 10%，两者优先级等同，系统如何判定其是否能闪躲成功呢？当 $\text{Random}[\text{Integer}, \{1, 100\}] \leqslant 20$ 时，判定闪躲成功；当 $21 \leqslant \text{Random}[\text{Integer}, \{1, 100\}] \leqslant 30$ 时，判定格挡成功。

我们再深入讨论一下。

某盗贼的闪躲率是 20%，格挡率是 10%，完全闪躲率是 25%（比如身在 AOE 中都能完全闪躲），优先级完全闪躲＞闪躲＝格挡：即 $\text{Random}[\text{Integer}, \{1, 100\}] \leqslant 25$ 时，为完全闪躲;当 Random[Integer,{1,100}]≤20 时,为闪躲;当 21≤Random[Integer,{1,100}]≤30 时,为格挡。

涉及随机数与正态分布时,建议使用计算机编程模拟,解决问题的关键是先定好各要素的优先级顺序,判断其是否互斥。

回到娱乐场的桌游问题(如图 10-4),我们已经知道投出多个骰子的结果一定是符合正态分布的,那娱乐场又是如何保证稳赚不赔的呢?

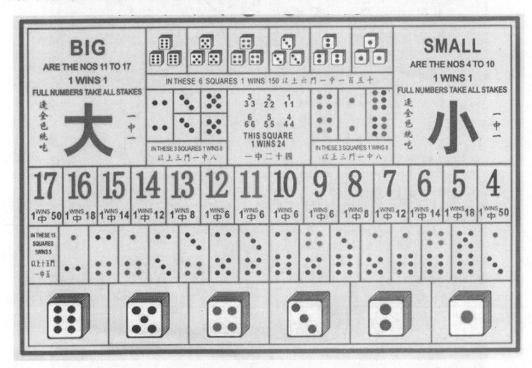

图 10-4　娱乐场的桌游

如果两个人,只押大和小,赔率是 1 赔 1,只要两个人分别押大和小,实际上娱乐场是赚不到钱的。但在娱乐场中通常有一些特殊选项,比如豹子、同花顺等,赔率设置在 1 赔 150,这些特殊情况出现的概率比较小,而娱乐场恰恰是靠这些小概率事件赚钱的。另外,娱乐场给出的赔率通常低于事件发生的概率。

多个骰子投出的结果会满足正态分布(见图 10-5),正态分布也是自然界的普遍规律,那么,这里其实就涉及游戏中的概率问题。例如,娱乐场中低门槛闲家胜率最高的游戏是骰宝,那么骰宝的赔率是怎么来的呢?简单来说,为什么 17 点和 4 点的赔率是 1 赔 50?

因为三个骰子,投出的总点数是符合正态分布的。而出现 4 和 17 的概率,其实已经小于 2%,因此娱乐场设置 1 赔 50 的赔率。即便有客人会押对,但从长远来看,娱乐场必然赚钱。所以这里就涉及数值策划中的两个重要问题:赔率设置和数值敏感。

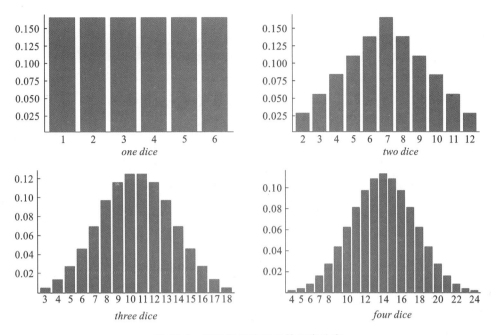

图 10-5 骰子数量和结果的正态分布

四、数值敏感

所谓数值敏感,针对的是游戏策划数值中的一些数论问题,往往一些很小的数值变化会造成极大的游戏体验改变。对于数值敏感,我们要思考两个问题。第一个问题,通常在答题的综艺节目中,我们会听到"回答正确,加 10 分",那为什么不加 1 分,单纯是因为 10 分比较高大上么? 实际上,如果每次加 1 分,分数上限是 10 分的话,游戏会失去不少回旋的余地。

第二个问题,请读者回忆下高考中,语数英三门考试的减分设置中,哪一科的考试分数最容易在不知不觉中被扣掉? 数学、物理通常一道大题占 15 分,而英语 1 小题才 1 分,因此往往会有很多人不重视这 1 分的题目。仔细回想一下,你有没有在英语考试中,因为忽视这一个又一个的 1 分,反而被扣的分数比数学、物理考试还多? 英语考试其实就像游戏中那些攻击频率高、攻击伤害小的敌人。

具体来说,我们来看 7 个数值敏感的案例。

1. 数值敏感案例 1:慎用小数字

《星际争霸 2》中的跳虫与狂热者的博弈是数值敏感的经典案例。我们首先看看跳虫和狂热者的数值。

异虫的跳虫数据:HP=35,攻击=5,护甲 0;

星灵的狂热者数据:护盾=50,HP=100,攻击 8×2,盾甲=0,护甲=1。

正常情况下,一个狂热者需要攻击跳虫 3 次,最后一击溢出伤害为 35−(8−0)×2×3=

—13。

如果狂热者选择升级 1 级攻击,则只需要攻击跳虫两次:35−(9−0)×2×2=−1。

好了,现在问题是,狂热者升级 1 级,攻击增加了多少伤害?

此时,输出伤害不是单纯的数值+1,也不仅仅是 8×2 变为 9×2,增加 12.5%,而是提高了 50%。因为之前需要做出 3 次攻击才能杀掉跳虫,但现在只需要 2 次。这意味着什么?我们会在后续的兰彻斯特平方定律小节做出详细说明。

所以在星灵对抗异虫的比赛中——星灵永远优先升级 1 级攻击;对应的异虫永远优先升级 1 级防御(除非放弃跳虫战术)。这就是慎用小数字的原因,有时候+1 就是提升 50%,相应地,《星际争霸2》在数值设计上,充分展现了利用数值引导精炼纳什均衡的精妙。

2. 数值敏感案例 2:三国杀的摸牌数

三国杀中,每回合每个武将摸牌数为 2,其中孙权因为其技能制衡可以换掉手中所有的牌,而被认为是单挑王,同时很多 3 血武将都有多摸牌的技能,比如周瑜可以摸 3 张牌(技能名"英姿")。

通过计算机仿真技术可以得出:对于任何一个 4 血(孙权为 4 血)、没有单挑有效技能的武将而言(比如刘备),对抗孙权的胜率不足 20%;如果某个 4 血武将拥有英姿(即每回合多摸一张牌),和孙权单挑的胜率就变成了 60% 左右。为什么仅仅多一张牌,一个 4 血武将就从单挑白板变成超越孙权的单挑王?

因为多摸一张牌,从 2 到 3,意味着 150% 的摸牌效率。事实上,三国杀所有早期官方武将里,4 血武将都没有无代价多摸牌的技能。换言之,如果能无代价多摸牌,那就必须降低该武将血量,这是游戏维系平衡的基本思想。

然而遗憾的是,在当下三国杀的环境中,4 血武将无代价多摸牌似乎成了标配,这也是三国杀平衡体系崩溃的开始。这是游戏运营和市场毁掉游戏策划的经典案例。

3. 数值敏感案例 3:三国杀的摸牌期望

同样是三国杀中的两个武将:周瑜,技能"英姿"(摸牌阶段,你可以多摸一张牌);甄姬,技能"洛神"(准备阶段,你可以进行判定,若结果为黑色,你获得此牌,然后你可以重复此流程,直到出现红牌为止)。

那么问题是——周瑜和甄姬谁的摸牌期望更高?已知桌游三国杀有 108 张牌,红黑各 54 张。在现实游戏中,玩家普遍会认为甄姬能摸更多的牌,因为洛神摸出 5、6 张牌确是常有的事情。那么,让我们计算两个英雄的额外摸牌期望。周瑜的额外摸牌期望是稳定的 1。而甄姬的摸牌期望是:第一张牌是黑色的概率是 1/2,第二张牌还是黑色的概率是 1/2×1/2=1/4,以此类推,甄姬的摸牌期望为:$\frac{1}{2}+\frac{1}{4}+\frac{1}{8}+\cdots+\frac{1}{2^n}$。

当 n 趋于无穷大,期望等于 1。但实际上三国杀的牌堆是有限的,所以甄姬的摸牌期望是低于周瑜的——这一点是否颠覆了很多人的想象呢?因此,除非主公是曹操或者曹丕,选甄姬在摸牌上并不优于周瑜。

结合之前的分析会发现，所有拥有额外摸牌技能的武将，生命值都应该小于 4 点，且额外摸牌期望应该接近 1；4 血以及 4 血以上的武将，如果多摸牌，应该以付出代价（比如曹仁的"翻面"、黄盖的"自残"），或者接受不稳定收益（无法做到每轮多摸一张）做弥补。按照郭嘉、司马懿等武将的原则——1 血＝2 牌收益，应以一个武将在阵亡前平均获得 6~8 牌收益为平衡原则。

为什么会有第 9 章介绍的"反贼杀"现象？这不仅仅是因为策划初期没有预估纳什均衡，而且还因为游戏运营方后期为了获取运营利益，开始突破 3 血以上不能无代价摸牌和 1 血＝2 牌收益的自定模型。自己破坏自己设定的规则机制与哲学，必然导致连锁的崩坏。所以类似于《三国杀》这样的桌游，其数学模型相对简单，容易分析，值得游戏策划将其作为基础入门。

原则 3：正常情况下，建议游戏中所有涉及数据的设定，都有一套自己的体系规则，在规则与公式体系内进行操作可以有效避免数据与规则的崩坏。一旦开了游离于公式之外的口子，就是数据系统螺旋迭代崩溃的开始。在一个涉及氪金的项目组中，与游戏运营进行斗争，保证数据公式化，是游戏策划的必修课程之一。

4. 数值敏感案例 4：《月圆之夜》的 FTK

《月圆之夜》是一款非常优秀的国产单机手机游戏，基本上使用了 Rouge-like 系统，游戏中存在 9 个职业。另外，游戏到后期有一种玩法叫 FTK（First Turn Kill 的缩写），即首回合击杀 boss。有意思的是，这款游戏最容易达成 FTK 的角色，是游侠和火把流女巫。我们简单看一下游侠的牌，多数是如图 10-6 所示的这种"造成 1 点伤害"的牌，看上去比能打出 10 余点伤害的骑士要弱很多。

但是，《月圆之夜》中存在各类装备牌和 Buff 牌（见图 10-7），如果将它们全部叠加之后，会使游侠造成的伤害轻松增加 2000％以上！再加上优秀的过牌能力，游侠很容易 1 回合直接将 boss 击杀。

5. 数值敏感案例 5：数据爆炸

《暗黑破坏神 3》和后期版本的《魔兽世界》中，角色造成的伤害动辄达到万、亿级别，偶尔还能看到兆、京级别的伤害，然而《暗黑破坏神 2》即便是满级状态，伤害也不过千级别。于是《暗黑破坏神 3》不断地增加难度，不断地在怪物生命和玩家数据后面"加 0"。

为什么《暗黑破坏神 3》会进入数据爆炸的状态？因为前期没有慎用小数字，而且装备和技能公式中使用了大量乘法公式。

记住，1 到 10 不是加了 9，而是提高了 900％！一旦开始习惯了 900％这样的增长速度，会不知不觉中影响后续公式，极易导致数据爆炸。数据爆炸的后果就是数值的无限螺旋迭代。

图 10-6 "造成 1 点伤害"的牌

6. 数值敏感案例 6：DOTA2 黯灭的减伤曲线

《魔兽争霸3》以及利用《魔兽争霸3》引擎制作的 DOTA，包括后来的延续作品 DOTA2，都借鉴了如图 10-8 所示的系统护甲增伤和减伤函数：横坐标代表护甲的值，纵坐标代表受到伤害的百分比，例如 0 护甲就受到 1(100%)的伤害，50 护甲意味着将受到 25%左右的伤害。观察这个曲线你会发现一个很有意思的现象，靠近 0 护甲处的曲线对变动异常敏感，护甲值的绝对值大于 20 处的曲线则开始变得平缓。

所以 DOTA2 里有个著名的道具——黯灭，这个道具的作用是减低敌方英雄 7 点护甲值。这在游戏初期被称为"小圣剑"一般的装备，因为可以将对方英雄的护甲值从 2 点降到 －5 点，所以增伤会非常可观；而到了后期，当所有人的护甲上限提高后，却又变得非常鸡肋。利用上面这个公式，黯灭被定位为游戏前期的打架专用装备。

7. 数值敏感案例 7：剧本杀多少玩家最好玩？

剧本杀中，6 人本仅仅是比 5 人本多了一位玩家这么简单吗？

按照之前的案例，读者应该迅速地想到这是多了 20% 的玩家，所以游戏时长与信息量也增加了 20%。

剧本杀中，重要的是分析玩家之间的关系、玩家与死者的关系和凶手的杀人动机，比如 5

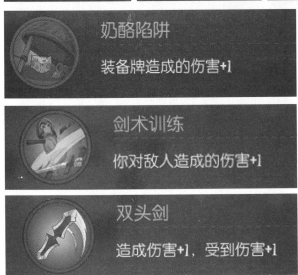

图 10-7 《月圆之夜》中各类装备牌和 Buff 牌

人本需要分析 10 对角色关系＋5 对角色与死者之间的关系，而 6 人本需要分析 15 对角色关系＋6 对角色与死者之间的关系。从 15 对关系到 21 对关系，信息量实际增加了 40%，再加上更多的证据，凶手玩家就更容易隐藏自己。

正常情况下，当剧本杀玩家数目大于 8 时，几乎无可避免地会出现"酱油角色"，否则游戏时长一定会超过 5 小时，这对玩家的时间和精力都是极大的考验，因此在现实生活中，人数较多时（超过 7 人）通常会出现白板侦探和 1~2 个几乎没啥参与感的"酱油"角色。

原则 4：数值策划中，谨慎使用小数字以及乘法公式，小数字的改变如同"蝴蝶的翅膀"，小数字和乘法公式所酝酿的"茶壶里的风暴"，很容易变成游戏数据开始崩坏的大风暴。另外，积少成多，娱乐场的骰宝游戏就是依靠微弱的豹子概率来赚取巨额收益的。

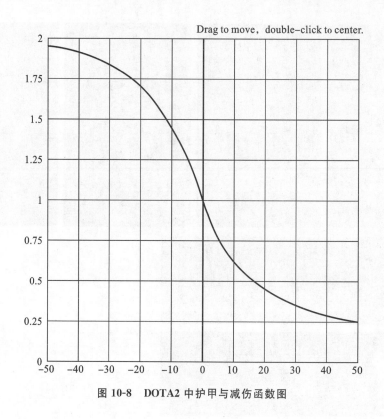

图 10-8　DOTA2 中护甲与减伤函数图

五、概率论

  游戏是由博弈、规则和不确定性构成的，不确定性是其中非常重要的一点。前文在讲需求的时候，有提到人对未知和不确定性的恐惧感、探索欲望和好奇心，第九章也讲到了博弈，如果一个游戏没有任何的随机性，那这个游戏迟早会被淘汰，即如果在数值设定过程中不存在任何混合战略纳什均衡，而是可以得出一个最优解，那么这个游戏会逐渐失去意义。为了保持游戏活力，在数值策划过程中通常会加入一些随机要素，随机要素是保持不确定性的最强手段，也是保持玩家新鲜感的有效工具。这一小节，我们主要关注三个话题——掷骰子、套装收集和胜率赔率问题。

1. 掷骰子问题

  飞行棋中有一个固定规则，就是当玩家投掷出 6 点时，才可以起飞。在第六章时我们提到了，在飞行棋中加入起飞规则后，会大大增加游戏时长，那么来看一下，如果要求飞机必然起飞，平均需要投掷多少次骰子。

  将上述问题转换一下：一个 6 面的骰子，丢一次，每个面出现的概率是 1/6（16.7%），要求出现 6 的概率达到 95%（95% 视为几乎会发生），应该丢几次骰子？

  通过数学方法可以轻松地计算出：

$$1-(1-16.7\%)^x = 95\%$$
$$x = 16.4$$

即要丢 16～17 次。事实上，要保证玩家的飞机能起飞，平均就要丢出十几次，大大延长了游戏的时间。后来的游戏迭代过程中，1 颗棋子变成了 4 颗棋子，那么如果要求 4 颗棋子全部必然起飞（全部投到 6），平均需要掷多少次骰子？

这个问题单纯计算起来非常复杂，最好用程序解决。

2. 套装收集问题

游戏中会有各种各样的套装，如果只拿其中一个通常不能起到明显的作用，需要各种装备叠加才能起到较好的加强效果。套装收集问题依然可以用程序解决。

问题描述：某套装 A 由 n 件装备组成：$A=\{a_1, a_2, \cdots, a_n\}$。每件装备 a_i 都由某 boss 掉落，且每次只掉落一件，每件装备的掉落概率由概率向量 p 给出：$p=(p_1, p_2, \cdots, p_n)$。如果假设 $p=(0.05, 0.1, 0.15, 0.2, 0.25)$，那么收集齐此套装的 5 件装备，平均需要杀多少次 boss？

这其实是《怪物猎人》之类的游戏常常面对的问题。当然，解决这类问题纯用数学工具会很麻烦，使用编程解决则简单很多，并且在修改和验证上也更加方便，因此建议使用程序模拟解决。这也是本章开始时所说的，做游戏数值策划，并不需要特别高深的数学能力，因为这个时代，编程几乎可以解决一切问题。因此作为一个游戏策划，熟练掌握类似 Python 的编程语言以及 Excel 是非常重要的基本功。

3. 胜率赔率问题

两个玩家对抗，谁会获得最后的胜利？怎样进行科学计算？这是一个常被各类游戏比赛观众津津乐道的话题。图 10-9 是某统计组织给出的某个时段内全球男子足球的排名与分数（例如，比利时排在第 1 位，分数为 2084；中国排在第 90 位，分数为 1460）。

图 10-9　某个时段内全球男子足球的排名与分数截图

那么足球比赛中,中国对抗法国的话,到底有多少胜率?(仅根据上表而言)。答案是:胜率为 2.25%,平局为 5.75%,负率为 92.00%。事实上,中国还是有可能战胜法国的,只是概率比较低而已。那么,接下来要问的是,我们如何计算这个胜率呢?这里就要引入 Elo Rating System。

(1) Elo Rating System。

Elo Rating System 是 1960 年由匈牙利裔美国物理学家 Arpad Elo 创建的一个衡量各类对弈活动水平的评价方法,是当今公认的对弈水平评估标准,且被广泛用于国际象棋、围棋、足球、篮球等运动。当下的电子竞技也常采用此评价机制。一般来说,FIFA 排名属于商业排名,计算时毫无意义——这也可以解释为什么 FIFA 排名会给中国球迷带来一种错觉。事实上在 Elo 排名中,中国队的位置要落后于 FIFA 不少。那 Elo Rating System 具体是怎样计算的呢?我们先考虑类似于《英雄联盟》和国际象棋这种几乎没有平局的游戏。

首先,计算 d_r——也就是玩家的实力点数差,$d_r = \text{RatingA} - \text{RatingB}$。

然后,根据 d_r 计算胜率(在没有平局的基础上):

最后,代入公式。$W_{ea} = \dfrac{1}{1 + 10^{\frac{-d_r}{400}}}$。

图 10-10 是一种无平局游戏中某强队和弱队的 Elo-Rating 胜率函数图。$dr = 0$ 时,双方的胜率各为 50%;当 $dr = 400$ 时,强队的胜率大约是弱队的 9 倍;当 $d_r > 400$ 时,强队的胜率趋近于 100%。用 Elo Rating System 可以计算出无平局游戏中各方的胜率,比如国际象棋、中国象棋、围棋等。

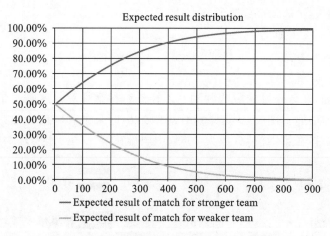

图 10-10 无平局游戏的 Elo-Rating 胜率函数图

但该系统对于足球等可能出现大量平局的游戏来说,并不适用。最初版的 Elo Rating System 无法用于没有平局,或者几乎没有平局的游戏,所以这里介绍一个针对足球的改进型 Elo Rating System 平局方程。

$P(\text{draw elo})$ 表示平局概率,满足正态分布。胜率和负率分别是在原有的公式上减去平局概率的 1/2,其中出现的数字 200 根据游戏需要而变化。足球一般用的参数是 200。

$$P(\text{draw elo}) = f(x) = \dfrac{1}{\sqrt{2\pi e}} \exp\left[-\dfrac{\left(\dfrac{dr}{200}\right)^2}{2e^2}\right]$$

如图 10-11 所示,在双方实力相当($dr=0$)的情况下,各自胜率为 36% 左右,整体的胜负公式也如下所示。

$$P(\text{win elo}) = \frac{1}{1+10^{\frac{-dr}{400}}} - \frac{1}{2}P(\text{draw elo})$$

$$P(\text{lose elo}) = \frac{1}{1+10^{\frac{dr}{400}}} - \frac{1}{2}P(\text{draw elo})$$

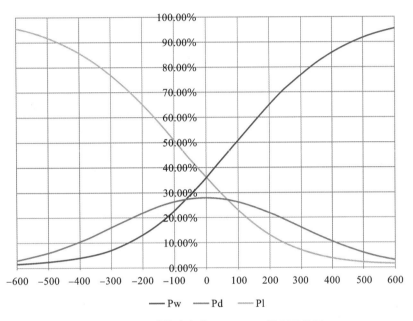

图 10-11　足球游戏中的 Elo-Rating 胜率函数图

(2) 赔率计算。

提到足球胜负,就不得不说足球的博彩,每次比赛前都会有博彩公司开出赔率,那这个赔率代表什么?如何计算呢?赔率是一个数字表达式,通常表示为一对数字,用于统计。例如,德国队对中国队,赔率是 1.07,则意味着如果你花 1000 元买德国赢,如果德国真的赢了,那么你将获得 1070 元。

这里用一个简单的例子来解释投注赔率是如何来的:当 A 队对 B 队时,1000 名观众预测结果,900 名观众选择 A 队获胜,90 名观众选择平局,10 名观众选择 B 队获胜。那么就会有总预测人数与预测各种结局的人数的比值,公式如下。

$$O(\text{win}) = \frac{1000}{900} = 1.11$$

$$O(\text{draw}) = \frac{1000}{90} = 11.11$$

$$O(\text{lose}) = \frac{1000}{10} = 100$$

如果所有人都押 1000 元,你会发现不论出现什么结果,博彩公司都是零收益——只是参与的玩家之间进行了金钱转移。所以现实生活中,为了保证收益,博彩公司通常会将以上三个赔率下调,比如分别改为 1.06、10.3、90,以确保自身收益。同时在比赛结束前,公司还

会根据押注的民调,来不断调整赔率。另外,我们也可以通过赔率反推胜率,计算公式如下:

$$P(\text{win bet}) = \frac{1}{\frac{1}{O(w)} + \frac{1}{O(d)} + \frac{1}{O(l)}} \times \frac{1}{O(w)}$$

$$P(\text{draw bet}) = \frac{1}{\frac{1}{O(w)} + \frac{1}{O(d)} + \frac{1}{O(l)}} \times \frac{1}{O(d)}$$

$$P(\text{lose bet}) = \frac{1}{\frac{1}{O(w)} + \frac{1}{O(d)} + \frac{1}{O(l)}} \times \frac{1}{O(l)}$$

有意思的是,你会发现,现实中的足球博彩赔率算出的胜率和用 Elo Rating System 算出来的非常接近。因为这些公司除了使用民调,也会用 Elo Rating System 来预测胜负关系并修改赔率。

在这一小节,读者会发现开始涉及很多复杂的无法用手工处理的计算了,因此我们会引出下一个原则。

原则 5:涉及概率论的问题,强烈建议使用编程进行模拟,这比单纯使用数学工具计算的效率要高很多,而且电子游戏的概率本来也是模拟生成的。

这一原则鼓励大家掌握一门编程语言。在涉及纯粹的数值问题而不涉及工程的情况下,处理数据用 Python 最好。

六、兰彻斯特平方定律

(1) 兰彻斯特平方定律介绍。

之前提到过战士打野猪问题,当时的设定是一个战士对一个野猪,因此可以使用线性的方法计算相关数值。但这是一种很特殊的情况,在游戏中很少会遇到一对一的线性问题。在游戏中,玩家常常会组队与怪物进行战斗,会出现多个玩家与多个怪物战斗的情况。在有的游戏(如《星际争霸》《魔兽争霸》《帝国时代》等)中,玩家直接指挥多个单位,与敌对势力进行战斗,那么,在多个单位的情况下,战斗的结果会如何呢?

假设红军兵力是蓝军的 2 倍,每个人每分钟射出的子弹数一定,那么在相同的时间内,红军射出的子弹就是蓝军的 2 倍。如果每枚子弹击中敌人的概率也一定,那么相同时间内蓝军的损失数量就是红军的 2 倍,而这将进一步加大两军的数量差距,直到蓝军被彻底击败。

多人战争的一个趋势,就是起初的优势会随着战斗过程的进行而逐渐扩大,因此多人战争过程绝对不是直接采用这种简单的线性计算模型的,我们要换一种方法来对战斗力值(FC)进行计算。现在就用一个基本的数学模型来进行说明。

1914 年,弗雷德里克·兰彻斯特在 *Engineering* 期刊上发表了一篇文章,之后兰彻斯特又将文章编写成了一本著名的著作 *Aircraft in Warfare*,并于 1916 年出版。这本书提出了一条军事学领域内以他的名字命名的著名定律——兰彻斯特定律,这条定律不仅仅在 20 世纪初为运筹学的发展开启了大门,而且时至今日也在各类电子游戏中被广泛应用。有意思的是,这个最初用于军事学领域的定律,却因为军事战法的迭代,已经不适用于现在这个时代了(该定律特别适合火枪对射的战争年代)。

比如,在《星际争霸2》的游戏中,我们常常会看到这样的场景,人族对人族,枪兵互射,看上去同攻防的部队人数也差不了太多,结果当人少一方的枪兵被团灭后,胜利方枪兵存活下来的数量远远大于想象,之后一波大总攻(all in)可以直接将团灭方消灭。那么我们猜一猜,如果80个枪兵打75个枪兵,假设没有其他兵种参战,数量多的一方团灭对方后还能存活多少?是5(80-75)人左右吗?答案是:胜利方可能存活28人左右,这个数量级的枪兵追击残兵能力不足的人族,基本上大局已定。

所以到底什么是兰彻斯特定律呢?由于原公式的推导会用到微分方程,本书就不做赘述,感兴趣的读者可以在第十章的推荐阅读里寻找相关资料,这里我们直接给出公式 $aM^2=bN^2$,其中 a 代表红方的战斗力值(FC), M 代表红方的战斗单位个数;b 代表蓝方的战斗力值(FC), N 代表蓝方的战斗单位个数。这也就是说,"战斗单位的平方乘以各个单位的战斗力值相等时,双方的战斗力相同"。上一个例子里,由于《星际争霸2》人族枪兵在同攻防科技下 $a=b$,约掉这个参数后,团灭后胜利一方的人数,其实是80的平方减去75的平方再开平方,形式上和勾股定理一致。这就是兰彻斯特定律的威力。

兰彻斯特定律的使用有两个前提条件:一是双方的兵力是直接正面交锋的,不考虑任何微操,而在RTS中是可以利用大量微操弥补兵力和战斗力值上的劣势的;二是双方作战哲学是"伤其十指不如断其一指",尽可能在不溢出输出的前提下集火目标,以造成对手快速减员为第一要义,而不是打伤一群人还让对方有反击的能力。

首先是如何提升战斗力值。在现实军事和电子游戏中,战斗力值的计算其实非常简单,即单位时间有效输出乘以有效生命值,这里的输出和生命值是经护甲、减伤、buff等一系列参数调整后的值,是单位的有效输出能力和有效抗打击能力。

(2)兰彻斯特定律应用案例。

举个例子,《星际争霸2》中,枪兵天生45点血,6点攻击,0.61秒的攻击间隔,枪兵的战斗力可以被视为442.6。让我们考虑人族VS人族的枪兵互拼。

双方攻防等级相同,不同数量的枪兵互拼(不考虑枪兵随时间的自然回血),A方12个,B方10个。

战斗开始,可以预见,A将获得胜利,$12×12-10×10=44$,44开平方得6.63。这说明A会剩下6到7个枪兵。

但是,如果B通过操作或者某种战术,使得A的枪兵6个1组,分2组参加战斗。由于$6×6+6×6<10×10$,因此B将获得胜利,并且还可以剩下$(10×10-6×6-6×6)^{(1/2)}=5.29$,也就是说B将还剩下将近一半的枪兵,这也是兰彻斯特定律在这类游戏的操作或者战术中的应用。

该定律同样可以解释DOTA和《英雄联盟》为什么要经常去Gank(抓人),在等级或者经济稍微落后的状态下,2抓1后,再继续抓1个,比2 VS 2要有效得多,这也是RTS需要用微操弥补的原因。

我们再来思考一个更复杂的情况:如果红蓝双方的枪兵中,红方没有科技,蓝方枪兵一攻一防,外加兴奋剂;红方对蓝方的有效输出为5点攻击,蓝方对红方是7点攻击;交战前蓝方使用兴奋剂,全体枪兵血量−10,攻击间隔变为 0.40 秒,此时红蓝对射的战斗力发生了变化。$a=45×(6−1)/0.61=368.9$,$b=35×(6+1)/0.4=612.5$,那么红方就算领先蓝方 25% 的兵力也无济于事了。20 个蓝方枪兵可以打 25 个红方枪兵。

所以有时候一些看似必输的局面,可以通过一些操作和科技升级起到弥补的作用。尤其是在《魔兽争霸 3》中,很多情况下"伤敌十指不如断其一指",是兰彻斯特方程常见的应用方式。

七、有趣的公式

所有游戏过程中的系统,其实都是由公式构成的,但游戏中没有一成不变的公式,具体的公式需要根据游戏策划的考量而定。巧妙的公式设定、千变万化的数学机制,才是真正让游戏有意思的核心。

公式设定一定要注意避免数据爆炸,或者出现数学 bug。这一点上,我们需要谨慎使用小数字,谨慎使用乘法公式。

另外,对于模拟类游戏,有时候也要考虑事实的可能性。比如《三国志》系列中,若曹操部队的统率值为 98,而对手为统率值为 1 的武将部队,战斗力相差 97 倍,这是违背常识的,因为在现实中即便是没有将军统率的部队,在科技水平相同的情况下,也不会和其他部队有 90 多倍的统率值差。

1. 基于攻-防的战斗公式

在简单的战斗模型中,玩家只能进行很简单的控制,但在实际游戏中,只进行这样简单的攻防操作是难以满足玩家要求的。在很多游戏中,游戏策划会采用简单攻防加减的形式来进行战斗过程设计。这种设计的基本规则是:每次攻击造成的伤害=攻击方的攻击力−受攻击方的防御力。公式如下:

$$d_X = att_X - def_Y$$
$$d_Y = att_Y - def_X$$

在这种情况下,我们来看双方的战斗力比值。一方为玩家,攻击力为 att_X,防御力为 def_X,攻击频率为 f_X;另一方是敌人,攻击力为 att_Y,防御力为 def_Y,攻击频率为 f_Y。那么双方的战斗力分别是:

$$FC_X = h_X \times (att_X - def_Y) \times f_X$$
$$FC_Y = h_Y \times (att_Y - def_X) \times f_Y$$

游戏中,我们需要注意数值平衡的对称美学——有攻击就有防守,有生命值就有单位之间输出,有暴击就有防暴击等。

通过以上公式,我们可以至少看到以下规律:对于不同的敌人,玩家的战斗力不再取决于自己本身的数值,还跟玩家具体要面对的敌人的防御力相关。同样,敌人的战斗力也与玩家的防御力相关。因此,玩家和敌人之间的胜负关系,在实力很接近的情况下,可能无法形成传递关系。这里可以举一个简单的例子。
　　单位 A：HP＝1000，att＝50，def＝0，f＝1；
　　单位 B：HP＝1000，att＝100，def＝20，f＝0.25；
　　单位 C：HP＝1000，att＝25，def＝0，f＝3。
　　如果这三个单位进行实际的对战，通过简单的战斗力计算，我们可以看到，A＞B，B＞C，而 C＞A。在没有任何外加属性（如单位大小等）的情况下，这就形成了一个循环相克的局面（兵种互克），这就是基于攻-防的战斗公式的奇妙之处！这再次印证了小数字在数值设计中对整体的影响。小数字更容易引起攻防战斗中的微妙变化。

2. 基于伤害的战斗方式

　　在有些游戏中，单位的属性中不仅仅包含攻/防，还包括伤害值，即攻防不再是伤害值的决定因素，只对伤害起到加成/减成的作用。由于不同游戏攻防的加成/减成方法不同，这里只能给出一个具有不确定性的公式，此类战斗的基本计算公式是：
$$d^* = \mathrm{dmg}_X \times f(\mathrm{att}_X, \mathrm{def}_Y) d^*$$
　　这里 d^* 指产生的最终伤害，dmg 指单位的标定伤害值。部分游戏中，也会导入其他因素来影响 d^*。例如，《魔兽争霸3》中防御力会对伤害产生减成作用。其具体计算公式为：

当 $\mathrm{def}_Y > 0$ 时，$d^* = \mathrm{dmg}_X \times \dfrac{1}{1 + \mathrm{def}_Y \times 0.06} \times f(\mathrm{ac}, \mathrm{dc})$；

当 $\mathrm{def}_Y < 0$ 时，$d^* = \mathrm{dmg}_X \times (2 - 0.94_Y^{-\mathrm{def}}) \times f(\mathrm{ac}, \mathrm{dc})$。

　　其中 ac 为攻击类型，如普通攻击、穿刺攻击、攻城攻击等，dc 为防御类型，如轻甲防御、中甲防御、重甲防御等。在《魔兽争霸3》里，不同的攻击类型和不同的防御类型组合，会产生不同的破坏系数。在这里，随着防御力增大，由此带来的防御力减小，无限趋近于100%（但不能达到）。在单纯的攻减防之外，加入增伤减防的方式，可以让游戏中的输出更加丰富有趣。

八、游戏洗练度理论

　　游戏洗练度理论（game refinement theory）是将游戏进程模拟成物理活动，以描述其在大脑内活动的过程，本质上是一个同时考虑游戏的数学复杂度与博弈策略集的理论。
　　如果说博弈论是站在微观的角度，尤其是玩家的角度去考虑如何获得游戏的胜利，那么游戏洗练度理论则是站在设计者的角度，考虑游戏整体的可玩性。游戏策划可以用游戏洗练度理论控制宏观系统框架，评估游戏节奏是否合适。它的主要意义在于以下两点：一是用于宏观把控游戏的节奏设置与可玩性评估；二是确保游戏适合娱乐，或者适合学习。
　　图10-12展示了日本将棋的演变过程。左上边是日本的平安将棋，16×16的棋盘，棋盘大，棋子数量多，还有很多特殊角色，慢慢地演变为12×12的大将棋，棋子相对减少，最终发展为现在的9×9本将棋，棋子减少为20个。为什么发生这样的变化？游戏越复杂就越好玩吗？

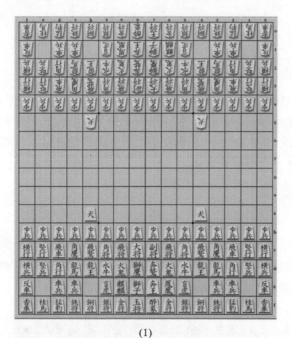
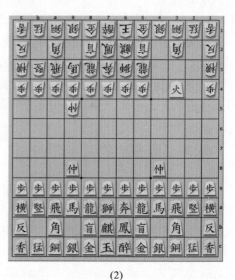

图 10-12　日本将棋的演变
(1)平安将棋；(2)大将棋；(3)本将棋

游戏复杂度/复杂性由值 B^D 表示，这里的 B 是可能移动的平均数(博弈策略集)，D 是平均游戏长度。

图 10-12 的三种将棋在 B^D 上是有明显区别的。B^D 中的两个参数会影响玩家在游戏中的大脑活动，从而影响玩家从游戏中获得的快感。游戏复杂度过低的游戏(比如井字棋)和游戏复杂度过高的游戏(比如平安将棋)都不好玩，所以需要找到一个平衡点，宏观地把控游戏节奏，达到游戏的可玩性和复杂性之间的平衡。比如狼人杀多少人最好玩？人数过少，游

戏时间过短难以控制；人数过多，游戏时间过长，影响参与感。经过研究与计算发现，14～16人最合适。

游戏洗练度理论就像牛顿力学模型在游戏中的应用，在现实生活中驱动一个物体，需要对有质量的物体施加一个力，从而产生加速度。在游戏时大脑的思考过程中，同样存在一个驱动力，驱动对应质量（比如拥有一定复杂度）的游戏，得到对应的游戏加速度，人们称之为 refinement value（即洗练度），用 R 表示。有意思的是，大部分成熟游戏的 R 值都在 0.07～0.08 这个固定的范围内，如表 10-1 所示。当然，更多关于游戏洗练度理论的内容，可以参考本章节的推荐阅读。

表 10-1 几种成熟游戏的 R 值

	B/G	D/T	R
中国象棋	38	85	0.073
国际象棋	35	80	0.074
围棋	250	208	0.076
日本将棋	80	115	0.078
足球	2.64	22	0.073
篮球	36.38	82.01	0.073

九、章节总结

（1）玩家关系和角色由目标定义，而游戏的核心机制与规则，又由玩家关系定义。不要陷入为了平衡而平衡的困境，玩家的体验感最重要。

（2）不论数值在规则与机制上是否合理（偏弱或偏强），其在数学逻辑上都要是体系化的（即可以用一套或多套公式描述这个设定），否则会造成数值设定系统的崩溃与无限螺旋迭代。换言之，这是个哲学问题，也就是说，当人们为某个游戏进行数值策划时，要有一套自己的哲学体系，并且谨遵这套哲学体系。

（3）一般而言，刚需元素应尽可能采取线性模型进行设置，以减少平衡性设置的难度。同时，非刚需元素可以采取非线性规则，对性价比曲线采取幂函数控制，实现越高级的东西性价比越低。

（4）正常情况下，建议游戏中所有涉及数据的设定，都有一套自己的体系规则，在规则与公式体系内进行操作可以有效避免数据与规则的崩坏，一旦开了游离于公式之外的口子，就是数据系统螺旋迭代崩溃的开始。在涉及氪金的项目组中，与游戏运营斗争，保证数据公式化，是游戏策划的必修课程之一。

（5）数值策划中，谨慎使用小数字以及乘法公式，小数字的改变如同"蝴蝶的翅膀"，小数字和乘法公式所酝酿出的"茶壶里的风暴"，很容易变成游戏数据开始崩坏的大风暴。

（6）涉及概率论的问题，强烈建议使用编程进行模拟，这比单纯使用数学工具计算的效率要高很多，而且电子游戏的概率本来也是模拟生成的。

(7) Elo Rating System 可以用来准确判定玩家之间的胜负关系。

(8) 如何成为一个数值策划?

- 学习一定的数学知识与数据处理工具,比如 Excel 和 Python,培养数据敏感度。
- 多玩游戏——如果喜欢卡牌,就去玩《万智牌》《炉石传说》《三国杀》《杀戮之塔》等;如果喜欢对抗性游戏,就去玩各类 RTS 和 MOBA;如果喜好 RPG,就去玩各类 DND 与 RPG;不要忽视桌游,因为桌游的数学模型相对简单,容易分析。
- 数据收集

通过各种渠道去收集已有的成功的数值游戏,主要依赖后台的大数据。

听取他人的意见,使用可用性测试与评估报告。

- 拆解游戏模型

分析现有数据背后的公式规律,反编译公式与数学模型。

注意:数据可能是公开的,也可能是保密的。

发现目前游戏数值机制有问题的地方,取其精华去其糟粕,对其进行重塑。

- 重塑

通过博弈预判可能会产生的利益问题。

测试迭代目前的数值设定。

给出自己的数学模型与解释体系,并且控制整个游戏不偏离体系。

 推荐阅读

[1] 克劳斯·皮亚斯.电子游戏世界[M].熊硕,译.上海:复旦大学出版社,2021.

[2] 肖勤.游戏数值设计[M].北京:人民邮电出版社,2021.

[3] 似水无痕.平衡掌控者——游戏数值战斗设计[M].北京:电子工业出版社,2017.

[4] Iida H, Takahara K, Nagashima J, et al. An application of game-refinement theory to Mah Jong[C]//. *International Conference on Entertainment Computing*. Berlin: Springer, 2004:333-338.

[5] Xiong S, Zuo L, Iida H. Murder mystery game setting research using game refinement measurement[C]//. *International Conference on Entertainment Computing*. Cham: Springer, 2020:117-125.

[6] Albers P C H, De Vries H Elo-rating as a tool in the sequential estimation of dominance strengths[J]. *Animal Behaviour*, 2001(61):489-495.

[7] Lepingwell J W. The laws of combat?:Lanchester reexamined[J]. *International Security*, 1987(1):89-134.

课后作业

1. 试着用计算机程序模拟兰彻斯特定律。
2. 试着用计算机程序计算套装收集问题。
3. 试着实施逆向工程,解析你喜欢玩的一款强数值游戏。

第 11 章　游戏与人工智能

◆ **学习目标与要求**

> 1. 理解人工智能和游戏的关系。
> 2. 掌握决策树的相关知识。
> 3. 理解 DFS 和 BFS,并在此基础上理解 MINMAX 算法。
> 4. 理解蒙特卡洛方法及其运用。

　　人工智能是这个时代的热门话题,而桌面游戏与单机游戏是所有行业领域中,最早利用人工智能的平台。无数科学家围绕游戏,探索人工智能的魅力与乐趣。为什么能用人工智能解象棋、五子棋?为什么能用人工智能做出 AlphaGo(阿尔法围棋)?本章节将讨论这类话题。

一、人工智能的基本内容

　　人工智能其实是由很多基础学科支撑的,比如最早得到发展的哲学。古代的哲学家就思考过这样一个问题:机器是否能像人类一样思考或者替代人类的运动、帮人类做一些事情?

　　一般来说,人工智能的基础包括以下学科:哲学,数学,经济学,心理学,语言学,计算机工程,控制论。

　　哲学家认为意识在某些方面像机器一样工作,这使得人工智能成为可能;数学家提供了处理各种命题的工具和算法推理的基础;经济学家为决策制定者提供最大期望结果;心理学家和语言学家在信息处理方面提供了理论基础;计算机工程师使人工智能得以成功应用,因为人工智能离不开计算机的运行速度和内存;控制论可以用来处理工作设备的设计问题。人工智能的理论和实践共同进步,子领域逐渐整体化。人工智能使各种任务变得系统化和自动化,与人类智能活动的所有范畴都潜在相关。

　　人工智能现代化的雏形是 1943 年出现的,到 1956 年才真正诞生。今天,各种各样的工业化人工智能,包括人工神经网络、科学化的智能体等迅速发展。人工智能的发展历程如表 11-1 所示。

表 11-1 人工智能的发展历程

发 展 阶 段	年　份
孕育期	1943—1955
诞生	1956
早期的热情	1952—1969
现实的困境	1966—1973
算法推进	1969—1979
工业化	1980—现在
神经元网络	1986—现在
科学化	1987—现在
智能化智能体	1995—现在

人工智能是一个广泛的研究领域，它涉及很多子领域和相关的活动，比如自主规划和调度活动。NASA 的远程智能体程序是第一个船载自主规划程序，用于控制航天器的操作调度。远程智能体通过地面制定的目标生成活动规划，并在执行规划的时候监控航天器的运转。除此之外，人工智能在博弈、诊断、语言理解和问题求解方面也有很多应用。

人工智能包含很多内容（见图 11-1），比如图像处理、逻辑推论、数据优化等，其中比较重要的板块是机器学习。

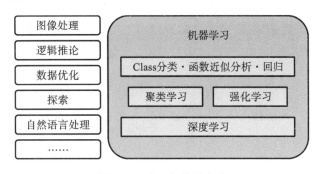

图 11-1　人工智能的内容

机器学习有三种类型。

①监督式学习。通过提供诸多正确的实例，使机器依此模式推测新的实例，并对后续的输入做出正确判断以进行学习。用公式表达为：

输入空间 X（判断材料），输出空间 Y（判断结果）；

学习数据 $L=\{(x_i,y_i)\}, x_i \in X, y_i \in Y$；

输入未知的 $x \in X$，输出合适的 $y \in Y$。

监督式学习的日常应用有很多，比如识别手写汉字、识别表情、识别欺诈邮件等。监督式学习在游戏中的应用主要为预测游戏的下一步行动以及对游戏中的某些内容进行合理分类。

②无监督学习。不给予正确的个案，而是通过数据间的关系进行学习，比如聚类学习等。

③强化学习。根据环境和行动方案,给予奖励或惩罚的刺激,让对象逐步形成对刺激的预期,产生能获得最大利益的习惯性行为。这一过程类似于驯狗。

1. 人工智能目前的缺陷

绝对的逻辑和逆天的计算能力是计算机的最强能力。比如 AlphaGo 确实击败了柯洁,但是它与人类的思考方式不太一样。计算机到目前为止还是很难在情感上或者在一些事件的判断上像人一样思考。它更多的是依靠逻辑和计算能力来对各种各样的"智能"做一个大致的模拟。

人工智能可以解决象棋、五子棋等,但是至今还未能完全解决 MOBA、麻将。人工智能在 DOTA2 以及《星际争霸 2》中的部分应用效果比较好,但未能完全解决成功。比如在打 DOTA2 的时候,人工智能限定使用一部分的英雄角色,而不是像真人玩家一样随机选择英雄角色。人工智能很难解决麻将,因为它信息不完全。人工智能更难以帮助人类解决情感问题。如何利用逻辑和数字计算去模拟概率、判断、感情、行动?这些都是人工智能目前面临的难题,也是其未来发展的一个方向。

2. 游戏与人工智能的早期联系

很多科学家围绕游戏探索人工智能的魅力与乐趣,这是为什么呢?人们现在对于教授、研究者一类人的印象与以前不太一样。20 世纪以及更早以前的科学家大部分是衣食无忧的贵族,没有太多事情需要去做,再加上天性爱玩,于是就围绕一些问题来思考如何将这一事物变成游戏。

人工智能是这个时代的热门话题,而桌面游戏与单机游戏是在所有行业领域中,包括媒体推送、服务类行业等,最早利用人工智能的平台。无数科学家围绕游戏,探索人工智能的魅力与乐趣。

3. 游戏与人工智能的现代发展

目前的游戏 AI(人工智能)有两种研究方向:拟人的电子游戏 AI 和以解决游戏为目标的桌游 AI。桌游 AI 主要体现在信息科学方面,以增强实力为目的,所以相关学术论文一般以桌游和强度为研究要素。很多桌游 AI 不断增强并一一被解决,因为机器对抗机器的时候一定是先手必胜或者后手必胜。这是一个动态博弈过程,是有先后顺序的。这几年在桌游方面的代表分别为:

国际象棋:Deep Blue vs Kasparov (1997)
西洋跳棋:Checker is solved (Schaeffer 2007)
将棋:ボンクラーズ vs 米长邦雄 (2012)
围棋:AlphaGO vs 柯洁(2017)
电子游戏 AI 主要体现在企业应用方面,以有趣为目的,换言之,就是拟人化。比如很多玩家希望游戏中的 AI 像一个真正的玩家，并认为这比它无脑的强大更有意思。在游戏中难免会遇到人机，人机的操作方式以及套路都是一样的，当玩家摸清了它的套路，游戏就会变得简单。从理论上来说，AI 可以无限提高它的能力。人的极限 APM（每分钟有效操作数）大致为 200~300，但有些游戏 AI 这一数值可以达到 3000 以上。如果游戏 AI 纯粹以强大为目的且超出普通人范围，就失去了它本身的意义，从而让玩家失去对这个游戏的兴趣。因此，一般企业都思考怎样让 AI 像人一样，让游戏变得既有挑战性又好玩。

举个例子，有些游戏中会用到人工神经网络 AI。人类的大脑由几十亿个神经元组成，每个神经元又和其他神经元连接，信息通过轴突和树突在神经元之间传递，形成了拥有强大运算能力的网络。人工神经网络试图模仿大脑的运算。相比之下，游戏中的人工神经网络的神经元很少，但就特定问题而言，这些简单网络就已经够用了。神经网络可以使开发人员简化复杂的状态机制或规则系统的程序编写工作，还可以使游戏 AI 在游戏进行中随时适应变化。

程序是如何通过人工神经网络 AI 玩《超级马里奥》的呢？一开始，这个程序对《超级马里奥》一无所知，它的学习过程叫作神经网络进化。在马里奥的大脑中，能站立的、能撞的、会动的游戏场景及道具作为信号都有特定的区分方式。很多条神经网络模拟我们大脑工作的数学模型，完成一些复杂的行为。随机生成一个神经网络，输入端得到对应的信号就会激活神经，输出端所连接的操作就会被执行。神经元的线条越多，AI 的决定就越微妙。马里奥通过进化得到更复杂的神经网络，当它更进一步时，某种值会增加从而激励它前进。为了让马里奥不死亡并获得更高的这个值，神经网络选择性地培育下一代。这很像现实世界中生物的进化。

游戏 AI 要不停地"学习"，游戏玩得越久就会演化得越远，就更具适应性。游戏和玩家一起成长，玩家也无法完全预测游戏 AI 的行为，因此这能够扩展游戏的生命周期。

二、决策树

很多人应该都玩过阿拉丁神灯游戏。你和阿拉丁对话，他会问你若干个问题，当你回答这些问题之后，他会给出一个与你的回答相应的人。

假如某个班级有 24 位同学，老师随机写下某位同学的名字，再请一位同学向老师提问并猜测被写名字的同学，老师只能回答是或者不是。问题来了，问多少个问题可以必然猜出被写下的名字？答案是 5 个。理论上可以用二分法，$2^5=32$，每位同学都对应一个五位二进制的编号，每问一个问题相当于确认编号某个数位上是 0 还是 1。这就要求每个问题必须是有价值、有意义的。

如果一个算法能够找出离散值，就好比读心游戏，它的核心问题是判断：是或不是，阳性或阴性，0 或 1。如果我们希望去寻找某一个内容，我们同样可以使用这种方式，这就是决策树。

决策树类似于流程图，通过 if-then 规则集合决定输出。决策树是积极学习的一种，需要事先进行学习，但是一旦学好，使用效率就会很高。作为一种最基础的人工智能模型，决策树主要在离散输出的情况下使用。

举一个例子。下面对七个人进行判断,通过问他们五个问题,判断他们是否为象棋的初学者(见表11-2)。这是一种监督式学习,先给定一部分数据让 AI 去处理。如图11-2所示,所有不知道棋子移动方式的全都是初学者,但是回答知道的可能是初学者,也可能不是初学者。是否知道著名棋手的名字、是否打过职业赛、是否知道棋子材质,都没有办法区分是不是初学者。凡是不知道胜利条件的一定是初学者,知道的一定不是初学者。如果再对一个新的样本进行判断,问他这五个问题,并把答案输入系统,系统会自动做出判断。这就是机器学习的基本案例。

表11-2 对象棋初学者的判断

名字	棋子的移动方式	著名棋手的名字	打过职业吗	棋子材质	胜利条件	是否是初学者
赵	知道	知道	是	知道	知道	No
钱	知道	不知道	未	知道	不知道	Yes
孙	不知道	知道	未	不知道	知道	Yes
李	知道	不知道	未	不知道	知道	No
周	不知道	知道	未	知道	不知道	Yes
吴	不知道	知道	未	知道	知道	Yes
郑	知道	不知道	未	知道	知道	No

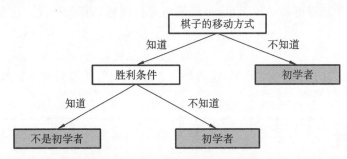

图11-2 初学者判断的决策树模型

决策树很重要的一点是要让它有意义,也就是要合理归类。

在决策树的学习中,要考虑如何分割样本才能使学习效果最佳。这里要引入一个重要概念:熵。决策树应将杂乱不堪的熵进行定量化、最小化,最后使得熵接近于零。熵越接近于零,混乱度越低。

在只有正例和负例的二分场合中,正例的占比记为 p_+,负例的占比记为 p_-。计算熵的公式为:

$$\text{Entropy}(S) = -p_+ \log_2 P_+ - (p_- \log_2 P_-)$$

对于上述例子中的"是否知道棋子的移动方式",7例中正例占了4例,负例占了3例,即:

$$p_+ = 4/7, p_- = 3/7$$
$$\text{Entropy} = 0.985$$

p 越接近 0 或者 1，熵就越接近 0；p 越接近 0.5，熵就越接近 1。以某种条件，将数据集 $S \to \{S_i\}$ 进行分割，计算具体能减多少熵：

$$\text{Gain} = \text{Entropy}(S) - 1/|S| \sum |S_i| \text{Entropy}(S_i)$$

如表 11-3 所示，首先将是否知道棋子的移动方式和是否为初学者做上颜色标记。标记为浅灰色的"不知道"对应的"yes"也标记为浅灰色，标记为深灰色的"知道"对应的"yes"不能标记为浅灰色，这样我们就把"不知道"和"yes"分离出来了。

表 11-3 对象棋初学者的判断（加颜色标记）

棋子的移动方式	著名棋手的名字	打过职业吗	棋子材质	胜利条件	是否是初学者
知道	知道	是	知道	知道	No
知道	不知道	未	知道	不知道	Yes
不知道	知道	未	不知道	知道	Yes
知道	不知道	未	不知道	不知道	No
不知道	不知道	未	知道	不知道	Yes
不知道	不知道	未	不知道	知道	Yes
知道	不知道	未	知道	知道	No

将 $S = \{\bigcirc\bigcirc\bigcirc\bigcirc\times\times\times\}$ 分割为 $S_1 = \{\bigcirc\bigcirc\bigcirc\}$ 和 $S_2 = \{\bigcirc\times\times\times\}$：当 Entropy($S$) = 0.985 时，高度混乱；当 Entropy(S_1) = 0 时，完全一致；当 Entropy(S_2) = 0.811 时，此部分依旧混乱。Gain = 0.985 - 3/7(0) - 4/7(0.811) = 0.522，此时熵明显降低。

决策树的学习方法就是这样，通过学习，把一个大的表格分割为两个表格。

再继续从这四例里面计算信息增益，如表 11-4 和表 11-5 所示。

表 11-4 象棋初学者的判断的拆分（仍然存在混乱）

棋子移动方式	著名棋手	打过职业	棋子材质	胜利条件	是否是初学者
知道	知道	是	知道	知道	No
知道	不知道	未	知道	不知道	Yes
知道	不知道	未	不知道	不知道	No
知道	不知道	未	知道	知道	No

表 11-5 象棋初学者的判断（已经分割干净）

棋子移动方式	著名棋手	打过职业	棋子材质	胜利条件	是否是初学者
不知道	知道	是	不知道	知道	Yes
不知道	知道	未	知道	不知道	Yes
不知道	知道	未	知道	知道	Yes

此部分已经无法继续分割，决策树结束。实数输出也是类似的，只是输入和分割的操作次数可能更多、更麻烦。这是人工智能在游戏应用里最基础、最简单的算法。

三、搜索树

搜索树相对决策树来说更复杂一点,但在游戏中,搜索树使用频率特别高,也是最原始和最基本的游戏人工智能算法。

游戏可以分为很多种。按照玩家人数来分,游戏有单人游戏、双人游戏、多人游戏,其中玩家关系决定了博弈策略,而博弈策略影响到人工智能。单人、双人、多人等不同类型的游戏所使用的思考模式及算法是不一样的。按照信息完整程度,游戏可分为信息完全公开游戏和信息不完全游戏。除此之外,根据不同的标准,游戏还能划分为零和游戏、非零和游戏、回合制游戏、即时制游戏、半即时制游戏,等等。

所有类型中最简单的是单人或双人信息完全公开的回合制零和游戏。目前游戏 AI 领域主要关心和研究的就是这种游戏,比如象棋、五子棋、围棋等。人工智能在思考这些游戏问题的时候万变不离其宗,即准备一定量的后手,基于某种算法评价所有的后手价值,搜索所有的后手,找出最优解。这种算法虽然简单粗暴,但是有效。

为什么规则的制定要讲博弈,要在博弈的基础上设定数值,然后根据数值来做这些事?之前思考博弈论和规则是人脑在思考,现在计算机拥有无穷大的博弈阵表格,在表格里有庞大的数值,它在这里面找最优解就好。

游戏里有很重要的两个概念:状态和行动。当前棋盘盘面所展示的必要信息称为状态,可能的全部状态被称为状态空间;导致状态发生变化的选择与博弈策略称为行动。

状态不仅仅是棋盘盘面本身的状态,某些情况下也包括回合顺序、角色状态、持子状态。理论上来说,状态空间越大,行动就越难。为了更好地行动,我们需要分析状态空间,寻找合适的表现方法。

使用计算机思维画出状态空间图(见图 11-3):将状态用节点表示,变化的行动操作用树枝表示。根据得到的状态空间图,我们开始寻找从起点到终点的合适路径。

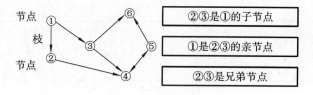

图 11-3 状态空间图

我们将搜索空间用树状结构进行表现的图称为搜索树。搜索树中,节点代表状态,树枝代表行动。搜索树是游戏 AI 的核心。

1. 基于搜索树的搜索

(1) 算法描述。

基于搜索树的搜索过程如图 11-4 所示,先用候补列表对已知信息进行保存,再从候补列表中调看已有的状态,选择是否着手;之后展开新的节点,并更新列表。重复上述操作,直到找出满足特定条件的路径为止。

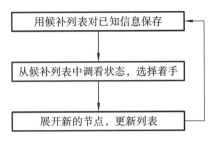

图 11-4　基于搜索树的搜索过程

因此,只要给予一个对应的问题,计算机就可以从多种可能的状态和路径中,找出满足特定条件的路径。

(2) 搜索方法。

可以确定的是,当我们保证搜索到整棵"树"的所有节点时,就一定能找到最优解。但是在很多复杂的问题上,比如面对象棋这样拥有庞大规模的问题时,即使是计算机也很难做到全部遍历。

本节将介绍无信息搜索(也称为盲目搜索)策略中的两种搜索策略:一是深度优先搜索(depth-first search),我们称为纵型搜索;二是广度优先搜索(breadth-first search),我们称为横型搜索。无信息搜索意味着除了问题中提供的定义之外没有任何关于状态的附加信息。可以做的事情只能是生成后继,并区分目标状态与非目标状态。

① 深度优先搜索(DFS)。

深度优先搜索的核心思想是沿着子节点,不断地向更深的枝干进行遍历,直到末端为止。如果子节点有复数个,那么先从其中一个子节点开始,一直往下搜寻到其末端位置,再对下一个子节点进行遍历。

这就好比你在一个巨型迷宫里迷路了:"遇到分岔路口了,怎么办呢? 先走左边的吧";"又遇到分叉路了,选择靠左边的路继续前进";"啊,此路不通,那么就退回到上一个分岔路口,选择另外一条路吧"……

以图 11-5 所示的搜索树为例,其 DFS 搜索顺序应为:

S→A→C→D→B→E→G→H→F

Open list 用于保存计算中的节点,Closed list 用于保存计算完成的节点,则:

open(S)→(AB)→(CDB)→(DB)→(B)→(EF)→(GHF)

closed→( )→(S)→(AS)→(CAS)→(DCAS)→(BDCAS)→(EBDCAS)

DFS 的特征有以下三点。

一是能不断深入进行搜索。基于此特征,DFS 适用于搜索并迅速发现埋得很深的目标节点,但是它对于一些埋得很浅的目标节点搜索效率不高。

要注意的是,在实际操作中,有时候并不适用 DFS。以象棋为例,其游戏步骤的深度多为 80~90,此时用 DFS 去搜索是不现实的。并且,事实上 DFS 的另一种变形称为回溯搜索。在回溯搜索中,每次只产生一个后继节点而不是所有的后继节点;每个被部分扩展的节

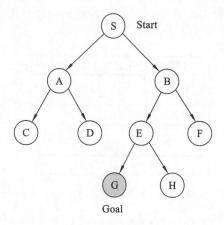

图 11-5　搜索树示例一

点要记住下一个要生成的节点是哪一个。在数据结构上,其需要反复入栈、出栈,导致运行速度慢。所以,我们在实际应用中考虑棋类游戏的时候,通常给搜索树设置的搜索深度是 4～5。

我们曾经做过试验,当我们将 DFS 搜索深度设置为 6 时,每走一步,计算机 CPU 都需要极长时间,所以,我们不可能让搜索深度变得无限制。

二是内存使用量小。它只需要存储一条从根节点到叶节点的路径,以及该路径上的每个节点的所有未被扩展的兄弟节点。一旦一个节点被扩展,它的所有后代都被完全探索过后,这个节点就可以从内存中删除。这是 DFS 相对于广度优先搜索的一个优点。

三是不能保证得到的解是最优解,当深度设置不合理时,甚至找不到解,如果左支树没有深度限制又不包含目标节点,那么深度优先搜索将永远不会终止。例如,如果我们设置搜索深度为 5,但是得到最优解需要搜索深度为 7,那么就找不到最优解。这是 DFS 最大的缺点。

②广度优先搜索(BFS)。

广度优先搜索是一个简单的搜索策略。该算法需要首先搜索全部深度为 1 的子节点,接着搜索全部深度为 2 的孙节点,再接着搜索全部深度为 3 的曾孙节点。如此反复,直到每一层被遍历完毕后,才进入下一层。一般来讲,在下一层的任何节点扩展之前,搜索树上本层深度的所有节点都已经搜索过。

BFS 类似于博弈论中给自己带来最大利益的考虑方式。回顾博弈论,我们会先思考自己全部可能的第一步行动,确定收益较大的选项,再思考根据自己的行动,对手下一步可能会做出的全部反应。所以 BFS 类似于人在面临相对考验时做出选择的过程。

BFS 在游戏里的应用,往往只能用于开上帝视角的一些模式,因为你需要把它所有的每一层的全部可能性遍历一次。

这就好比你在一个巨型迷宫里迷路了(仅仅适用于开了上帝视角的纸迷宫),你的面前有个分岔路口,先检验这几个分岔路口,接着再看分岔路口的各自岔路,直到找到出路。

以图 11-6 这棵搜索树为例,其 BFS 搜索顺序应为:

S→A→B→C→D→E→F→G→H

open(S)→(AB)→(BCD)→(CDEF)→(DEF)→(EF)→(FGH)→(GH)

closed→()→(S)→(AS)→(BAS)→(CBAS)→(DCBAS)→(EDCBAS)→(FEDCBAS)
得到的解路径为:S->B->E->G。

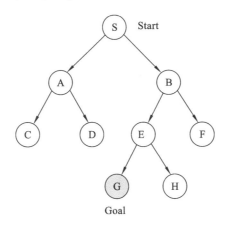

图 11-6　搜索树示例二

BFS的特征有以下两点。

一是不断地从浅处节点进行搜索。其最大的优点是能用最短路径解决问题,能迅速发现埋得很浅的目标节点,适用于简单问题。BFS无回溯操作,运行速度快。

二是需要占用大量内存。这是BFS最致命的缺点,一旦内存不足,搜索就会中断。BFS一般需要存储产生的所有节点,占用的存储空间要比深度优先搜索大得多,因此,程序设计中必须考虑内存溢出和节省内存空间的问题。

（3）策略选择。

选择DFS还是BFS,需要根据具体硬件状况和问题需求来做出抉择。一般来说,对于简单的问题寻求最优解,用BFS;对于复杂的问题,特别是内存有限制的情况下,使用DFS。

类似于象棋这样的游戏,全都是用DFS而不会用BFS;但对于狼人杀或者一些深度不足但广度很大的博弈问题,我们会选择BFS。

人们在生活中也会做出BFS或DFS的策略选择。比如,生活中有两类男生,一种为DFS型,另一种为BFS型。DFS型男生碰见有好感的女生,会选择不断地去了解她,看最后两人适不适合,或者对方接不接受,若是最优解就在一起,若不是最优解就回溯。而另一种BFS型男生,会同时跟多个女生接触,但都不会深入交流,直到找到适合他的那一个,继续走下去。

2. 对抗搜索

对抗搜索问题通常被称为博弈。人工智能中"博弈"通常是更特定的种类——博弈论专家们称为有完整信息、有确定性、轮流行动、由两个游戏者参与的零和游戏。

以四大棋类为例,国际象棋、中国象棋、将棋和围棋全都满足这样的条件,黑白棋、斗兽棋、五子棋等游戏也满足该条件。

零和游戏的本质即"零和",以妨碍对手为优先操作。下面冯·诺依曼分饼的经典故事可以展示零和的含义。

冯·诺伊曼给两个女儿分饼,为了尽可能公平,他让一个女儿去分,另一个女儿去选,这就逼迫切饼的女儿把饼切得尽可能一样大小,否则吃亏的会是她自己。

这个故事中,冯·诺依曼的两个女儿在饼的收益方面是零和的关系,假设半个饼的收益为0,如果大女儿多吃了一寸长的饼,那么小女儿就要损失一寸长的饼,他们之间的收益和还是为0。这就是零和游戏。换句话说,我损失多少,你就获得多少;我获得多少,你就损失多少。这就是为什么说零和游戏的本质实为"损人利己"。

(1)评价函数。

对于零和游戏,有一个很重要的点是评价函数。展开一定深度的决策树,对决策树中每个节点的局面进行状态表示的数学方法就称为状态评价函数。状态评价函数可以解决很多问题,比如黑白棋的己方棋子数、可以合法落子的格子数等。因为黑白棋的胜负是在一个8×8的棋盘上进行的,最后谁的棋子多,谁就赢。假设现在黑棋有50个,白棋有2个,那么很明显,黑棋的优势会更大,这时,我们称黑棋的状态空间比较大,那么在状态空间里评价函数赋予它的值就比较大。

又比如象棋里,消灭对方棋子的程度、自身王的安全性是需要考虑的关键问题。棋局初始,双方状态为五五开;但打到残局时,假设一方双车没有了,只有一个马、一个炮;而另一方双车、双炮、双马俱全。那么这时,我们可以很容易判断谁将获胜。

评价函数本身的性能是否优秀,与人工智能直接相关。对评价函数的研究也是AI研究的重要组成部分,方便起见,后续内容将直接给出所有状态经过评价函数计算后的参考值。

(2)MinMax算法。

先以一个例题导入。

一手的场合如图11-7所示。

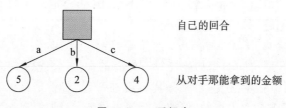

图11-7　一手场合

从一个最为基础的模型出发,这个树的深度只有1,不管是DFS还是BFS都可以做得很好。

图11-7的方块表示自己的一个回合,通过a、b、c三个行动可以得到三种不同的状态,分别为5、2、4,即己方从对手那里能拿到的金额,请问你选哪一个?

显然,答案应该是选择a行动,获得金额5。

二手的场合如图11-8所示。

如果选a行动,对手会让你拿1;如果选b行动,对手会让你拿4;如果选c行动,对手会让你拿3。

所以最优解应为b行动,最后拿到金额为4。

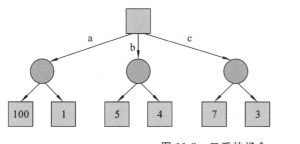

图 11-8 二手的场合

三手的场合如图 11-9 所示。

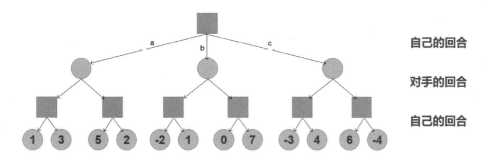

图 11-9 三手的场合

这种情况应该怎么选呢？

根据上边的分析，同理可以推得 c 行动为最优解。

上述这种算法叫作 MinMax 算法，是所有游戏最为初级、核心、经典的算法。

该算法的实现步骤如下。

①自己的回合，永远选择最大值的一手。

②对方的回合永远选择最小值的一手（就从对方视角看待自己而言）。③预估最大手、最小手不断交替后会出现的未来局面。

MinMax 算法完美契合两人完全信息的零和游戏（如象棋、将棋、黑白棋），其核心就是"损人利己"。

自己回合的节点称为 Max node，对手回合的节点称为 Min node。所以我们通常会使用 DFS，Max—Min—Max 不断交替。MinMax 算法这种反复的博弈，最后会导致整个博弈树按照图 11-10 中的深灰色箭头线去行走。

如果通过评价函数赋予末端节点一个评价值，现实中就能在搜索限制范围内，尽可能找到最优解。对于这类问题，在数学理论上一定会找到最优解，一旦找到，我们就称之为已解游戏。

越简单的游戏，搜索树就越浅，这棵树也就越不繁茂，就越容易找到最优解；而越复杂的树就越难找到最优解。如果想象你的对手足够聪明，那么你的对手不会永远在当前局面"最大可能地唯利是图"。

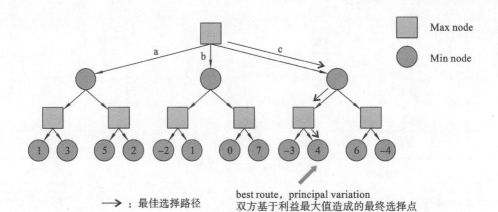

→：最佳选择路径

best route, principal variation
双方基于利益最大值造成的最终选择点

图 11-10 MinMax 算法反复博弈的过程

如果分支因子记为 b，搜索深度记为 d，那么游戏复杂度则为 b^d，随着搜索深度的增加，搜索量会指数级增长。比如一个 4×4 的黑白棋，节点搜索量为 12!，是接近 5 亿的搜索量。

显然，根据现阶段的计算机性能，我们不可能接受这种强度的搜索量，所以，游戏人工智能的一个重要研究工作，就是尽可能地高效找寻最优解，优化搜索算法，包括使用传播学理论去优化。

(3) $\alpha\beta$ 法。

下面用一个问题引入这个话题：

假设一女生在找男朋友时，绝对不能接受的点为邋遢，现在女生将和两个男生相亲。

男生 a：长相 5 分，性格温和，为人上进，经济条件一般……

男生 b：长相 7 分，但是非常邋遢……

如果你是女生，在知道男生 b 非常邋遢后，还会遍历他家境、性格等其他信息吗？应该是不会的。

这就是 $\alpha\beta$ 法，通过使用状态评价函数，计算叶子节点的评价值，再利用 $\alpha\beta$ 法（也称 $\alpha\beta$ 剪枝法），剪掉没必要搜索的点。

$\alpha\beta$ 法具体实施步骤如下。

① 基于 DFS 中的 MinMax 算法进行搜索。

② 保存 Max node 临时的最大值 α，以及 Min node 临时的最小值 β。

③ 对于 Min node，如果 β（某个子节点的评价值）小于亲节点的 α，那么剩下的子节点就不用搜索了。

④ 对于 Max node，如果 α（某个子节点的评价值）大于亲节点的 β，那么剩下的子节点也不用搜索了。

$\alpha\beta$ 法实例之 β 剪枝如图 11-11 所示。

现在，我们给出三个状态，最底层是 1，3，5。第三层的 Max node 临时最大值 $\alpha=5$，如果大于亲节点的 $\beta=3$，那么 α 之后的子节点都不用搜索了。

$\alpha\beta$ 剪枝法实例之 α 剪枝如图 11-12 所示。

如果临时最小值 β 等于或小于亲节点 $\alpha=3$，那么之后的子节点都不需要再搜索了。如果选择了 b 路径 X 这一步，你的对手如果足够聪明，就一定会选择妨碍你，从而让你选择比

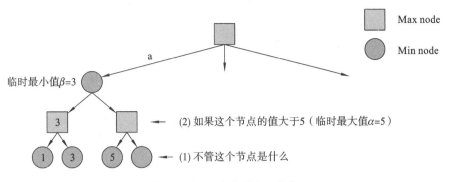

图 11-11 αβ 法实例之 β 剪枝

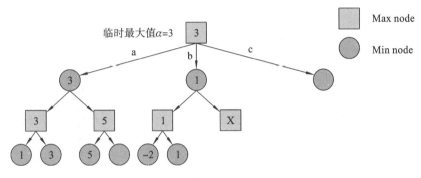

图 11-12 αβ 剪枝法实例之 α 剪枝

3 小的点,因此 b 路径下的其他节点都不用搜索了。

按照上述分析,可以发现 12 个最终叶节点,将被砍到只剩下 8 个。如图 11-13 所示。

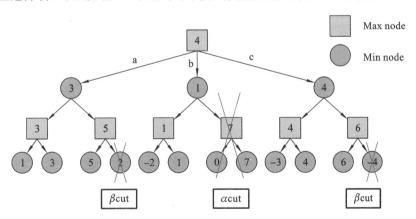

图 11-13 运用 αβ 剪枝法之后的叶节点

另外我们还可以用很多方法提高 αβ 剪枝法的效率。例如图 11-14 中 h 手为对方的最优关键手(对于己方而言就是最坏手),如果能早点发现这个点,就能免搜索很多冗余点。为了提高效率,越早搜索出关键手,剪枝的效率也就越高,也越容易操作。所以,搜索出关键手也是零和游戏的研究重点之一。因此,探索模型和搜索顺序都很重要,我们做出的行动评价函数也相应很重要。

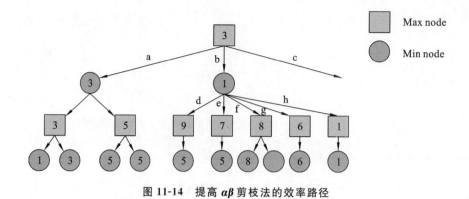

图 11-14 提高 $\alpha\beta$ 剪枝法的效率路径

四、蒙特卡洛方法

MinMax 算法配合各种优化过的搜索算法，理论上可以解决一切固定信息的零和对抗游戏。但是，世界上有很多事情的信息是无法预估的，更是不可能固定的，比如围棋，这个时候我们需要用另外的手段。

我们尝试用以下问题来引入蒙特卡洛方法。

如果人生是一款游戏，你对目前的人生满意吗？你觉得自己目前走的路算成功的吗？假如你的人生可以存读档，轮回 100 次愿不愿意？轮回 1000 次、10000 次去体验不同的人生轨迹如何？

有些情况下很难描述状态评价函数。例如在象棋里面，你可以很容易地根据棋子数目、棋子摆放的局势判断双方的利益得失。以象棋为例，假设一个兵的价值为 10，马是 40，依此类推有评估函数如下：$f(s) = 兵 \times 10 + 马 \times 40 + \cdots + 炮 \times 50 + \cdots + 士象双全 \times 80 + \cdots$。但是围棋无法用这个方法实现。因为围棋本质是部落圈地运动，与棋子本身的强度无关，棋子的强弱与棋子间的关系有关，也和棋子的"势"有关，和棋子组成的"形"有关……人们常说的"形势"便是此意。围棋的深度有三百多步，搜索树深得可怕，现有计算机还做不到这种计算量。我们会发现之前的状态评价函数没有办法解决这个问题。明明围棋也是双人、回合制、完全信息的零和博弈，但是我们没有办法用 MinMax 算法或 $\alpha\beta$ 法去解决问题。所以面对这种尴尬的局面，需要引入蒙特卡洛方法。

蒙特卡洛方法是通过随机数进行模拟和数值计算的方法。约翰·冯·诺依曼在探究原子弹里面的中子物质运动方式时，以摩纳哥的赌城 Monte Carlo 来命名这种方法。摩纳哥公国是世界第二小的国家，被法国包围，整个国家以博彩业为主体，分为四个区，其中一个区的名字就叫蒙特卡洛，可谓欧洲的拉斯维加斯。因为蒙特卡洛方法和随机数有关系，所以冯·诺依曼的这个命名方式也堪称完美，但事实上很早就有蒙特卡洛方法，只是不叫这个名字而已。

例如用蒙特卡洛方法计算圆周率 π。如图 11-15 所示，在方形内随机打一个点，可以通过落在圆内的个数求圆周率 π，那么当打点的行为进行无限次的时候，就会无限接近这个事实——圆内点的个数∶全部点的个数＝圆的面积∶正方形的面积＝π/4∶1。

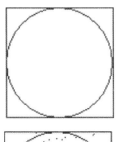
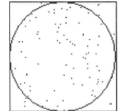
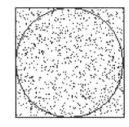
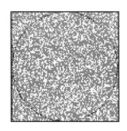

图 11-15　计算圆周率 π

当然,蒙特卡洛方法肯定不及莱布尼茨数列方法来得精确。数列解析一定会比工学方法来得精确,但问题是理学很多时候没办法直接使用,倒是工学可以用简单粗暴的方法(例如计算机)来解决问题。

蒙特卡洛方法的意义在于部分解决了 MinMax 算法存在的两个问题:一是对于没法设计状态评估函数的游戏,它可以给出一个局面评估,虽然不准,但总比没有强;二是它可以较好地自动集中于"更值得搜索的变化"(当然也不一定准),从而去掉不必要的冗余。如果发现一个不错的棋子着法,蒙特卡洛方法会较快地看得很深,可以说,它结合了广度优先搜索和深度优先搜索的优点。

最后,随着搜索树的自动生长,如果给定足够的计算时间和足够的存储空间,蒙特卡洛方法可以保证在足够长的时间后得到完美解(类似于求圆周率 π),这也可以解释为什么跟李世石比赛后,再和柯洁比赛的 AlphaGo 更强了,不仅是因为 AlphaGo 会"思考",而且是因为所使用的蒙特卡洛方法具有独特属性。

蒙特卡洛方法的具体算法步骤如下。

① 对于存在的某初始行动 a,之后的行动全部从合法的决策中任意地做出选择,从而向最终结局迈进(我们称其为模拟)。

② 终局时,计算胜负的次数。经过 N_a 次的反复操作,得到胜利次数 W_a。

③ 通过步骤①和②对全部的最初行动进行操作,选择胜率 W_a/N_a 最高的决策。

对于游戏来说,蒙特卡洛方法是什么样子的呢?我们现在给予一个初始状态,从所有合法的决策中做出选择,反复地进行 n 次操作,得到最后的胜率,哪个胜率高,哪个点就准。我们可以看蒙特卡洛方法在围棋(5×5)上的运用实例,如图 11-16 所示。如果初手黑方将棋子打在 C3,那么最终模拟显示黑方平均会获得 7.57 目的胜利。左边是蒙特卡洛方法模拟100 万局的结果,右边是我们以解析的方法用状态评价函数来解出的实际值。可以发现,这个模拟的收益和实际的收益是基本一致的。

蒙特卡洛方法的优点在于不需要状态评价函数,因此该方法得以活跃于几乎没法设计

用蒙特卡洛法模拟100万局的结果						实际的值（解析后）				
	A	B	C	D	E		A	B	C	D	E
1	−3.2	1.27	1.09	1.26	−3.21	1	−25	−25	−25	−25	−25
2	1.26	4.89	6.07	4.97	1.27	2	−25	−1	3	−1	−25
3	1.02	6.14	7.57	6.09	1.05	3	−25	3	25	3	−25
4	1.26	4.95	6.09	4.93	1.29	4	−25	−1	3	−1	−25
5	−3.24	1.28	1.03	1.32	−3.24	5	−25	−25	−25	−25	−25

图 11-16　蒙特卡洛方法在围棋中应用的实例

状态评价函数的围棋中。比起状态评价函数，MinMax 算法在围棋中有着压倒性的优势，仅仅 5 年时间，就使围棋从业余初段晋升到职业六段的水平，进而发展出 AlphaGo 这样击败人类职业九段的"怪物"。

比起 MinMax 算法那种和人类完全不一样的暴力型思考逻辑，蒙特卡洛方法处理黑白棋与围棋的人工智能，不仅强大，而且下棋的方式看上去更加自然，符合人类行为模式。

蒙特卡洛方法的缺点在于需要进行足够次数的模拟。对于分支过多的游戏而言，处理起来很困难；而对于象棋这样的游戏，随机模拟不容易收敛游戏过程（即可能导致游戏无法终结），模拟效果低下，还不如用 MinMax 算法简单粗暴地给出最优的唯一解。

不管怎么模拟，蒙特卡洛方法始终是基于一个概率值做出的选择，概率有时候是错的，万分之一的胜机在事实上和理论上都存在，因此蒙特卡洛方法在准确性上比 MinMax 算法要低（如果 MinMax 算法可以很好地处理问题的话），即便是模拟无穷多次，它也不能像 MinMax 算法那样简单粗暴地拍着胸脯给出最优解，所以围棋还不能说是已解游戏。

所以，回到这部分开始的问题，我们要珍惜这尚未被解决的人生游戏，如果为了找寻那个概率极低的完美解，轮回 1 亿次（如果有的话），承受七苦八难真的太不值得了。某种意义上说，蒙特卡洛方法就是电子游戏对于人类社会最大的意义。

五、章节总结

（1）完全信息以及非随机的、动态博弈，理论上一定会被解决。但这三个条件一旦发生变化，人工智能处理游戏的效率就会降低。

（2）熵代表事物的混乱程度，熵越低，混乱程度越低。决策树就是不断消除熵的过程。

（3）能够使用状态评价函数的情况下，MinMax 算法具有极高的效率，这也是解决国际象棋的算法。

（4）蒙特卡洛方法对于一些难以评估的问题，可以暴力求解。随着训练次数和时间的增长，蒙特卡洛方法会无限接近于最优解。

推荐阅读

[1] Stuart J. Russell,Peter Norvig. 人工智能:一种现代的方法[M]. 3 版. 殷建平,祝恩,刘越,等译. 北京:清华大学出版社,2013.

[2] 伊恩·米林顿. 游戏中的人工智能[M]. 3 版. 张俊,译. 北京:清华大学出版社,2021.

[3] Georgios N. Yannakakis,Julian Togelius. 人工智能与游戏[M]. 卢俊楷,等译. 北京:机械工业出版社,2020.

 课后作业

1. 思考蒙特卡洛方法与电子游戏对于我国社会、政治、军事的意义。
2. 复习 MinMax 算法的逻辑过程,并试着自己进行 $\alpha\beta$ 法剪枝练习。

第 12 章　游戏研究与国内发展史

> **学习目标与要求**
>
> 1. 了解人类的游戏科学研究史。
> 2. 了解日本游戏产业,特别是任天堂的职业精神。
> 3. 了解我国游戏产业曾经发生的悲剧。
> 4. 理解自己如果要从事游戏行业,需要掌握的知识和技能。

英国著名历史学家、哲学家阿诺德·约瑟夫·汤因比曾说,人类最大的成就是消除工作和玩的界限。自古以来,有很多人思考工作与玩的关系,那么,玩到底是什么?游戏又是什么?游戏最早是从人类的日常生活中进化发展而来的,一步步变成体育,一步步发展出桌面游戏,再到现在的电子游戏。人类也一直在思考如何使用游戏去传播更多的社会价值,或者说,用游戏来帮助人们训练自己的技能,比如严肃游戏或者游戏化。接下来的部分,我们主要探讨人类历史上为了让游戏变得更加有趣,为了探究游戏的本质和科学内容,到底付出了怎样的努力,经历了怎样的过程。

一、历史研究者

如果你希望进入游戏领域成为研究人员,或者说希望更深入地了解游戏的发展与进化历程,就要学会站在巨人的肩膀上去攀登。自古以来人类就在玩的过程中思考了很多问题,例如,

Q1:人类和计算机到底是怎样思考与玩游戏的?
Q2:人类如何用更先进的方式进行游戏?
Q3:人类和计算机可以从游戏中学到什么?
Q4:如何让游戏更加有趣?
Q5:游戏可以展现什么样的世界?

针对以上问题,人类在尝试思考的过程中衍生出了不同的流派。从第一个问题中衍生出来的是人工智能。从第二个问题中衍生出来的是电子硬件技术。任天堂 1983 年推出的 FC 还只是 8 位机,其主机处理芯片一次性运算二进制代码的最大位数是 8 位,现在早已有

了 32 位、64 位或 128 位的游戏机了。第三个问题涉及传播学与心理学领域。第四个问题催生了游戏信息学,包括数学上的建模以及各种心理学的应用和对人类需求的分析。第五个问题主要是关于游戏的符号与叙事的。前面介绍游戏结构框架的研究时提到三个流派:第一个是叙事流派,第二个是游戏学流派,第三个是信息科学流派。三个流派其实是三个方向,它们共同支撑游戏学和游戏产业的发展。我们接下来介绍历史上与游戏相关的科学家时,会更多地考虑从信息科学流派来介绍他们是如何研究和探索游戏事物的魅力的。这一部分的内容主要从机器的研发、理论基础、游戏实体、AI 的飞跃等方面进行探讨。

1. 土耳其行棋傀儡

其实人类社会在很早之前就有关于人类是如何玩游戏以及机器能否帮助人类玩游戏等问题的思考。18 世纪,有一个奥地利人沃尔夫冈·冯·肯佩伦制作了一个可以与人进行自动对战的国际象棋机器。从 1770 年首次亮相到 1854 年被烧毁为止,国际象棋机器进行了多场对弈,它的挑战者甚至包括拿破仑和富兰克林等知名人士。当然,国际象棋机器后来被曝光是一个骗局,人们发现在机器的内部没有什么高深的机械结构,只是藏有真人棋手进行暗中操作,因此这台机器也被称为土耳其行棋傀儡。虽然土耳其行棋傀儡是一个骗局,但是它无疑激发了人们对于机器自动进行游戏的兴趣,人们开始真正去思考怎样让机器参与到游戏的过程中。

2. 机械计算机

在这个基础上,最终出现了历史上第一台计算机(区别于电子计算机)。最早的计算机其实是一种机械计算机,又称为差分机,是由 19 世纪英国的一位数学家查尔斯·巴贝奇发明的。在 1864 年的时候,他提出人们应该设计一款机器来自动地玩游戏,例如可以玩井字棋、国际象棋等。查尔斯·巴贝奇出生于一个富裕的银行家家庭,后来考入了剑桥大学,24 岁时就受聘担任剑桥的数学教授。巴贝奇后来继承了家族丰厚的遗产,他几乎将所有的金钱都投入了科学研究。在 20 岁时,巴贝奇就萌生了制作一台差分机的想法,并对此进行了长时间的研究,尽管后来由于技术受限和经济压力等,机器制造半途而废,但是巴贝奇关于差分机的思想和逻辑深深地影响了后人的研究。现代电脑的输入输出设备、存储器和运算器等结构都与巴贝奇的差分机有着不可分割的关联。

3. 第一个真正的自动象棋游戏

到了 20 世纪初,终于出现了第一个真正的自动象棋游戏。它的发明者是莱昂纳多·托雷斯·克维多,一位西班牙发明家,尼亚加拉瀑布缆车就是他的著名发明之一。受限于机器发展水平,这个自动象棋机器只能处理最简单的"二王一车"残局问题,即如何通过白色的王和车吃掉黑色的王(见图 12-1)。虽然今天看来这个机器的能力非常有限,甚至可以说是简陋,但是它在当时却是人类历史上有关游戏研究的一个大飞跃,它向大众证明了机器是可以自动参与到游戏中的。

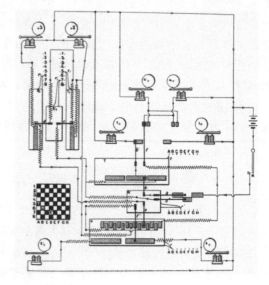

图 12-1 "二王一车"游戏的棋盘和内部电路

但是 20 世纪初,人类处于生产水平有限的电气时代,单纯依靠机械难以实现强大的计算和更加复杂的棋类游戏。时间的脚步缓缓前进,终于来到了 20 世纪四五十年代,我们进入了电子信息时代。

4. 现代计算机之父

进入电子信息时代,不能不提到的一个人物就是约翰·冯·诺依曼。冯·诺依曼创立了大量早期计算机人工智能与游戏学的概念,包括二进制系统、博弈论、MinMax 方法、蒙特卡洛方法等。由于后来的数字计算机都采用了冯·诺依曼体系结构,拥有处理器、控制器、存储器、输入设备、输出设备,并且采用二进制系统进行存储,我们也将计算机称为冯·诺依曼机。冯·诺依曼擅长的领域不仅包括数理,而且包括社会研究。他通过教两个女儿如何分饼,最早思考了 MinMax 方法,并且在 1928 年发表了关于社会博弈理论的论文,在这篇文章中他证明了 MinMax 方法;而在开发原子弹的过程中,冯·诺依曼又想到了蒙特卡洛方法,蒙特卡洛方法也被称为计算机随机模拟方法,它在当下的围棋 AI、人工智能、半导体材料等多个领域都有广泛应用。同时,冯·诺依曼被称为"现代计算机之父"的一个很重要的原因就是他在 1946 年开发了 ENIAC 机,一般认为这是世界上第一台电子计算机。但其实由汤米·费劳尔斯等英国科学家负责研制的科洛萨斯计算机比 ENIAC 机要早问世两年多,只不过出于战争保密等历史原因,科洛萨斯计算机在第二次世界大战结束后被秘密销毁了。

5. 数字计算机之父

康拉德·楚泽(Konrad Zuse)是德国的工程师和计算机先驱。楚泽在求学和在飞机制造厂担任工程师期间就一直对重复单调的计算工作感到疲倦,他认为这种填充数据式的工作应该可以由机器帮忙完成,于是,在1935年楚泽辞去了工作,开始着手自己的发明。在经历了两个版本计算机的迭代后,楚泽终于在1941年制造出了世界上第一台能够进行编程的计算机Z3。Z3拥有两千多个继电器,是当时世界上最高水平的编程计算机,能够进行一些基本的代数运算。为了进一步提高机器的计算效率,楚泽还自己设计了Plankalkül编程语言,来解决更多的逻辑、科学以及工程问题。但第二次世界大战期间生活在德国的楚泽,相较于一些英美的科学家来说,远没有那么幸运,他不仅要想方设法克服实验中的难题,而且要在艰苦的环境中想办法保全自己和计算机。Z3在1944年美军对柏林的一次空袭中被炸毁了,楚泽又在1945年制造了一台更加先进的电磁式Z4计算机,并且将其搬到了德国南部阿尔卑斯山区的一个小镇里。

1945年盟军的炮火彻底攻破德国的首都柏林以后,从阿尔卑斯山区的一个小镇传来了惊人的消息:在一个粮仓中发现了一台德国研制的计算机,这台机器就是Z4。后来人们才发现这台计算机竟然比英美等国发明的计算机更早,而且更加与众不同的是,这台计算机可以采用程序控制。基于自己的编程计算机,楚泽编写了很多的程序示例,其中就包括通过搜索策略来让计算机玩象棋的程序。不过非常可惜的是,出于战争和一些政治因素,在很长的一段时间里楚泽的成果都处于一种机密状态,直到几十年后他才获得自己应有的荣誉。当然在今天看来,楚泽是当之无愧的"数字计算机之父"。

6. "精分的天才"

在电子信息时代,计算机硬件有了重大的突破和提升,那么软件和算法也自然而然地有了进步。约翰·纳什(John Nash)是美国著名的数学家和经济学家,同时也是一位患有精神分裂症的天才。纳什在1950年就在自己的博士论文中提出了非零和游戏的模型。非零和博弈是一种合作博弈,博弈中双方的收益与损失的总和并不是零值,也不是固定的常数,与零和博弈相对。在严格竞争下的零和博弈中,由于一方的收益必然意味着另一方的损失,在零和博弈中不可能存在合作的可能性,比如棋类游戏中的MinMax方法。而对于非零和游戏来说,最著名的例子就是囚徒困境,其他的还有智猪博弈、斗鸡博弈等。在囚徒困境中,两个囚徒都存在"不认罪"的合作可能性,当两人都选择抵赖时将会实现双赢,个人和团体的收益都将最大化。双赢自然是大家都想要实现的目标,可是在现实中,"机智"的囚徒会考虑如何进行选择才能够获得更大的利益或产生更小的损失,所以现实中的客观结局往往是双方都选择"认罪",最终达成纳什均衡点。在1951年的时候,约翰·纳什正式提出了"纳什均衡"的概念,并在冯·诺依曼的基础上完善了博弈论的相关理论,为后来博弈论应用于人工智能领域进行辅助决策奠定了基石。

7. 第一篇论文

前人研究的机器和理论都已具备,此时就需要对成果进行总结了。第一篇有关人工智能与游戏的论文出自克劳德·艾尔伍德·香农之手。克劳德·艾尔伍德·香农是美国电子工程师与数学家,著名的信息论创始人,通信技术与工程方面的研究者,同时也在传播学领域做出了很大贡献。香农的兴趣广泛,除了在专业的信息学上建树颇丰,他还对游戏产生了兴趣。1949 年 3 月 9 日,他首次发表了著名的论文《计算机象棋博弈》(Programming a Computer for Playing Chess),这是人工智能的一项创造性成果。该论文描述了计算机玩象棋的三种策略,其中一种策略为后来取得成功的国际象棋 AI——MinMax 方法奠定了基础。

8. 第一个电子游戏

经过第二次和第三次工业革命后,电力和信息系统早已进入人们的生活之中。在这期间,电子计算机的产生和发展,既是人类历史上一次伟大的科技进步,也给游戏领域带来了新的变化,基于新技术新载体的电子游戏开始产生。1958 年,威利·希金博特姆(Willy Higinbotham)发明了世界上第一款电子游戏《双人网球》,这个游戏的诞生可以说是一个奇妙的巧合。当时的威利·希金博特姆博士和他的同事们在美国纽约长岛萨福尔克县中部的布鲁克海文国家实验室工作,主要的内容是进行高能物理、核能和放射性变异等的研究。可是实验室成立之初,遭到了周围居民的反对和抵制,许多人认为"这里的科学怪人们正在进行可怕的实验"并且担心实验室的存在会对周围居民的生活造成影响。为了打消居民的疑虑,实验室的科学家们决定举办一场演讲并邀请部分居民来参观实验室,而《双人网球》正是在这种背景下产生的。为了更好、更直观地演示自己的实验成果,威利·希金博特姆和同事们用计算机在圆形的示波器上制作了一个非常简陋的网球模拟程序,游戏画面中只有一个点和一根线,玩家可以通过一个遥感器去控制点的角度,并且按动按钮使得点射向线的另一侧,最终呈现的效果就是这个点在线的两边跳来跳去。虽然画面简单,玩法也很单一,但是在展览上这个游戏还是引起了大部分参观者的兴趣,加上一系列的科普宣传,最终他们成功地打消了居民的顾虑。一年后,希金博特姆对游戏进行了改进,这次他使用了一个 15 英寸的监视器,使画面更加完善。

9. 《太空大战》

常常与《双人网球》相提并论的另一个同样被认为是人类历史上最早期的电子游戏就是《太空大战》。它的研发者是史蒂芬·罗素(Steve Russell),一个著名的程序设计家与计算机科学家。1961 年,罗素还是麻省理工学院的学生,他的指导教授是约翰·麦卡锡。当时他正在和几位同学"折腾"最新的硬件——PDP-1(等离子显示器)微型电脑。为了找点乐子,几个人开始试着在这台 PDP-1 机上编写一个双人射击小游戏,最终产生了第一台真正运行在电脑上的交互式游戏。游戏中两位玩家可以各自使用专门的按钮操作一艘太空飞船,并且发射导弹(不受引力影响,但射程短、威力小)和激光(受引力影响会发生偏转,但射程远、威力大)进行攻击,同时画面中央还设置有恒星,玩家的太空飞船如果被对方的导弹击中或者被撞击到,恒星就会毁灭。由于当时的电脑技术限制,游戏画面比较简单,由示波器产生图像,导弹、激光和飞船都是简单的线形图案。虽然在当时由于机器设备昂贵,《双人网球》和《太空大战》不可能成为单独的游戏商品,但是这两款游戏的诞生却对电子游戏的发展起到了重要的推动作用。

10. 算法与国际象棋计算机

（1）早期美国象棋程序。

从"信息论之父"香农发表通过计算机编程来下棋的论文之后，计算机象棋这个想法便逐渐在世界上流行开来。彼时正处于两极格局时期，美国和苏联除了在航天、军备方面开展斗争，在计算机科学领域也在相互较着劲。

当时美国这边，约翰·麦卡锡(John McCarthy)和阿兰·科托克(Alan Kotok)两人以及麻省理工学院(MIT)的其他同事，从1959年就开始为IBM704开发国际象棋程序。约翰·麦卡锡是著名的人工智能研究者，曾经在1956年正式提出"人工智能"(artificial intelligence)这一概念，是AI界当之无愧的领军人物之一。当时他们开发的国际象棋程序已经可以与人类棋手玩真实的国际象棋，并且可以击败一些水平较低的业余爱好玩家。

同时苏联也不甘示弱，当时"苏联的人工智能之父"亚历山大·克朗罗德(Alexander Kronrod)正在理论与实验物理研究所(ITEP)担任数学部门负责人，并且领导一个团队研究人工智能和算法。1963年，克朗罗德团队开始进行象棋程序的开发工作，并且最终将其命名为Kaissa。

1966年，双方进行了人类历史上首次计算机程序大战，历经九个月的比赛时间，最终由苏联人开发的Kaissa取得了胜利。之后，美国在人工智能领域加大了投入力度，人工智能逐渐从计算机中独立出来形成了一个新的科目，这在当时很大程度上是基于游戏的形式来实现的。

（2）利维赌注。

象棋程序的不断优化也使得人类玩家开始对它的挑战产生了胜负欲。1968年，苏格兰的一位象棋冠军大卫·利维(David Levy)与约翰·麦卡锡打赌在接下来的十年里他将不会输给计算机程序，这个赌约引起了当时西方媒体的广泛关注，也激起了人们对于计算机象棋与人工智能的极大兴趣，赌注的金额从开始的500英镑涨到了1250英镑。到了1978年，利维与当时世界上最顶尖的象棋程序World Champion Chess 4.7在多伦多的加拿大国家展览会上进行了比赛。最终，利维以4比1的比分击败Chess 4.7，赢得了这场比赛的胜利，这也代表了当时人工智能象棋程序与人类棋手之间的能力水平。虽然彼时人工智能技术已经发展了二十余年，人们对计算机象棋也有了十几年的研究，但AI还是没有办法赢得与顶尖人类棋手的比赛，但人们对国际象棋程序的研究并没有就此止步，在接下来的数十年时间里，它仍然持续不断地向人类顶尖棋手发出挑战。

11. 严肃游戏的诞生

严肃游戏又称为功能游戏或应用游戏，这个概念最早在1970年由美国学者克拉克·阿布特(Clark Abt)在《严肃游戏》一书中提出，是指在保有游戏的娱乐功能的基础上，有助于社会科学相关应用的游戏。最早使用严肃游戏，同时把严肃游戏应用做得最好的群体，就是美军。

12. 第一次计算机象棋比赛

前文介绍的利维与麦卡锡的赌约不仅仅是他们两个人之间的事情，还引起了整个计算机信息科学界的关注。这个赌约代表的是计算机程序能否打败人类专业棋手的问题，是人类与机器之间的一场战役，而学界也开始为探索这个问题展开了一系列研究。1968年到1978年这十年，成为计算机象棋内战的十年。1970年，也就是约定赌局的两年后，第一届ACM（计算机科学协会）计算机象棋冠军赛在美国纽约举办，这也是世界上第一次计算机象棋比赛。参赛的队伍主要是美国各个著名高校的团队，有六个程序参加了此次比赛，最终由西北大学研发的Chess 3.0获得了比赛的冠军。通过媒体的宣传，这场局限在美国高校范围内的比赛很快在世界上广泛传播，人工智能随之成为一个越来越火的话题。

13. 第一次全球计算机象棋冠军赛

1974年在斯德哥尔摩，IFIP（International Federation for Information Processing）举办了世界上第一次全球计算机国际象棋冠军赛，共有来自8个国家的13个程序参与了此次比赛，最终苏联的Kaissa获得了冠军。

14. ICGA

在游戏学里有两个非常重要的组织：一个是IFIP，另一个就是ICGA。ICGA全称是International Computer Game Association，香农也是ICGA的成员之一，这个组织的前身是ICCA（International Computer Chess Association），其最早确实是以国际象棋的人工智能研究为基础的，在后来的发展中研究范围逐渐扩展至所有的游戏。ICGA也是全球最大的游戏信息学组织机构以及AI比赛运营机构，对于游戏学的发展起到了非常重要的作用。ICGA每年也会在会议上举办世界范围的计算机博弈比赛，竞赛项目以棋牌游戏为主，包括国际象棋、中国象棋、日本将棋、围棋等多种传统棋类游戏。

15. 飞速的进展

在1978年利维赌注结束后，整个1980年到1995年之间，计算机博弈进入了一个新的飞速发展的时代。20世纪80年代，个人电脑诞生，并逐渐走入非技术的普通消费者家中。许峰雄在当时就是一位对计算机有着极大兴趣的年轻人。1980年，许峰雄从台湾大学电机系毕业，并且在1985年进入美国著名学府卡内基梅隆大学攻读计算机科学博士学位，开始了他人机博弈的研究生涯。许峰雄是一个非常大胆，甚至称得上是有些"疯狂"的人。攻读博士学位期间，他临时换掉了原先的论文题目，转而研究"计算机博弈"，不仅如此，他周围的同学也被其热情所感染，开始同他一起疯狂地研究如何让计算机下棋。

1988年,许峰雄和其他合作者一起成功地开发出了"深思"(Deep Thought),并且夺得了加州锦标赛的第一名。"深思"取得的成果让IBM注意到了许峰雄,而很有意思的一件事情是,当时在IBM和许峰雄之间"牵线搭桥"的,正是许峰雄的学弟——后来历任苹果、微软和谷歌高管的李开复。进入IBM的许峰雄仿佛潜龙入水,开始了自己接下来的人机博弈生涯。1989年,"深思"击败了苏格兰的国际象棋冠军大卫·利维,虽然此时距离利维赌注已经过去了21年,距离利维赢下Chess 4.7也过去了11年,但整个国际象棋界都产生了强烈的紧张感。而当时的国际象棋第一人是来自苏联的卡斯帕罗夫(Kasparov),他决心捍卫人类的尊严与责任,向"深思"发起了挑战。尽管"深思"能够在一秒钟内分析200万个棋位,但还是招架不住"天下第一"的卡斯帕罗夫,这场比赛以"深思"的惨败收场。此时,AI还是无法战胜国际象棋中的人类最强者,这也许在许峰雄的意料之中,他知道"深思"还不尽完美,于是进一步投入之后的研究,IBM也给予了许峰雄更多的技术支持。1995年,IBM制造了更强的芯片,创造了新的国际象棋计算机,也就是后来为人们所熟知的"深蓝",它的运算速度可以达到每秒钟一亿棋步,卡斯帕罗夫与"深蓝"的纠葛就此展开。

(1) 卡斯帕罗夫 vs "深蓝"。

卡斯帕罗夫与"深蓝"的对抗有两场。1996年,为了纪念世界上第一台电子计算机诞生50周年,IBM公司出巨资邀请卡斯帕罗夫与"深蓝"在费城进行了六局的"人机大战"。卡斯帕罗夫不小心输掉了第一局,但在接下来的五局比赛中,他以自己多年的经验稳扎稳打,最终以4比2的总比分获得了胜利,再次捍卫了自己和人类的荣誉。然而在第二年,也就是1997年的5月,进化后的"深蓝"再次挑战卡斯帕罗夫,这时"深蓝"的计算速度已经提升到了每秒钟分析两亿步棋,并且经过了许多国际象棋特级大师的"陪练",双方在美国纽约进行了最终的决战。5月3日,卡斯帕罗夫拿下第一局,第二天"深蓝"扳回一局,接下来两局双方都打成了平局,最终决胜局在5月11日展开,在"深蓝"表现出的强大智慧和自身面临的重大压力之下,卡斯帕罗夫犯了一个错误,而"深蓝"没有给他重来的机会,最终卡斯帕罗夫在这场比赛的第19手弃子投降。

用博弈论的话来说,国际象棋是一种完全信息的、零和的、回合制的象棋游戏。完全信息意味着每一位玩家在场上对于所有的信息都能知晓,国际象棋双方可以看到任何棋子的位置和移动变化。零和是指双方的收益和为零,在棋盘上,对于一方来说是好的移动,则对另一方肯定不利。从1997年许峰雄和他的"深蓝"赢得"人机世纪大战"的胜利后,人类在国际象棋上面对AI再也没有了任何胜机,换句话说,国际象棋被彻底解决了。自此之后,黑白棋、五子棋、中国象棋、日本将棋……科学家们开始不断地挑战人类极限,解决了一个又一个的棋类游戏,最终只剩下棋类游戏中的终极boss——围棋。

(2) 棋类游戏的最终boss——极简即为极繁

围棋这项由中国发明的游戏有着古老的历史。围棋的纵横各19条线将棋盘分成361个交叉点,棋子有黑、白两色,交替在交叉点上落子,最终以围地多者获胜,它被认为是世界上最为复杂的棋盘游戏。围棋也代表了中国人的智慧与哲学,每个棋子没有大小高低的区别,但是这种众人皆平等的围猎圈地战争,要比封建时期贵族之间的政权对垒复杂得多,人们在围棋中难以找到固定的规律,这也是久久不能解决围棋的原因。

直到第一个打败职业围棋选手的计算机程序——AlphaGo的出现,人类在围棋上的绝对优势才开始受到冲击。AlphaGo 是由谷歌旗下的 DeepMind 公司研发的，这是一个结合了深度学习、人工智能神经网络、蒙特卡洛方法等众多先进技术的强大计算机程序。在 2016 年的时候，AlphaGo 在韩国首尔以 4 比 1 的比分击败了传奇围棋手李世石，李世石获得过多项世界冠军，代表了世界范围围棋的顶尖水平。全世界超两亿人观看了这场比赛，而 AlphaGo 的胜利也在世界范围内引起了轰动。2017 年，AlphaGo 与当时世界排名第一的选手柯洁展开了角逐，最终 AlphaGo 以 3 比 0 获胜，此时围棋也无限地接近于已解了。

以上就是 18 世纪以来人们在信息科学领域走过的历程，人类发展与解决游戏的过程虽然艰辛，但是始终没有也不会停下前进的脚步。

二、游戏产业史

从 1972 年雅达利游戏公司推出街机乒乓球游戏 Pong 拉开电子游戏世界的序幕开始，一直到今天，蓬勃发展的游戏产业经历了一系列令人惊叹的演变，在这几十年的探索中诞生了非常多优秀的游戏作品，这些游戏陪伴了一代代玩家成长。而无论是电子游戏机硬件的进化，还是越来越多优秀游戏作品的出现，都离不开背后那些游戏制作人的努力付出。如果你希望进入这个行业成为从业人员，或者希望更好地了解现代游戏产业的话，你需要知道这个领域的人物、作品以及事迹。接下来，我们就通过一位位游戏制作大师的作品与故事来了解现代游戏产业。

1. 任天堂第三代社长

任天堂无疑是当下全球闻名的电子游戏厂商，也是现代游戏产业中的顶梁柱之一，但在 1889 年任天堂成立之初，游戏产业还没有开始发展的时候，它只是一家由山内房治郎创建的名为"任天堂骨牌"的花札和纸牌生产商。任天堂是如何从一个默默无闻的纸牌生产商，发展到今天真正意义上的游戏帝国的？从任天堂的相关人物及相关故事中，我们或许可以学到些什么。

任天堂成功的转型之路离不开他的第三代社长——山内溥。出生于 1927 年的山内溥，22 岁时从早稻田大学法律系肄业，回到家中接管了任天堂。此时在任天堂的许多高级雇员眼里，山内溥只不过是一个初出茅庐、乳臭未干的年轻人，而没有想到山内溥的手段比前两任任天堂的掌门人都要强硬，"无情社长"的称号也开始随着山内溥的一系列改革措施而出现。山内溥就任期间，将本家族在公司中的人以及一些老社员一一解聘，然后招募了大量年轻的高才生进入任天堂工作，给任天堂带来了新鲜血液。

除了"果断""铁血"的办事原则，山内溥还非常重视"独特性"。他最爱说的一句话就是"娱乐产业的产品绝对不可以和其他产品雷同"。不管看到什么产品，他问的第一句话总是"这东西有什么独特的地方？"，如果对方回答"没什么不同，但这是个非常棒的产品"，那等来的必然是震怒的山内溥严厉的训斥。而岩田聪在山内溥去世后所写的回忆录中也提到"对于娱乐产业来说，最重要的就是做跟别人不同的东西"。"做跟别人不同的东西"也是任天堂刻在骨子里的一句话,无论发行什么产品,它在推陈出新时总会尽量追求新的变化以及有趣的创意。1980 年发行的 Game & Watch 是任天堂的第一个掌上游戏机,也是最早的掌上液晶电子屏幕机之一。虽然 Game & Watch 的游戏软件是被写入机体 ROM 中的,且最早的游戏机只能玩一个游戏,但是通过液晶屏幕显示人物以及随时随地能够游玩的创意,还是在日本掀起了一阵风潮。2002 年推出的 NDS(Nintendo Dual Screen)首次采用了双屏幕的形式,上屏是传统的游戏界面显示区域,下屏则是配合有触控笔的触摸屏,从而改进了游戏的玩法。2011 年推出的 3DS 是 NDS 的升级版,在保留了 NDS 双屏特征的同时,在上屏还加入了裸眼 3D 特效功能。而 2017 年发行的 NS(Nintendo Switch)则同时具备了掌机和主机的功能。

2. "十字键之父"

20 世纪 60 年代,日本的纸牌市场已经达到了饱和状态,销售额和股价都开始下跌,仟天堂在山内溥的带领下也开始寻求转型之路,许多出色的人在这个过程中跟山内溥一起推动任天堂转型为电子游戏厂商,第一位要介绍的就是横井军平。横井军平是最早进入任天堂的专业技术人员,他与上村雅之、竹田玄洋一起被称为"任天堂的硬件三杰",他们组成了任天堂的技术开发核心。横井军平是任天堂进入电子游戏领域的奠基人,他在任天堂期间很好地贯彻了山内溥"做跟别人不同的东西"的理念。他于 1980 年开发的便携式单功能掌上游戏机 Game & Watch 取得了很大的成功,而在他众多发明创造中最重要也是影响最深的还是十字键。20 世纪 70 年代,无论是美国雅达利的游戏机,还是日本一些知名企业制造的游戏机,全部都是采用摇杆或者按钮的方式来操作,这与我们今天看到的拥有十字键的游戏主机完全不同。十字键的开发是在 20 世纪 80 年代初,当时掌上游戏机刚刚兴起,任天堂正在计划为更多游戏制作 Game & Watch 掌机的移植,而其中《大金刚》这款游戏需要用到水平和垂直方向的移动,在设计时横井军平创造性地提出了十字键的想法,这个简洁高效的设计既避免了遥感的笨拙和高昂的费用,又能使玩家清楚地知道自己按的是哪个方向。十字键使得玩家将现实环境和虚拟环境连为一体,直到现在都是游戏主机设计的标配。

同时横井军平也是一个非常有趣的游戏制作人,他经常有一些奇妙的让人大吃一惊的想法,有些甚至可以说是"不务正业",比如超级棒球、爱情测定仪,还有一种光枪等。横井军平发明的光枪利用了太阳能感光电池的原理,可以在白天使用。在红白机上,横井军平做了一个《打鸭子》游戏,画面中只有一只会朝不同方向飞去的鸭子,玩家通过操控光枪对着电视机"射击",实现在屏幕上"击中鸭子"的动作。这款简单好玩的《打鸭子》游戏让众多玩家迅速掌握了光枪的使用方法,之后任天堂又陆陆续续推出了其他的光枪游戏。这种特殊新奇的游戏形式,俘获了玩家的心,也带动了红白机的销量增长。

3. 世纪末的救世主 FC

同为"任天堂的硬件三杰"之一的上村雅之则是 FC(Family Computer,也就是红白机)之父。如果说横井军平的代表性设计是十字键与光枪的话,那么 FC 这台机器则是由上村雅之设计制造的。上村雅之其实一开始并没有涉足游戏领域，他只是一名纯粹的工程师与硬件开发员。1967年大学毕业后，上村雅之在早川电机工业（即夏普）负责激光感知设备的研发，当时他听说横井军平正在设计光枪，便向横井军平推荐了他们生产的太阳能电池，这也是上村雅之与横井军平的第一次合作。后来也是在横井军平的说服下，上村雅之在1972年来到了任天堂。1981年，在山内溥的委任下，上村雅之开始进行FC的设计工作。当时FC这台机器使用的是6502 CPU，在这个基础上，上村雅之也设计了一套6502汇编语言。而发行在FC上的《超级马里奥》《魂斗罗》《超级坦克》等游戏也都是使用6502汇编语言编写的。为了实现更好的游戏效果以及节省6502有限的存储空间，上村雅之等人付出了非常大的努力，比如像图12-2一样将所有的素材贴图都紧密地排列在一起。即使在拥有了许多高级编程语言的今天，编写一个完整的游戏也不是一件轻松的事情，可以想象20世纪80年代使用汇编语言来编写游戏的游戏制作者所面临的困难与挑战，而即使在这种情况下，他们仍然制作出了如此多的精彩游戏，带给了一代玩家快乐与惊喜。

图12-2　素材贴图的紧密排列

4．芯片存储与技术狂魔

"任天堂的硬件三杰"的最后一位工程师是竹田玄洋，也是一位技术狂魔，他的研究更多的是在芯片与存储方面。竹田玄洋1949年出生于日本大阪，1972年通过横井军平的面试后进入任天堂工作，凭借出色的表现，从一开始的开发部员晋升为之后的开发部长。竹田玄洋曾经参与设计了最初的电池记忆系统，开发出游戏存档、读档功能，而这项在今天看来非常常见的技术，却是当时大部分FC平台游戏所不具备的，这也使得FC平台初代《塞尔达传说》具有了游戏存档功能。同时竹田玄洋也先后承担了N64、NGC和Wii等多个主机的设计开发负责工作，也许从市场销售的角度来说这些主机的成就不是那么出色，但是竹田玄洋本人对于游戏制作的贡献却是不可忽视的。

5．天才策划与美术

接下来让我们从游戏硬件回到游戏软件上，在游戏软件方面，宫本茂是相当出色也相当知名的游戏设计师之一。宫本茂1952年在日本京都出生，1975年毕业于金泽市立美术工业大学,是一个狂热的动漫爱好者。他在中学时表现出绘画方面的天赋,经常自己动手作画,大学期间又玩起了音乐。这种多元的兴趣爱好以及创作欲望为他日后的游戏创作做了丰厚的积累。他在《大金刚》中开启了跳跃式动作的原点,倾力打造的《超级马里奥》和《塞尔达传说》系列更是成为畅销几十年的神作和世界级游戏 IP。一部游戏作品获得成功很难,而让游戏中的某个角色成为能够代表该游戏的灵魂人物就更难了。说到《超级马里奥》,人们的第一反应就是那个留着小胡子、戴着鸭舌帽的水管工马里奥;说到《塞尔达传说》,大家第一反应是戴着绿色长帽子、手持大师之剑的主人公林克。宫本茂用自己天才的策划和美术能力创造了两个足以撑起整部游戏的灵魂角色。

宫本茂本人也一直秉持着一种非暴力美的哲学思维,在他的游戏作品中我们很难看到血腥暴力的画面。尽管没有使用这些惊险、恐怖的感官刺激画面,他依然可以创作出一部又一部精彩有趣的全年龄向游戏,成为任天堂殿堂级的游戏设计师。

6. 从程序员到继承者

2000 年,在山内溥掌管任天堂的第五十一个年头,岩田聪来到了任天堂担任经营企划部部长,他也是宫本茂的好友。岩田聪毕业于东京工业大学信息工程专业,虽然他直到 2000 年才正式进入任天堂工作,但早在 20 世纪 80 年代 FC 问世时,他就开始了与任天堂的接触。FC 研发时,他曾经作为技术专家给任天堂的技术人员科普过 6502 的特性。1984 年,岩田聪所在的 HAL 研究所参与开发了 FC 游戏《弹珠台》,多年来他一直以第二方的身份与任天堂进行着合作。在进入任天堂两年后,岩田聪就接任山内溥成为这家"百年老店"的第四任社长,也是首位非山内家族成员的社长。这里我们不得不佩服山内溥选拔人才的慧眼以及不拘一格的豁达心胸。虽然山内溥脾气火爆、要求严厉,甚至有时在商场上残忍无情,但是在他领导任天堂期间,正是这些贯穿始终的果断抉择、自由选拔人才的理念和大胆尝试的勇气成为任天堂走向成功的重要因素。在成为任天堂的社长之后,岩田聪也没有忘记自己最初的身份——一名游戏玩家,岩田聪的回忆录里说道,"我的名片上虽然印着'社长'两个字,但我就是一个普普通通的游戏开发人员……其实我的心里更多的只是把自己当作一个狂热的游戏爱好者而已"。这也是对当下我国游戏从业人员很有警示和借鉴作用的一句话。现在很多做游戏的人或是进入游戏产业的人,其实并不爱游戏,有些人只是为了找一份糊口的工作,有些只是为了赚快钱,然而没有发自内心的热爱,这样又怎能做出好的游戏呢?无论是创作型工作,还是婚姻,没有爱与感情的投入,就很难创造出美好的成果。希望有越来越多热爱游戏的人进入游戏行业,游戏界的工作者只有首先将自己当成一名玩家,才会用心进行创作,这样制作出来的产品才能够给人"玩"的乐趣。虽然岩田聪已经过世了,但他风趣幽默、心系玩家、朋友一般的形象却留在了玩家和游戏工作者心中。

7. 宿敌的彼此成就

前面说到游戏主机市场呈现任天堂、索尼和微软三分天下的局面,而同为日本企业的任天堂和索尼之间也形成了一种良好的宿敌关系。如果说任天堂的成功转型是山内溥精明果断的领导成果,那么索尼在游戏领域的成功就离不开久多良木健与平井一夫两人的努力。久多良木健出生于1950年,因为开发出了风靡一时的PlayStation(PS)家用游戏机系列而闻名,他也被称为"PlayStation之父"。在坊间一直有一条关于PS诞生的传闻,据说当时索尼和任天堂准备一起合作开发游戏主机,而后来双方合作关系破裂,于是1993年,在当时的索尼社长大贺典雄的支持下,索尼电脑娱乐公司(SCE)成立,开始独自进行游戏主机开发和游戏软件的制作,由久多良木健担任总经理。1994年,PS便在日本上市。不过,后来久多良木健在采访中表示,PS系列的诞生与任天堂没有关系,并且表示这种"PS起源于索、任两家合作破裂"的消息纯属瞎编。尽管如此,这个传闻多年来仍然被玩家们津津乐道。而平井一夫则在2006年接替久多良木健成为索尼电脑娱乐公司总裁,继续带领员工进行PS系列的开发。索尼与任天堂虽然在商场上是竞争关系,但是在游戏产业中它们互相鞭策对方进步,如果一方懈怠落后,就会迅速被另一方赶超,这种你追我赶的拼搏使得整个游戏产业有了更多的活力。而如果说任天堂的游戏哲学是"做跟别人不一样的东西",不断地进行创新,那索尼则专注于技术上的深入。20世纪90年代PS系列的发布,揭开了电子游戏走向3D时代的序幕,而它改变的不仅仅是家用机的图像,还有游戏的流通渠道。之前的游戏机包括现在的3DS、NDS和NS都采用卡带的形式售卖,而索尼当时则使用了CD,不仅仅是因为CD的容量更大,而且因为CD的制作更快捷、售价更便宜、所用材料是塑料的方便回收处理,同时这跟索尼自己本身的业务也有关系,索尼早期在随身听等音频产品上占据很大的市场。由于PS拥有一些强大的功能,玩家在PS上能够玩一些同时代任天堂产品所不能玩或者难以呈现的游戏,当时在PS上最为知名的游戏就是《生化危机》系列,从而具有一定的优势。

8. "生化危机之父"

1996年,初代《生化危机》在PS上发售,全新的动作冒险游戏、惊险刺激的音效画面以及身临其境的体验感使得《生化危机》大获成功,成为PS主机上首个突破百万出货量的游戏,制作人三上真司也因此成为业界的风云人物。而三上真司除了是"生化危机之父"以外,还是成功改变CAPCOM命运的人。现在当我们提起CAPCOM可能会想到这是一家知名的动作游戏公司,想到《生化危机》《鬼泣》《逆转裁判》《街霸》等游戏,但是在20世纪90年代,CAPCOM与SNK是并驾齐驱的软件开发商,它们主要的业务都是街机游戏,然而由于家用机市场旺盛和一些其他因素,日本的街机游戏已经逐渐式微,正在走下坡路,此时《生化危机》出乎意料的巨大成功,使得CAPCOM很好地摆脱了经营危机,并且转型到了主机游戏的研发上来,直到现在,CAPCOM都是一家非常成功的游戏公司。而SNK当时缺少一位"三上真司",这家开发过《侍魂》《拳皇》的游戏公司在2000年最终宣告破产。破产后的SNK经历了被韩国公司收购,再被中国公司注股等一系列的变化,最终以另一种方式重新回到了游戏舞台。而我们所熟知的SNK旗下的不知火舞、橘右京和露可娜娜等游戏角色也被授权给了王者荣耀使用,在王者峡谷中再次出现。

9. 游戏电影化的先驱

除了三上真司之外,我们还不得不提的一位游戏制作人是小岛秀夫。小岛秀夫开创了战术谍报游戏类型,因《合金装备》系列游戏而名声大噪、享誉全球。小岛秀夫从小爱看电影,初中时就与同学拍摄过电影短片。进入游戏行业后,他在游戏制作中融入了电影手法,是游戏电影化的先驱人物,打破了游戏与电影的分界线。现在有越来越多的游戏开始朝着游戏电影化的方向发展,比如一些看起来非常炫酷的3A大作,基本都有电影化的场景,游戏与电影之间的界线正在变得越来越模糊。

10. "欧式艺术的铁三角"

与小岛秀夫一样同在游戏公司Konami工作的还有三位游戏艺术家,分别是五十岚孝司、小岛文美和山根美智留,他们三人共同负责了《恶魔城》系列游戏的开发。《恶魔城》的故事发生在中世纪,以两个吸血鬼家族之间的斗争为主线,整个游戏很好地融合了中世纪风格与日式风格。五十岚孝司是当时Konami的当家制作人之一,1997年开始担任《恶魔城:月下夜想曲》的游戏策划。小岛文美是一位插画师,负责《恶魔城》系列的插画制作。她独具幻想、黑暗、华丽的绘画风格,将《恶魔城》中吸血鬼贵族的死亡气息展现得淋漓尽致。而山根美智留则为游戏创作音乐,中世纪风格、瑰丽、具有宫廷色彩的音乐使得《恶魔城》成为经典,即使在二十多年后的今天再去玩也不会觉得过时。五十岚孝司、小岛文美和山根美智留是最早将游戏艺术化的一个组合,而这组"铁三角"时隔多年后在《血污:夜之仪式》(别名《赤痕》)中再度合作,《血污:夜之仪式》已于2019年入驻任天堂Switch平台。

11. 不"讨好"玩家的宫崎英高

现今很多的游戏厂商,尤其是互联网游戏开发商秉持一种"服务玩家"的想法,具体体现在提供更加详尽的指引、更好的体验,或者更简单一点的操作,期望以此来吸引更多的用户来玩自己的游戏。但是事实并非如此,当我们去玩FC游戏时,会发现FC没有什么指引和教学,而是期望玩家能够在游戏中自己去探索、去发现新世界。本质上看,游戏与传统服务行业和互联网行业有一定的区别,它就是一个单独的产业,宫崎英高的出现很好地验证了这一点,他也发出了一种不同于"服务玩家"的声音。宫崎英高是日本的游戏制作人,现任游戏公司From Software社长,他的代表作有《恶魔之魂》《黑暗之魂》《血源诅咒》《只狼:影逝二度》等。不论是魂系列还是只狼系列,宫崎英高制作的游戏难度都非常大,甚至以难度大著称。而就算难度大,这些游戏一样能触及最高的艺术殿堂,TGA 2019年度最佳游戏就颁给了《只狼:影逝二度》。宫崎英高的存在,向大家证明了游戏并不是传统服务行业或者互联网行业,游戏也可以成为独立的艺术,这也是给游戏界从业人员的启示之一。

12. "推理双璧"

最后不得不说的是文字推理类游戏的"双璧",一位是《逆转裁判》之父巧舟,另一位则是《弹丸论破》之父小高和刚。这两位不同于前面提到的主机开发技术大佬或者全能的游戏制作人,他们是偏向于文字艺术的优秀编剧。《逆转裁判》系列游戏是由CAPCOM公司制作的法庭辩论型 AVG 游戏，巧舟为《逆转裁判》设计的文案和系统是到目前为止所有的推理向文字 AVG 游戏的标杆。而《弹丸论破》则是 Spike 开发的推理类冒险游戏系列，它的系统虽不同于《逆转裁判》，但也有自己的优点，尤其是小高和刚优秀的塑造能力，使得《弹丸论破》中的角色给玩家留下了深刻的印象。

还有很多制作人的故事因为篇幅无法一一描述，比如神谷英树、坂口博信、稻船敬二、名越稔洋、板垣伴信等。相比欧美游戏界的团队作战，日本游戏界有更明显的"制作人"风格，这些优秀的制作人，与任天堂、索尼一起，成就了日本游戏在世界上的地位。

三、国内现状

欧美科学家前赴后继的努力使得游戏中的机器技术从土耳其行棋傀儡发展到 AlphaGo，日本一代代的制作人使得日本游戏界从任天堂"一家独大"发展到今天索尼、任天堂齐头并进。而在欧美与日本游戏业界如火如荼的年代，中国的游戏业发展得不尽如人意。在 20 世纪 90 年代的时候，我们也有小霸王，也有以《仙剑奇侠传》为首的灵魂之作，然而在过去的很长一段时间里我们经常看到这样的新闻或话语——"某某少年沉迷游戏，导致荒废学业""游戏万恶""游戏就是电子海洛因"等。个别记者不着手解决问题，也不思考如何正确地提出问题，而是以不负责的态度来制造问题。许多游戏相关的新闻工作者或是出于对游戏的不了解，或是由于对游戏的预设偏见，做出的报道跟真实情况有所偏差。

1. 知识结构落后

中国艺术研究院副研究员孙佳山在游戏刊物《社会价值研究》上就曾谈论过新闻媒体看待游戏的态度："20 年间从游戏到直播、短视频的治理之争，已然成为汇聚各色民科、民哲的'娱乐圈'，每隔一段时间就会有各式各样的'异装癖'闪亮登场。对此，我国知识界、新闻界领域的相关讨论，却依然停留在娱乐至死、乌合之众、消费主义、大众文化、流行现象等 20 世纪七八十年代的认知水平，相关理论、知识来源也局限于北美、西欧的有限著述和畅销读物，已严重滞后于当下的中国经验和中国现实。这种理论上、知识上的无能，为'救救孩子''玩物丧志''精神鸦片''电子海洛因''网瘾'等事实上的民科、民哲话语，留下了可以兴风作浪的巨大空间。"正是在对待"游戏到底会如何影响人"这一问题上知识结构的落后，使得我国的游戏业在过去的十几年中几乎停滞不前。

2. 满纸荒唐言，一把辛酸泪

这一切要从一个悲剧说起，2000 年 5 月 9 日，《光明日报》上一位名叫夏斐的记者写了一篇谈论游戏的文章《电脑游戏是瞄准孩子的"电子海洛因"》，正是这篇文章打开了"潘多拉的盒子"（至今在网上仍然能够找到原文）。文章的爆火不仅击中了许多陷入教育焦虑的家长的痛点，也给游戏行业定下了"毒品"这类恶毒的标签。从某种意义上来说，这篇文章几乎凭一己之力毁掉了中国当时的电子游戏产业。可是以今天的眼光回看，这篇文章充满了逻辑漏洞和缺乏实证的信息，文章含有夸大、片面和主观虚构的内容，同时文章中将青少年成长中所面对的教育问题全部归根为游戏影响的观点也是非常片面的。

文章描述了一位武汉的母亲来到新闻单位，悲痛欲绝地向记者控诉电脑游戏机是如何毁掉了自己的孩子，并称电脑游戏为真正可怕的"电子海洛因"，于是为了揭开这"电子海洛因"泛滥成灾、毒害孩子的"真实"面目，记者开始了自己对游戏厅的三次暗访之旅。

第一次暗访，记者在这位母亲的陪同下来到了一家电脑游戏厅，他描述了游戏厅中的场景，并在原文中写道："据武汉方面知情人透露：在武汉公开挂牌的电子游戏厅有500多家，没有合法手续的电子、电脑游戏机室有3000多家。游戏室设有包房，包玩、包吃、包睡，有的学生玩游戏竟然5天5夜不回家。武汉市至少有30％的学生迷恋游戏机。"这里的数据来源是无法证实的"知情人"，并且准确地给出了"3000"和"30％"这两个数字。既然是没有挂牌没有合法手续的电脑游戏室，那么"知情人"是如何统计得出有3000多家的？迷恋游戏机的学生包括成年的大学生吗？游戏机是指街机、主机还是其他？这样笼统的描写多少透露出记者对于游戏产业的不了解。还有，一个孩子玩游戏5天5夜不回家，难道没有家长寻找？其中透露出的家庭教育问题和社会问题显然大于游戏对孩子的影响。

在第二次暗访途中，记者写道："为了与孩子交朋友，记者花了一个晚上学会了目前正流行的《星际争霸》和《英雄无敌》，然后来到一个正在聚精会神地'打着'的孩子身后说：'你不行，我做给你看。'我的'高招'果然吸引了他。很快我就成了他的师傅。"暂且不论对于一位在过往三十多年生活中几乎从未接触过电子游戏的成年人而言，只花一个晚上就能够学会难度极大的《星际争霸》和《英雄无双》两款游戏的可能性有多大，单说只有一晚突击学习的"外行"也很难成为这些长期"沉溺"于游戏的孩子的师傅，或许这位记者其实是不世出的游戏天才。后面记者与这位孩子进行了一长串的对话，其中有句话是孩子说的："我们打赌，谁赢就由谁做作业。"这里不排除是笔误的原因，否则沉迷游戏是为了做作业的逻辑实在是难以理解。

为了了解游戏厅的老板，记者对电脑游戏厅进行了第三次暗访。记者先拜访了几家游戏厅，都没能成功，直到有一家店，由于记者"熟练的操作和对电脑游戏张口就来的行话"总算没有引起怀疑，游戏室老板和一位"黄头发的年轻人"在记者身旁聊起了他们的游戏室开业扩张的计划。原文写道："老板说：'这方面的办法我多得很，我本人就是初中迷上了游戏机，没考上高中，只好想办法开一家了。'"第三次暗访的最后是以游戏室老板的一段话结束的："老板补充说：'整天在游戏室里的孩子，只有一个结果，男孩子最后变成抢劫犯、小偷，女孩子最后变成三陪小姐。'"这段对话的逻辑就更加经不起推敲了，老板不仅向一位陌生人推心置腹地谈论自己"引诱"孩子变坏的手段，而且坦然自述了自己的个人经历——"因为迷上游戏机而辍学"，最后又轻率地定下了一个可怕的结论"整天在游戏室里的男孩子最后变成抢劫犯、小偷，女孩子最后变成三陪小姐"，那么老板是不是也如他自己所说的那样，在迷上游戏机后成了抢劫犯、小偷呢？

整篇文章读下来不专业、不真实，却仍然给游戏行业造成了极大的负面影响。游戏是一个广大青少年日常生活中可以随意接触到的娱乐活动，而毒品通常离普通人的生活很远，并且真的会对人的身心造成无法挽回的伤害，将游戏比作"电子海洛因"不仅模糊了游戏与毒品之间的界限,过分夸大了游戏的负面影响,而且降低了人们对于毒品的警惕性。

3. 游戏主机禁令

由于这篇文章的爆火、后续媒体的相关报道以及当时的社会形势,2000年6月,文化部、公安部、海关总署以及当时的国家经贸委、信息产业部、外经贸部和工商局七个部门联合下发了《关于开展电子游戏经营场所专项治理的意见》,该意见规定"自本意见发布之日起,面向国内的电子游戏设备及其零、附件生产、销售即行停止。任何企业、个人不得再从事面向国内的电子游戏设备及其零、附件的生产、销售活动",也就是游戏主机禁令。

虽然2014年游戏主机禁令得以解除,但是14年的落后与差距,不是短时间内能够弥补的,在社会上产生的负面影响也不是马上就能消除的。

现在的中国,正在全面发展,向着富强民主文明和谐美丽的社会主义现代化强国迈进。曾经的日本是全球电子产业的霸主,在20世纪八九十年代世界五百强的榜单上有一百多家日本企业,当时日本牌的随声听、彩电、手机等电子产品在中国市场都非常流行。而随着时代发展,日本的电子制造业神话已经成为过去式,日本优势产业的全球市场一步步被中国替代,但是也许他们仍需要感谢2000年中国迎来的游戏产业的寒冬,帮他们保住了日本最后的荣光——游戏。如果中国的游戏产业能够在世界上占据重要地位,中国制造的游戏能够被世界各个国家的人玩,那么中国也可以通过游戏这个新媒体进行我们的文化输出、夺取国际话语权。同时,游戏产业的落后也造成了游戏研究领域的落后,中国从事游戏研究的学者非常少,在之前游戏学的一些国际会议上也很难看到中国的面孔。当然,随着近些年中国游戏产业的恢复,这种情况已经有所改善,正在朝着越来越好的方向发展。

4. 双刃剑——互联网

就在游戏主机禁令施行的同时,中国迎来一把双刃剑。当时在计算机技术上出现了一个革命性的应用P2P。不同于现在常说的金融领域的P2P,当时的P2P是peer-to-peer的简称,又称为点对点技术,是一种网络用户之间可以直接通信的网络结构。P2P技术可以使计算机之间不通过服务器直接进行内容共享,被广泛应用于文件内容共享和下载中,提高了在网络上进行数据传输的效率。

2000到2006年,华语乐坛各路歌手神仙打架,那段时期周杰伦、林俊杰、五月天、梁静茹、SHE等都成为家喻户晓的歌手。当时的人们想要收听歌曲只能购买CD和磁带等产品。随着网络技术的发展,歌手一推出新歌,在网络上马上就能搜索到。

所以中国迎来的这把双刃剑就是互联网。互联网在给我们带来诸多便利的同时,也带来了一些负面影响,尤其是对于中国的游戏界。因为游戏主机禁令的限制,中国的游戏主机日渐式微,主机游戏的文化教育也受到了影响,失去主机游戏文化环境的单机游戏渐渐没落。而随着互联网兴起出现的网络游戏、网页游戏和氪金型手机游戏,在互联网资本的作用下逐渐发展。有的游戏利用爱占小便宜的人性弱点,开启了氪金的潘多拉魔盒,"免费游戏＋道具收费"的模式就是从这里开启的。

因为网络的发展,游戏与互联网的联系越来越紧密,但是互联网业与游戏业是不同的,互联网业是一个面向全社会的服务业,而真正的游戏业应该是艺术与科学的结合。当然,无论是网易、腾讯、西山居还是中国任何一家游戏公司,游戏人其实或多或少都有自己的理想,希望制作出更加有意义的游戏。

5. 废墟之上的复兴

尽管前面提到了一系列难关,但中国的游戏行业也不是完全没有希望,市场正一步步变好。首先要感谢《DOTA 2》《反恐精英:全球攻势》和《绝地求生》普及了 Steam,慢慢地帮助中国恢复了单机游戏文化。同时,中国的经济得到了飞速发展,花钱买断游戏不再是高不可攀的事情。2014 年,游戏主机禁令的解除给中国游戏业发展带来了机会。很多游戏相关组织也慢慢兴起,例如 CiGA(中国独立游戏联盟),某种意义上这就是在向互联网化的游戏"宣战"。不只是游戏企业市场有所改变,国内有关游戏的教育环境也在变好,越来越多与游戏有关的课程、活动开始走进大学校园。相信在不远的未来,我们也可以比肩日本、北美和欧洲国家,让中国游戏给世人带来高品质艺术享受的同时,成为我国文化、舆论乃至意识形态输出的利器。

四、你就是未来

1. 你需要做的准备

前文已经介绍过日本、欧美国家和中国的游戏历史,如果将目光放在前方的话,你就是未来。而如果想要进入游戏行业,你也有一些需要做的准备。对应游戏中不同的工作,需要积累不同的知识和技能。
(1) 策划:广泛涉猎、扩展知识面,锻炼头脑风暴与沟通能力。
(2) 程序:掌握引擎,磨砺编程技术。
(3) 美术与音乐:加强艺术熏陶,多参与游戏的设计与制作。
(4) 媒体:加强自己对游戏的理解,多玩高品质的游戏,包括撰写攻略,进入好的游戏媒体平台。
(5) 运营:运营需要追求 KPI,但是加强对游戏的理解以及保持对策划的同理心也很重要。
(6) 学术:强化对游戏的理解与研究分析能力。

另外,读者可以积极参加各类游戏设计活动,从小事做起,甚至参与各种游戏研究项目,也可以在大学社团参加相关项目。当然,要做的不仅仅是玩游戏,玩完之后还要思考为什么,有什么问题,有什么乐趣。就好比拍电影的人在做准备的时候不能仅仅是看电影,还要思考怎么拍。最后,哪怕你选择只做一个玩家,也争取做一个有品位的玩家,因为有品位的玩家可以促进游戏质量的提升。

2. 你需要了解的活动

（1）国内游戏展。

国内有两个著名的游戏展：Weplay和核聚变。展会中有许多独立游戏，更重要的是，你可以在展会遇到很多专业制作人、真正的专业同行人脉，以及最专业的体验。而众所周知的Chinajoy除了游戏之外，它里面还包含很多动漫、互联网音乐影视、网络文学等其他内容，与之相比，Weplay和核聚变更偏向于专业的游戏展会。

（2）游戏开发赛事和重要活动。

Global Gamejam，一项48小时游戏开发比赛，要求一群人集合程序、策划、美术等，在48小时内做出一个小游戏。这不仅仅是个比赛，也是认识朋友、挑战自我的机会，毕竟世界上少有人能独自制作游戏。

企业比赛，如腾讯NEXT IDEA高校游戏创意制作大赛，网易Minigame，TapTap的Gamejam（也包括吉比特、莉莉丝、米哈游等的比赛）。

TGA（The Game Awards）是由索尼、微软、任天堂和维尔福赞助的活动，被称为游戏界的奥斯卡，在每年的十一月、十二月期间举办颁奖典礼。宫崎英高的《只狼》就是在2019年的TGA颁奖典礼上获得了年度最佳游戏。

（3）国际三大展会。

国际三大展会为东京电玩展、电子娱乐展览会和德国科隆游戏展览会。

东京电玩展（Tokyo Game Show，简称TGS）目前是亚洲最大的游戏展览会，内容以各类游戏机机器娱乐软体、电脑游戏和游戏周边产品为主，面向普通观众。

电子娱乐展览会（The Electronic Entertainment Expo，简称E3）是全球规模最大、知名度最高的互动娱乐展览会，被誉为"电子娱乐界一年一度的奥林匹克盛会"。相比于TGS，E3面向的对象更加偏向于业内人士，包括发行商、分销商、开发商、媒体等。

德国科隆游戏展览会（Gamescom）是欧洲最大、最专业的综合性互动式游戏展会，每年都有大批软件厂商参加。每年各家游戏大厂，比如索尼、任天堂、微软、EA、CAPCOM、P社（Paradox Interactive）等游戏公司，都会在展会上推出自己本年度的重要作品。

所以，从过去通往未来的诸君，不仅仅是逝去的冯·诺依曼、香农、岩田聪等人，也不仅仅是已经创造辉煌、还将继续创造未来的宫本茂、宫崎英高等人，诸君，也包括你们和我，都有无限的可能创造未来。

五、章节总结

（1）第一个电子游戏是《双人网球》，诞生于1958年，是计算机科学和传播学意外的"杂交"产物。

（2）最早在学术上研究游戏人工智能的人是克劳德·艾尔伍德·香农。

（3）任天堂的很多精神值得我国的游戏从业者学习。
（4）我国的游戏产业是经历过风雨的，虽然当前有很多不足，但正在往好的方向发展。
（5）想要从事游戏行业的人，需要积累一定的知识，了解重要的游戏相关的展览活动。

 推荐阅读

［1］ HOBO日刊ITOI新闻.岩田先生：任天堂传奇社长如是说［M］.李思园，译.南京：译林出版社，2021.

［2］ 井上理.任天堂哲学：独一无二的创意、梦想和爱［M］.郑敏，译.海口：南海出版公司，2018.

［3］ 茶乌龙.知日·日本游戏完全进化史［M］.北京：中信出版社，2019.

［4］ 夏斐.电脑游戏：瞄准孩子的"电子海洛因"［J］.北京纪事，2001(16)：20-21.

［5］ 游戏是怎么变得人人喊打的？（2020-02-15）https://www.bilibili.com/video/BV1A741137k1? vd_source=15da8559704e3643f300d880f858e5b1

［6］ 克劳斯·皮亚斯.电子游戏世界［M］.熊硕，译.上海：复旦大学出版社，2021.

［7］ Shannon C E, Hsu T S. Programming a Computer for Playing Chess［M］. New York：Springer-Verlag，1988.

［8］ Campblls M A, Hsu F H. Deep Blue［J］. Artificial Intelligence，2002(2)：57-83.

 课后作业

阅读以上推荐阅读材料，针对游戏学做出自己的决定和思考！

结束语

- 如果你之前对游戏有成见,希望这本书能多少改变你的认知与想法。
- 如果你之前不了解游戏,希望这本书能为你打开新世界的大门。
- 如果你之前玩游戏,希望这本书能提升你的认知,超越《王者荣耀》与吃鸡的局限。
- 如果你之前喜欢玩游戏,希望这本书能给予你更多的想法、视野与启迪。
- 如果你有志成为游戏工作者,希望这本书能更好地引导你成为我们日后的战友。

从开发端来看:

- 策划是人文思想和各种科学的魅力的结晶。
- 程序是人工智能之美和程序员的心血。
- 美术是艺术的合集。
- 音乐是媲美高雅音乐的旋律殿堂。

从市场端来看:

- 媒介是一种新兴的信息传播工具。
- 应用既是娱乐手段,也是新兴的仿真平台。
- 经济上是一个朝气蓬勃的高收入产业。
- 宏观上是一个展现国家文化魅力的渠道。

我们工作于阴影与歧见之中,但服务于光明与快乐。无数的科学家、工程师、艺术家、文学家和业界"鬼才"们在背后默默地辛苦奉献、前仆后继,才有今天的游戏产品与游戏技术;游戏作为媒介推动着人类文明的进步。

愿每一位游戏人都以自己所学和所研究的事业而骄傲!

参考文献

[1] 胡正荣,段鹏,张磊.传播学总论[M].2版.北京:清华大学出版社,2008.

[2] 姚磊,陈帼鸾,陈洪.游戏软件开发基础[M].北京:清华大学出版社,2010.

[3] 马修·托马斯·佩恩.游戏战争:9·11后的军事视频游戏[M].满莉,译.北京:民主与建设出版社,2020.

[4] 罗伯逊·艾伦.美国的数字陆军:关于工作及战争的游戏[M].曲平,陈兴圆,译.北京:民主与建设出版社,2021.

[5] James F. Kurose, Keith W. Ross.计算机网络:自顶向下方法[M].4版.陈鸣,译.北京:高等教育出版社,2009.

[6] 亨利·詹金斯.融合文化:新媒体和旧媒体的冲突地带[M].杜永明,译.北京:商务印书馆,2012.

[7] 米哈里·希斯赞特米哈伊.创造力:心流与创新心理学[M].黄珏苹,译.杭州:浙江人民出版社,2015.

[8] 约翰·赫伊津哈.游戏的人:关于文化的游戏成分的研究[M].多人,译.杭州:中国美术学院出版社,1996.

[9] 余红,张雯.新媒体用户分析[M].北京:高等教育出版社,2019.

[10] 吴军.数学之美[M].2版.北京:人民邮电出版社,2014.

[11] Katherine Isbister.游戏情感设计:如何触动玩家的心灵[M].金潮,译.北京:电子工业出版社,2017.

[12] 茶乌龙.知日·日本游戏完全进化史[M].北京:中信出版社,2019

[13] HOBO日刊ITOI新闻.岩田先生:任天堂传奇社长如是说[M].李思园,译.南京:译林出版社,2021.

[14] 井上理.任天堂哲学:独一无二的创意、梦想和爱[M].郑敏,译.海口:南海出版公司,2018.

[15] 克劳斯·皮亚斯.电子游戏世界[M].熊硕,译.上海:复旦大学出版社,2021.

[16] 陶学.日本游戏制作理念初探[M].合肥:黄山书社,2012.

[17] Stuart J. Russell, Peter Norvig.人工智能:一种现代的方法[M].殷建平,祝恩,刘越,等译.北京:清华大学出版社,2013.

[18] Tracy Fullerton.游戏设计梦工厂[M].潘妮,陈潮,宋雅文,等译.北京:电子工业

出版社,2016.

[19] 大野功二.游戏设计的236个技巧:游戏机制 关卡设计和镜头窍门[M].支鹏浩,译.北京:人民邮电出版社,2015.

[20] Wendy Despain.游戏设计的100个原理[M].肖心怡,译.北京:人民邮电出版社,2015.

[21] 张帆.游戏策划与设计[M].北京:清华大学出版社,2016.

[22] 潜龙.游戏设计概论[M].北京:科学出版社,2006.

[23] 万太平,代晓蓉.游戏设计概论[M].北京:电子工业出版社,2010.

[24] Michael E. Moore,Jennifer Sward.深入理解游戏产业[M].陈根浪,李加彦,霍建同,译.北京:机械工业出版社,2009.

[25] 董浩.网络游戏策划教程[M].北京:机械工业出版社,2009.

[26] Jesse Schell.游戏设计艺术[M].2版.刘嘉俊,译.北京:电子工业出版社,2016.

[27] Michael E. Moore.游戏设计师修炼之道[M].傅鑫,陈征,戴锋,等译.北京:机械工业出版社,2012.

[28] Andrew Rollings,Dave Morris.游戏架构与设计[M].2版.付煜,庄晓雷,等译.北京:红旗出版社,2005.

[29] 渡边修司,中村彰宪.游戏性是什么:如何更好地创作与体验游戏[M].付奇鑫,译.北京:人民邮电出版社,2015.

[30] 凯文·韦巴赫,丹·亨特.游戏化思维:改变未来商业的新力量[M].周逵,王晓丹,译.杭州:浙江人民出版社,2014.

[31] Raph Koster.游戏设计快乐之道[M].赵俐,译.北京:人民邮电出版社,2014.

[32] 宗争.游戏学:符号叙述学研究[M].成都:四川大学出版社,2014.

[33] 方约翰.游戏人工智能——计算机游戏中的人工智能[M].李睿凡,郭燕慧,吴昕,译.北京:北京邮电大学出版社,2007.

[34] Georgios N. Yannakakis,Julian Togelius.人工智能与游戏[M].卢俊楷,等译.北京:机械工业出版社,2020.

[35] 简·麦戈尼格尔.游戏改变世界:游戏化如何让现实变得更美好[M].闾佳,译.杭州:浙江人民出版社,2012.

[36] 简·麦戈尼格尔.游戏改变人生:如何用游戏化应对压力、挑战和痛苦[M].闾佳,等译.北京:北京联合出版有限公司,2018.

[37] 詹姆斯·保罗·吉.游戏改变学习:游戏素养、批判性思维与未来教育[M].上海:华东师范大学出版社,2020.

[38] Yu-kai Chou.游戏化实战[M].杨国庆,译.武汉:华中科技大学出版社,2017.

[39] 佐佐木智广.游戏剧本怎么写[M].支鹏浩,译.北京:人民邮电出版社,2018.

[40] Robert Denton Bryant,Keith Giglio.屠龙记:创造游戏世界的艺术[M].许格格,译.北京:电子工业出版社,2017.

[41] Chris Crawford.游戏大师Chris Crawford谈互动叙事[M].北京:人民邮电出版社,2015.

[42] Chris Crawford. 游戏设计理论[M]. 方舟,译. 北京:中国科技出版社,2004.

[43] 吉泽秀雄. 大师谈游戏设计、创意与节奏[M]. 支鹏浩,译. 北京:人民邮电出版社,2022.

[44] 王则柯,李杰. 博弈论教程[M]. 2版. 北京:中国人民大学出版社,2010.

[45] Tekinbas K S, Eric Z. Rules of play: Game design fundamentals[M]. Cambridge:MIT Press,2003.

[46] Marc Albinet. 游戏设计信条:从创意到制作的设计原则[M]. 路遥,译. 北京:人民邮电出版社,2018.

[47] Jeremy Gibson Bond. 游戏设计、原型与开发:基于Unity与C#从构思到实现[M]. 2版. 姚待艳,刘思嘉,张一淼,译. 北京:电子工业出版社,2020.

[48] Heather Maxwell Chandler. 游戏制作的本质[M]. 3版. 腾讯游戏,译. 北京:电子工业出版社,2017.

[49] Ernest Adams. 游戏设计基础[M]. 3版. 江涛,译. 北京:机械工业出版社,2017.

[50] 黄佩. 传播视野中的电子游戏:技术与文化的互动和创新[M]. 北京:北京邮电大学出版社,2018.

[51] 卡尔M.卡普. 游戏,让学习成瘾[M]. 陈阵,译. 北京:机械工业出版社,2015.

[52] Michael Sellers. 游戏设计进阶:一种系统方法[M]. 李天顺,译. 北京:电子工业出版社,2019.

[53] 徐炜泓. 游戏设计:深层设计思想与技巧[M]. 北京:电子工业出版社,2018.

[54] Zack Hiwiller. 必玩!77款激发游戏设计师创造力的游戏[M]. 李天顺,刘祎楠,译. 北京:电子工业出版社,2020.

[55] 迈克尔·萨蒙德. 国际游戏设计全教程:如何打造引人入胜的游戏体验[M]. 张然,赵嫣,译. 北京:中国青年出版社,2017.

[56] Seth Giddings. 游戏世界:虚拟媒介与儿童日常玩耍[M]. 徐偲骕,译. 上海:上海文艺出版社,2019.

[57] Steve Swink. 游戏感:游戏操控感和体验设计指南[M]. 腾讯游戏,译. 北京:电子工业出版社,2020.

[58] 肖勤. 游戏数值设计[M]. 北京:人民邮电出版社,2021.

[59] 似水无痕. 平衡掌控者——游戏数值战斗设计[M]. 北京:电子工业出版社,2017.

[60] 袁兆阳. 游戏数值百宝书:成为优秀的数值策划[M]. 北京:电子工业出版社,2021.

后记

游戏对科学研究与国家战略的意义[①]

(一) 基本的科学精神——要科学不要臆想

毛泽东在《反对本本主义》一文中有一句著名论断,即"没有调查,就没有发言权",这句话就是科学精神的本质形式。中国共产党的奋斗史也不断地验证了这句话的正确性——讲科学主义、实事求是时,不论面对多大的困难,都可以逆转乾坤;不讲科学、奉行教条主义甚至以个人臆想为导向时,党的事业就会面临挫折。

随着2000年8月一篇报道的出现,公众对于电子游戏的争论越来越多。那么,我们到底应该如何认识和看待电子游戏呢?如果不以科学主义为导向,而是以个人主观的片面的认知为驱动,就会陷入盲目性、混乱性、情绪性,进而极大地干扰我国正常的经济发展、社会活动、科学研究,甚至国家的宏观战略。因此,在当前的环境下,笔者作为双一流高校的游戏学(Ludology)学者,有责任从科学的角度,以实事求是的态度,对电子游戏对于我国的意义,以及当前存在的相关问题做出说明。

如果问"什么是资本",在马克思的著作里能找到明确的定义;如果问"氯化钠的性状",初中化学课本里也有答案;而对于游戏是什么,人们需要从科学定义上去找答案,做分析,而不是每年选几个时间节点"打嘴仗"。学术定义中,游戏,是玩家基于某种规则参加拥有人工对立性质的系统,并且产生定量的某种结果。从这个角度来讲,当一件事物同时满足了规则、博弈、不确定性这三要素时,就是游戏,且游戏与此三要素互为充要条件。毫无疑问,足球这样的体育是游戏,围棋、象棋也是游戏。因此,在科学上,一件事物满足游戏的定义即为游戏,这不以任何人的主观意志为转移,科学不讲屁股所坐的位置,也不讲情绪,只讲客观存在的现状。当然,从社会性定义上看,游戏是玩家模拟现实世界中某种行为的过程,同时随着技术的提升,模拟成本变得越来越低。游戏模拟的思想在军事学中有大规模应用,具体会在后面详细阐述。

(二) 最基础的科学思想——控制变量法

我们先来看一个笑话——"人们发现所有癌症患者的癌细胞里都有一氧化二氢,同时癌

[①] 本文是笔者于2021年9月在《经济参考报》事件后撰写的文章,放在这里,以作警醒。

症患者都长期摄入氯化钠,所以一氧化二氢和氯化钠是导致癌变的罪魁祸首",看上去这句话富有逻辑,且推断合理,但任何一个有基本化学知识的人看到这句话,都知道一氧化二氢是水,而氯化钠是食盐,因此这个推断只是个笑话。但可笑的是,这样的论述却在中国媒体史中实实在在地发生过。某种意义上来说,媒体人的科学素养直接决定了媒体人的新闻高度。

其实不论文理专业背景,只要读过初中,就必然接触过科学实验中的控制变量法。只有在实验中维持固定的变量以评估其他变量之间的关系,才能够弄清实验中导致结果发生的核心要素。就以"成瘾"为话题做一个简单的类比思考,我国年轻女性有不少人在社交媒体中表示喜好奶茶,乃至形成奶茶"依赖"或"成瘾"——那么问题来了,以一个基础版的奶茶为对象(只包含牛奶、糖、茶水),如何探究到底是哪部分引起了消费者的依赖?如果以科学主义为指导做分析,就必须用控制变量法深究"成瘾"源。理论上,"成瘾"源粗略共计10种可能性:单纯的"牛奶""糖"和"茶水",物理混合的"牛奶+糖""牛奶+茶水""茶水+糖""牛奶+糖+茶水",抑或高温下混合发生化学反应产生新的上瘾物质"x(牛奶与糖反应)""y(牛奶与茶水反应)""z(茶水与糖反应)"。那么奶茶成瘾到底是这10种因素中的哪个部分所致?要弄清这个问题,就必须以唯物主义和科学主义的精神,在控制变量的前提下做实验、测数据、写报告,而不是以反智主义的唯心论,张口"奶茶成瘾"。

对于奶茶,我们有专业且成熟的食品工业学科体系做支撑,因此可以很容易地得到这个问题的科学答案;但是对于游戏学,教育部暂时还没有给该方向建立分类,笔者和国内诸多的青年学者都还处于学科的建立期,因此科学的结论往往难以发出,或者不受重视。如果社会和相关决策部门长期缺乏对游戏基于唯物主义和科学主义的审视与判断,那么就容易导致相关产业的动摇,甚至损害国家长期发展的利益。

(三)基于控制变量法的电子游戏分类,以及成瘾问题分析

对于社会大众所关注的电子游戏成瘾问题,严格来说是一部分以"手机游戏"为主体的网络游戏。我们需要仔细思考的是,到底是哪个部分导致了成瘾。半个世纪以来,电子产业游戏飞速发展,衍生出主机游戏、单机游戏、网络游戏、网页游戏,直到今天的手机游戏。其中主机游戏是科学与艺术融汇的结晶,在主机游戏上几乎没有氪金充值,也不存在大规模的社交。遗憾的是,我国看上去强大的游戏产业,在主机游戏上份额占比却极低。主机游戏能培养良好的游戏审美,不仅难以使玩家沉迷,而且能够大幅提高游戏沉迷阈值,就像你很难想象莫扎特和贝多芬的粉丝会对短视频口水歌产生任何兴趣一样。

主机游戏之后,是单机游戏。两者的区别主要在于硬件设备,主机是完全针对游戏设计的硬件,而单机游戏会用到计算机。在游戏内容上,两者往往有较大的交集,主机和单机游戏往往又被称为硬核游戏平台。这类游戏的受众与玩家对于电子游戏沉迷拥有良好的抗性阈值。

而网络游戏、2010年左右诞生的网页游戏,还有今天的手机游戏,在性状上和主机游戏以及单机游戏有着极大的区别,用户群体、用户审美、用户的依赖性、成瘾性都完全不同。其中网络游戏、网页游戏既有《魔兽世界》这样接近主机游戏的精品,也存在"一刀999,捅猪屁股,渣渣辉"的文化垃圾。

网络游戏容易让人沉迷,是因为在正常的电子游戏审美基础上,加入了大量的社交、互联网传播、诱导消费元素,这些元素和手段不仅仅存在于网络游戏中,也大量存在于社交媒体、网购 App 和短视频平台中,最典型的就是当下与游戏无关的短视频。而网络游戏与主机游戏和单机游戏的最大不同在于——主机游戏和单机游戏是一次性买断消费品,和传统的工业商品遵循同一个逻辑;而部分网络游戏以"免费"为诱导,提供不完整的内容服务,逼迫用户为获得完整游戏体验投入远超买断制游戏价格的充值费用,以牟取利益。

社交、传播学手段,免费幌子下的充值引导,算法信息茧房,这些其实本不属于原始游戏的内容,然而在资本驱动下,它们大量进入并侵蚀游戏本身,导致当前互联网游戏产业畸形化,同时也使得真正意义上的游戏开发人员在资本流量的工作模式下,没有办法去做真正具有艺术价值的作品。

现在国家整治流量明星,真正需要打击的,是那些被资本包装、没有任何业务能力、传播不良文化的无德流量艺人,而不是打击整个演艺圈,更不应该将刀砍在那些文艺工作者与人民艺术家身上。同样的逻辑,游戏产业需要整治的是那些引导用户无限制消费的部分手机游戏,而不是整个游戏产业;相反,还要加大力度扶植具有科学艺术价值的主机和单机游戏作品。只有圈子的土壤好了,人民群众的审美和科学意识提高了,混迹在优秀作品中的不良资本,才会失去生存的空间。就这个层面而言,前段时间推出未成年用户防沉迷政策,就很有必要,但也需要把握好度,例如单机游戏甚至是电子化的围棋象棋也防沉迷,或者对这类游戏进行过度管控,就属于在缺乏科学主义和实事求是精神下做出的毫无必要的过激举动。

(四) 电子游戏对自然科学研究的重要性

也许到这里依然有人会认为,"我不玩游戏,所以你说的这些我不感兴趣,也与我无关",但事实上,游戏以及它在发展历程中衍生的科学,与每个人都息息相关。人工智能是当下热门的话题,但是人工智能这个年轻的学科概念从何而来,又是如何发展的呢?

17 世纪以来,科学家们就在思考如何让机器能够自动和人类玩游戏。围绕这个话题,国际象棋成为最初的研究模板,并从中诞生了人工智能学科。计算机之父冯·诺依曼建立了大量关于早期计算机人工智能与游戏学的概念。1928 年,他基于象棋的博弈,创建了著名的 MinMax 算法和博弈论。在电子计算机诞生后,著名的信息论创始人、通信技术与工程之父克劳德·艾尔伍德·香农,于 1949 年 3 月 9 日写下了第一篇论文,阐述用人工智能算法控制象棋移动,成为人工智能科学的一项创造性成果。该论文描述了计算机玩象棋的三种策略,其中一种为后来成功的国际象棋 AI 理论奠定了基础。香农发表了论文之后,计算机游戏这个想法也逐渐在世界上流行开来,彼时正处于两极格局时期的美国和苏联除了在航天、军备方面开展斗争,在计算机科学领域也在相互较劲。美国这边,约翰·麦卡锡和阿兰·科托克以及麻省理工学院的其他同事,在 1956 年正式提出"人工智能"这一概念,将香农的理论研究付诸实践。同时苏联也不甘示弱,当时"苏联的人工智能之父"亚历山大·克朗罗德正在理论与实验物理研究所(ITEP)担任数学部门负责人,并且领导一个团队研究人工智能和算法。1963 年,克朗罗德团队开始进行象棋程序的开发工作,并且最终将其命名为 Kaissa。直到 2016 年,AlphaGo 同样也以围棋为平台,展现了当时 AI 作为最先进技术人工神经网络的威力。

游戏从古至今，因为可测试的低成本性和明确的逻辑规则，一直都是优秀的自然科学研究对象，而未来我国科技的发展，也必然离不开对游戏的科学研究。从这个角度来说，电子游戏是人工智能科学的"胎盘"，也是其他人工智能研究的测试实验体。就如同当年美苏围绕游戏展开竞赛，苏联绝不仅仅是因为冷战和意气用事才找美国比拼，而且是因为苏联的科学家与领导人意识到了大国竞争中电子游戏与科学研究之间的密切关系，以及电子游戏作为实验平台对于科技发展的价值。我国也要以科学态度正视游戏的自然科学价值，并努力利用游戏在中美科技竞争中缩小差距，甚至创造优势。

（五）电子游戏对社会科学研究的重要性

游戏不仅对于自然科学研究有重要的价值，而且对于未来的社会科学研究也不可或缺。相较于自然科学，社会科学在研究路径上存在着天然的缺陷，即存在超越经济价值的高成本。对于自然科学研究而言，一切能够用钱解决的问题都不是问题，即便研究失败，无非是损失了一部分可以估测的经费而已。但是对于社会科学来说，由于伦理道德、社会舆情等因素的限制，社会科学研究不仅难以展开大规模的社会学实验，而且研究结论的片面性与滞后性所导致的灾难性后果，往往难以预测。

不论是生育政策，还是2016年房地产"去库存"的政策，显然都是产生于社会科学研究的结论。而面对现在高房价问题和第七次全国人口普查后出现的人口增长问题时，这些社会科学研究的结论就显得很有局限性——这就是社会科学研究相较于自然科学最大的天然缺陷。而电子游戏在某种意义上可以帮助解决社会科学研究难做实验的问题。如果社会科学研究能够真实、准确且低成本地进行大规模实验，则能够有效降低因社会科学研究水平不足、研究方法不当、研究目的性过于主观等各种因素所导致的各类灾难性社会问题的发生概率。

这里举一个经济学案例，《暗黑破坏神3》是暴雪公司于2012年5月发售的游戏。这一作品里，游戏设计方加了一个名为"拍卖行"的系统，玩家可以将任意打到的装备挂到官方拍卖行上竞价出售，也可以用游戏金币在拍卖行中购买想要的物品。开始时，整个拍卖行欣欣向荣，秩序井然，玩家纷纷好评，认为这个系统减低了前作刷装备这种不必要的机械劳动。然而好景不长，游戏仅仅发售半年后，暴雪公司发现大量玩家不再专注于游戏内容，也不再专注于游戏主体的系统，而是将精力和虚拟金钱投入拍卖行之中，从而拍卖行的物价暴涨，通货膨胀远超正常水平，整个游戏的主体内容被破坏殆尽。暴雪不得不在一年后的资料片里，对游戏系统做出大的改动，关闭了拍卖行。《暗黑破坏神3》的拍卖行，其实就是利用玩家在虚拟环境中所做的金融投资实验，实验的结果充分展现了现实中如果对投机和金融不加以管控，就会导致金融业对实业的毁灭性冲击效果。然而，暴雪可以在游戏系统中关掉拍卖行，但是现实中如果金融监管和政策机构出现了决策失误，届时造成的社会问题，就不是关闭几个拍卖行、整治几个投机商就能解决的。

近期，"元宇宙"这一概念被大众所关注。在由虚拟空间和时间节点所构成的所谓"元宇宙"中，未来人们可以随时随地切换身份，自由穿梭于物理现实世界和数字游戏世界，在其中学习、工作乃至进行一系列非生物化的社会行为。而"元宇宙"也是未来游戏最高级的形式，社会科学研究者可以方便地借鉴"元宇宙"的平台，做出任何想要做的社会科学实验，提高社会科学研究的精准度。

除了降低社会科学研究的实验成本外,在游戏学的领域,还有一个非常重要的概念叫严肃游戏。所谓严肃游戏,是指一款电子或桌面游戏,拥有至少一个明确的现实模拟附加动机,这些动机覆盖教育、医疗、政治等方面。而世界上最早的严肃游戏概念与应用诞生于美国,并且最早的附加动机是军事用途。美军也依靠兵棋游戏(Wargame)对作战指挥员以及政治决策者进行战略规划训练,兵棋游戏的技术也被列入美国对华禁运清单之中。所以,我们如果再不对游戏的价值进行正视,这方面与先进国家的差距就会进一步拉大。

(五)中美博弈背景下,电子游戏对国家战略的重要性

提到美军就不得不说当前的中美竞争的国际局势。BBC、CNN、《纽约时报》之辈,之所以能够在新疆棉花、新冠疫情溯源等问题上为所欲为,是因为他们掌握了国际舆论的话语权。

战场上,炮火武器可以进行硬杀伤,但是击败对手并不仅仅依赖于硬杀伤武器。有言道"胜战之道,贵在夺志",民心是最重要的政治因素,也是战略性资源,特别是当前国际形势下,舆论战的意义越来越大,要注意塑造舆论和精神上的积极态势。

电子游戏是我国对外战略传播的有效手段之一。游戏软件的传播,不像报纸和视频那样依赖于平台和语言,游戏可以非常容易地翻译为多种语言,并依靠互联网向全世界传播,从而突破西方对舆论话语权的控制——他们的传统媒体在国际上具有深厚的影响力,游戏质量也整体高于我们,但是在游戏传播的渠道上他们的优势并不明显。而且游戏的娱乐性,也更容易帮助我们赢得各国青年群体的好感,为我国的文化输出提供便利的渠道。

我国目前市面上的游戏,可以积极发挥国际宣传作用的还很少。一是技术的原因;二是市场过于资本化,投资这类游戏存在风险;三是社会上对于游戏的成见与污名化仍未完全消除。这是非常遗憾的事情。相较于美军的成功还有很多需要学习的地方,这不得不令我们深思。

(六)吸取教训,切勿重蹈覆辙

2000年,因为对游戏的认知不足,加上缺乏科学主义的态度,以及某些媒体的煽动,我国颁布了电子游戏主机禁令,直到2014年禁令才得到解除,这14年对我国的游戏产业发展造成了严重影响。了解发酵食物的人应该明白,有益菌缺乏的前提下,杂菌反而会肆意生长。或者换一个思考角度,如果2000年禁止的是芯片行业,当下我国面对美国将会是何等的被动。上世纪末仅仅在"造不如买、买不如租"的错误思想下,就导致我国军工出现技术停滞,之后几代科技工作者用了成倍的努力才追回落后的脚步,再想想游戏,之前直接是禁令,严格程度远胜于"买不如租",在这种情况下,我国的游戏产业与美国的差距会有多大,这14年的落后与差距,不是短时间内能够弥补的。

在14年禁令的空白里,主机游戏和单机游戏都没有了,大部分的游戏受众不再明白什么是好游戏,什么样的游戏不会沉迷。偏偏此时资本盯上了电子游戏产业,网络游戏和网页游戏这些不属于主机游戏的游戏,并没有受到禁令影响而开始快速生长,正如发酵食物在缺乏有益菌的前提下杂菌反而会肆意生长一样。并且由于和资本做了完美的结合,于是出现

了一些传统主机游戏完全不存在的匪夷所思现象——游戏免费,道具收费,实际投入的金钱变成无底洞;充钱就会变得更强,游戏博弈、技术和内容不再那么重要;抄袭和换皮,游戏策划不再受到尊重,而是背后的资本逐渐说了算。以至使游戏产业在某种程度上偏离了发展方向,在社会上造成了一些不良的影响。

互联网产业是服务业,互联网产业的设计技巧在资本的加持下多半是利用人性;而游戏原本应该是科学与艺术的结合,不需要去迎合任何人:游戏与互联网的底层设计逻辑完全不一样。但是在资本的操纵下,我国手游的形态也开始变得畸形。现在全民在短视频为首的互联网 App 上的时间投入比手游更多,这就是互联网设计技巧的威力。

因此,笔者并不否认手机游戏的沉迷问题,相反我支持国家通过防沉迷政策加大对手机游戏的监管力度。民众需要从科学主义出发,理解正常纯粹的游戏是什么样子,进而提高游戏审美能力和游戏沉迷阈值,这是非常重要的事情。而对于政府而言,更需要和真正意义上的专业的游戏研究学者多沟通,正确把握游戏发展方向,充分发挥游戏它应有的作用。

(六)结语与展望

希望通过本后记的科普与评述,让更多的人能够明白科学主义和控制变量法,能够以实事求是的态度来看待游戏,这也是我编著此教材的初心。特别是当下,我们与美国的竞争已经到了非常关键的路口,这个阶段的各项决策都会影响到中华民族的未来。我们必须在自然科学和社会科学的研究上占据优势,在国际舆论场和话语权上取得优势。

一个国家任何产业的发展,都离不开政府的合理引导、政策规范以及社会公众的支持,通过规范,可以让相关的从业人员尽可能自由地发挥自己的主观能动性、创造价值;也能够帮助青少年树立正确的游戏审美观,建立并提高游戏沉迷阈值;更能够让当下中国电子游戏以氪金手游为主的市场面貌,逐渐向优质精品频出的未来图景转化,在游戏品质上跻身世界第一梯队。

引用作品的版权声明

为了方便学校教师教授和学生学习优秀案例,促进知识传播,本书选用了一些知名网站、公司企业和个人的原创案例作为配套数字资源。这些选用的作为数字资源的案例部分已经标注出处,部分根据网上或图书资料资源信息重新改写而成。基于对这些内容所有者权利的尊重,特在此声明:本案例资源中涉及的版权、著作权等权益,均属于原作品版权人、著作权人。在此,本书作者衷心感谢所有原始作品的相关版权权益人及所属公司对高等教育事业的大力支持!